Marcel Fahrner
Teamsportmanagement

Marcel Fahrner

Teamsportmanagement

DE GRUYTER
OLDENBOURG

ISBN 978-3-486-75517-6
e-ISBN (PDF) 978-3-486-98942-7
e-ISBN (EPUB) 978-3-11-039782-6

Library of Congress Cataloging-in-Publication Data
A CIP catalog record for this book has been applied for at the Library of Congress.

Bibliografische Information der Deutschen Nationalbibliothek
Die Deutsche Nationalbibliothek verzeichnet diese Publikation in der Deutschen
Nationalbibliografie; detaillierte bibliografische Daten sind im Internet über http://dnb.dnb.de
abrufbar.

© 2014 Oldenbourg Wissenschaftsverlag GmbH, München
Ein Unternehmen von Walter De Gruyter GmbH, Berlin/Boston
Lektorat: Dr. Stefan Giesen
Herstellung: Tina Bonertz
Titelbild: OwenJCSmith/iStock
Druck und Bindung: CPI books GmbH, Leck
♾ Gedruckt auf säurefreiem Papier
Printed in Germany

www.degruyter.com

Geleitwort

In den letzten Jahren hat sich der Profiteamsport rasant in Richtung Unterhaltungsindustrie weiter entwickelt. So erzielt heute ein interessantes Fußballspiel im Fernsehen Quoten wie ehemals „Wetten, dass…?", Public Viewing ist für viele Fans zum festen Bestandteil der Fankultur geworden. Jedes Wochenende pilgern hunderttausende Fans in neugebaute Stadien und Hallen, die, wie früher nur im Theater oder im Kino, allen erdenklichen Komfort bieten. Der Profiteamsport wird als hochemotionales Ereignis und Unterhaltungsshow inszeniert. Über ihn wird nicht nur im Fernsehen und in den Printmedien ausführlich berichtet, sondern er wird auch in den sozialen Netzwerken umfänglich diskutiert. Die Vereine sind zu veritablen „Brands" geworden; einzelne Spieler und Trainer sind die neuen „Showstars" mit hohem Markt- und Unterhaltungswert.

Ziel des vorliegenden Buches ist es, den durch die aufgezeigte Entwicklung bedingten aktuellen Managementthemen Rechnung zu tragen. Ein vergleichbares Lehrbuch gibt es nach meiner Kenntnis erstaunlicherweise bislang nicht. Durch die schwerpunktmäßige Aufbereitung anhand von praxisbezogenen Entscheidungssituationen werden neben Lesern, die sich schnell und direkt orientieren wollen, insbesondere Studierende und Absolventen von Sportmanagement-Studiengängen angesprochen.

Nach meiner Auffassung ist das vorliegende Buch für alle Sportmanager und solche, die es werden wollen, ein hervorragendes Kompendium und Lehrbuch.

München, Juli 2014　　　　　　　　　　　　　　　　　　　　　　Prof. Dr. Peter Duvinage

Vorwort

Die Ligawettbewerbe der großen Teamsportarten Fußball, Basketball, Handball, Volleyball und Eishockey genießen heute hohe gesellschaftliche Aufmerksamkeit und stellen die ökonomisch wichtigsten Anwendungsfälle des Sportmanagements dar. Hier sind spezifische Berufsfelder entstanden, die sich weitgehend von der Freiwilligkeit des vereinsorganisierten Amateursports gelöst haben. Das vorliegende Lehrbuch richtet sich vor allem an Studierende des Sportmanagements mit dem Ziel, ihnen relevante Managementthemen des Profiteamsports darzustellen.

Das Buch versteht sich dabei als anwendungsorientierte Ergänzung und Vertiefung zum Lehrbuch „Grundlagen des Sportmanagements", auf dessen Inhalte entsprechend aufgebaut wird. Gleichwohl handelt es sich um eine eigenständige Publikation, die für das Teamsportmanagement relevante Themen differenziert beschreibt und in ihren spezifischen Zusammenhängen und Anforderungen erläutert. Vielfalt und Komplexität des Sportmanagements machen dabei zwangsläufig thematische Schwerpunktsetzungen notwendig, die andere Perspektiven ausblenden – und die auch angesichts des verfügbaren Raums nicht alle offen gelegt oder begründet werden können.

Die Vertiefung von Schwerpunktthemen des Teamsportmanagements erfolgt an zahlreichen beispielhaften Fallkonstellationen, um das Verständnis für die spezifischen Inhalte zu erleichtern. Im Rahmen typischer Entscheidungssituationen werden die Leser außerdem angeregt, ihr Problembewusstsein zu schärfen und Managementwissen auf konkrete Bedingungen des Teamsports anzuwenden.

Die im Text ausschließlich verwendeten männlichen Personenbezeichnungen sind allein der angestrebten sprachlichen Abstraktion und Prägnanz geschuldet. Das Lehrbuch geht jedoch von der Selbstverständlichkeit aus, dass damit jeweils auch Frauen umfasst sind.

Die vielfältigen Managementphänomene des Profiteamsports und deren typische Dynamik offerieren Absolventen von Sportmanagement-Studiengängen attraktive Berufsfelder und machen das Teamsportmanagement für den sportwissenschaftlichen Betrachter außerordentlich interessant. Bleibt zu wünschen, dass die hier zusammengestellten Inhalte möglichst vielen Lesern anregende Lektüre und Reflexionsgrundlage bieten.

Tübingen, Juli 2014   Dr. Marcel Fahrner

Inhaltsverzeichnis

Geleitwort		V
Vorwort		VII
Inhaltsverzeichnis		IX
1	**Einführung – Teamsportmanagement**	**1**
1.1	Teamsport	3
1.2	Management	5
2	**Gestaltung von Organisationsstrukturen**	**9**
2.1	Sportfachverband vs. Ligaorganisation	10
2.1.1	Ausgliederung von Ligaabteilungen aus Sportfachverbänden	10
2.1.2	Spannungsverhältnis Sportfachverband – Ligaorganisation	17
2.2	Mutterverein vs. Spielbetriebsgesellschaft	22
2.2.1	Ausgliederung von Spielbetriebsabteilungen aus Sportvereinen	24
2.2.2	Spannungsverhältnis Mutterverein – Spielbetriebsgesellschaft	27
2.3	Organisationales Setup von Spielbetriebsgesellschaften	32
2.3.1	Leitbild und strategische Ausrichtung	33
2.3.2	Budgetierung und Jahresabschluss	40
2.3.3	Geschäftsbereiche, Stellenpläne und Personal	49
3	**Regulierung von Ligawettbewerben**	**55**
3.1	Konstitution und Rahmenbedingungen	56
3.1.1	Teilnahmerechte und Lizenzierungsverfahren	57
3.1.2	Wettbewerbsformat und Rahmentermine	65
3.2	Integrität und Attraktivität des Wettbewerbs	68
3.2.1	Einflussnahme von Investoren/Anteilseignern	69
3.2.2	Einflussnahme durch Mehrfachbeteiligungen	74
4	**Mediale und werbliche Verwertung von Teamsport**	**79**
4.1	Eigen- vs. Fremdvermarktung medialer und werblicher Rechte	80
4.1.1	Eigenvermarktung medialer und werblicher Rechte	81
4.1.2	Fremdvermarktung medialer und werblicher Rechte	85
4.2	Mediale Verwertung von Teamsport	88
4.2.1	Zentralvermarktung medialer Rechte durch Ligaorganisationen	90
4.2.2	Ausschreibung medialer Rechte durch Ligaorganisationen	96

4.2.3	(Nach-)Verwertung medialer Rechte durch Bundesligisten	101
4.3	Werbliche Verwertung von Teamsport	109
4.3.1	Zentralvermarktung werblicher Rechte durch Ligaorganisationen	110
4.3.2	Markenbildung und -kommunikation von Bundesligisten	112
4.3.3	Sponsoring bei Bundesligisten	120
5	**Zusammenfassung und Ausblick**	**135**
6	**Literatur**	**137**
7	**Index**	**147**

1 Einführung – Teamsportmanagement

Die Bundesligen der großen Teamsportarten erlösen pro Saison dreistellige Millionenbeträge allein durch Verwertungsverträge mit Medienunternehmen. Spitzensportler mit dem Status nationaler Helden „versilbern" ihre herausragenden sportlichen Leistungen mittels hoch dotierter Werbeverträge. Millionen Zuschauer bescheren den großen Sportligen in Deutschland einen Zuschauerrekord nach dem anderen. Profiteamsport ist ganz offensichtlich ein vielfältiges, massenattraktives Phänomen. Seine Attraktivität gewinnt der Teamsport insbesondere durch die hoch emotionalen Spielbegegnungen seiner Ligawettbewerbe, deren Regelmäßigkeit und Verlässlichkeit dem Publikum wichtige Ankerpunkte im Trubel des Alltags geben. Gleichzeitig fungieren seine Protagonisten – Vereine, Teams, Spieler, Trainer – für Millionen Fans als wichtige, positiv besetzte Identifikationsfiguren. Gefördert wird dies vor allem durch eine umfangreiche massenmediale Berichterstattung, die via Fernsehen, Internet, mobile Dienste und Printmedien zu einer gesellschaftlichen Daueraufmerksamkeit zugunsten des Teamsports führt. Gleiches gilt für den häufigen Einsatz von Sportstars in Werbemaßnahmen der Wirtschaft – etwa in Form von Internet-Bannern, TV-Spots oder Plakaten. Nicht zuletzt entwickelte sich in jüngerer Zeit gesellschaftsweit eine positive Grundeinstellung zum Teamsport, da internationale Erfolge der Nationalmannschaften mittlerweile von einem Millionenpublikum bei Fanfesten oder gemeinsamen TV-Abenden verfolgt und gefeiert werden.

Die wechselseitigen Erwartungshaltungen und Leistungsbeziehungen hinsichtlich der *Funktionalität* des Profiteamsports sind dabei auf Seiten des Sports, der Massenmedien, der werbetreibenden Wirtschaft und nicht zuletzt auf Seiten des Publikums vielfältig:

- Für den Teamsport geht es um die Erfüllung originärer Zwecke, um gesellschaftliche Aufmerksamkeit und das Einwerben finanzieller Mittel für seine sportlichen Wettbewerbe.
- Die Massenmedien streben danach, Teamsportereignisse und deren Protagonisten zu massenattraktiven Inhalten ihrer Medienprodukte zu machen.
- Der Wirtschaft geht es darum, Teamsportereignisse und -personal für Werbemaßnahmen und unternehmensbezogene Öffentlichkeitsarbeit zu nutzen.
- Das Publikum erwartet vom Teamsport spannende, emotionale Unterhaltungsgelegenheiten zur attraktiven Freizeitgestaltung sowie Möglichkeiten der Identifikation mit Teams/Stars und damit einhergehende Gemeinschaftsgefühle.

Vielfalt und Komplexität dieser Zusammenhänge führen in der Konsequenz dazu, dass im Teamsport ein ausschließlich erfahrungsbasiertes „Durchwursteln" den Ansprüchen an ein Management mittlerweile nicht mehr genügt. Vielmehr benötigen Führungskräfte möglichst fundierte Kenntnisse über managementrelevante Kontextzusammenhänge, z. B. im Rahmen der täglichen Gremienarbeit, der Steuerung von Organisationsentwicklung oder der strategischen und operativen Gestaltung von Partnerschaften – insbesondere mit den Massenmedien, der Wirtschaft und der Politik.

Daraus resultieren zahlreiche bezahlte Beschäftigungsmöglichkeiten für Absolventen von Sportmanagement-Studiengängen, wie beispielhafte Zahlen zum Profifußball zeigen (vgl. Tab. 1).

Tab. 1: Arbeitsplätze im Profifußball 2011/2012 und 2012/2013 (vgl. Deutsche Fußball Liga, 2013, S. 18; 2014a, S. 22).

	Bundesliga 2011/2012	Bundesliga 2012/2013	2. Bundesliga 2011/2012	2. Bundesliga 2012/2013
Lizenznehmer/Bundesligisten				
Vollzeitangestellte	2.742	2.705	1.421	1.441
Auszubildende	65	69	27	26
Teilzeitangestellte	651	873	923	588
Aushilfskräfte	3.765	4.281	1.806	2.142
Tochtergesellschaften				
Vollzeitangestellte	544	556	150	132
Auszubildende	29	17	5	13
Teilzeitangestellte	187	170	108	94
Aushilfskräfte	2.317	1.602	1.137	837

Im vorliegenden Lehrbuch werden relevante Themen des Teamsportmanagements dargestellt, wobei sich das Buch als anwendungsorientierte Ergänzung und Vertiefung zum Lehrbuch „Grundlagen des Sportmanagements" versteht und weitgehend auf den dort dargestellten Inhalten aufbaut (vgl. Fahrner, 2014). Gleichwohl handelt es sich um eine eigenständige Publikation, die für das Teamsportmanagement relevante Themen differenziert beschreibt und in ihren spezifischen Zusammenhängen und Anforderungen erläutert. Vielfalt und Komplexität des Sportmanagements machen dabei zwangsläufig thematische Schwerpunktsetzungen notwendig, die andere Perspektiven ausblenden – und die angesichts des verfügbaren Raums nicht alle offen gelegt oder begründet werden können.

Mit dem übergreifenden Ziel eines Einblicks in Bedingungen, Funktionsweisen und Mechanismen des Teamsportmanagements führt das Buch in zahlreiche Kernthemen ein und regt über beispielhafte Fallkonstellationen zur kritischen Reflexion an. Auf diese Weise sollen die Leser ihr Problembewusstsein schärfen und üben, Managementwissen auf konkrete Entscheidungssituationen des Teamsports anzuwenden. Die Inhalte sind in fünf großen Kapiteln dargestellt:

1. Das Hauptaugenmerk von Kapitel 1 liegt auf einer Einführung in das Teamsportmanagement, die neben einer Auseinandersetzung mit dem Teamsportbegriff auch eine Kennzeichnung von Management als organisationsbezogener Funktion verfolgt.
2. Im Anschluss daran folgt in Kapitel 2 eine Auseinandersetzung mit organisationsbezogenen Managementthemen, wobei insbesondere die Gestaltung der Organisationsstrukturen von Spielbetriebsgesellschaften und die interorganisationalen Relationen in Ligakontexten aufgegriffen werden.
3. Kapitel 3 fokussiert spielbetriebsbezogene Managementthemen, u. a. wird auf Fragen der Lizenzierung, der Spielformate sowie der Regulierung einer Einflussnahme Dritter auf Teamsportorganisationen eingegangen.

4. Verwertungsbezogene Managementthemen greift Kapitel 4 auf. Dabei werden u. a. generelle Fragen der Eigen- und Fremdvermarktung sowie spezifische Themen der medialen und werblichen Verwertung von Teamsport diskutiert.
5. Abschließend geht Kapitel 5 zusammenfassend auf die zentralen Inhalte des Lehrbuchs ein und gibt einen Ausblick auf weitere Managementthemen, die hier ausgeklammert oder eher am Rande diskutiert werden.

1.1 Teamsport

Mit Ligawettbewerben, Meisterschaften und Turnieren des Teamsports ist eine Vielzahl spannender Managementthemen und -fragestellungen verbunden. Sie markieren auch ökonomisch wichtige Anwendungsfälle des Sportmanagements. Gleichwohl steht der Teamsportbegriff für eine Vielzahl unterschiedlicher Sportarten, Disziplinen und Ereignisse, weshalb an dieser Stelle für die weitere Auseinandersetzung ein möglichst tragfähiges begriffliches Fundament zu schaffen ist.

Lernziele des Kapitels
Die Leser erfahren, welche Sportarten, Disziplinen und Ereignisse im Folgenden unter dem Teamsportbegriff erfasst und thematisiert werden.
Sie erfahren, inwiefern im Folgenden der Begriff des „Profi"-Teamsports verwendet wird.

Teamsport – oder auch Mannschaftssport – ist ein Sammelbegriff für zahlreiche Sportarten und Disziplinen. Diese sind grundsätzlich dadurch charakterisiert, dass mehr oder weniger viele individuelle Einzelspieler gleichzeitig eine gemeinsame Leistung als Mannschaft erbringen – und zwar in unmittelbarer Konkurrenz zu einem anderen Team. Da ohne gegnerisches Team kein Spiel möglich ist, wird diese besondere Form der Interaktion auch als *Kooperenz* bezeichnet. Typischerweise besteht die Spielidee von Teamsportarten darin, als Mannschaft im Wettstreit mehr Tore, Körbe etc. als die gegnerische Mannschaft zu erzielen – und somit das Spiel zu gewinnen. Die Addition sukzessiv erbrachter Leistungen in Individualsportarten zu einer Gruppenwertung, z. B. bei Staffelwettbewerben in der Leichtathletik, im Biathlon oder im Schwimmen, wird hingegen im Folgenden vom Teamsportverständnis ausgeklammert (vgl. Anders, 2003, S. 354).

Teamsport ist mittels differenzierter Regelwerke weltweit einheitlich und detailliert geregelt. Konstitutive Regeln definieren dabei invariante Merkmale des Spiels, z. B. Spielerzahl, Zeit und Raum. Innerhalb dieses generellen Rahmens ergeben sich allerdings variante Ausgestaltungsoptionen von Spielhandlungen in Form spezifischer Spielsysteme oder Taktiken. Damit ist letztlich enorme Spannung verbunden, denn der sportliche Erfolg hängt nicht allein von der eigenen (Mannschafts-)Leistung ab, sondern auch von der Leistung des jeweiligen gegnerischen Teams (vgl. Schmidt, 2003, S. 538–539; König, 2013, S. 554).

In der Gunst der deutschen Sportvereinsmitglieder stehen Teamsportarten hoch im Kurs. Insbesondere Fußball, Handball und Volleyball zeichnen sich über sehr hohe Organisationsgrade aus (vgl. Tab. 2). Mit Ausnahme von American Football und Base-/Softball zählen alle in Tabelle 2 aufgeführten Sportarten auch zum Wettkampfprogramm der Olympischen Spiele.

Tab. 2: Teamsportarten mit den meisten Sportvereinen und Sportvereinsmitgliedern 2008 und 2013 (vgl. Deutscher Olympischer Sportbund, 2009, S. 7, 9; 2013, S. 5, 7).

Teamsportarten	Sportvereine (2008)	Sportvereine (2013)	Sportvereinsmitglieder (2008)	Sportvereinsmitglieder (2013)
Fußball	k. A.	25.456	6.563.977	6.822.233
Handball	k. A.	4.539	842.070	803.373
Volleyball	k. A.	8.078	483.815	451.717
Basketball	k. A.	2.244	190.744	192.012
Hockey	371	380	71.168	77.412
American Football	250	470	32.697	50.162
Eishockey	48	39	29.465	27.391
Baseball/Softball	352	288	26.116	23.701
Rugby	99	122	10.200	13.852
Curling	18	17	712	751

Der vereinsbasierte Organisationsgrad ist allerdings nur eine Möglichkeit, gesellschaftliche Relevanz von Sportarten zu erfassen. Ein weiterer Aspekt ergibt sich aus den typischen Wettbewerbsserien des Teamsports, den hierarchischen Ligawettbewerben mit jeweils der (1.) Bundesliga als hochwertigstem Wettbewerb. In Deutschland haben dabei die Ligen der „großen" Teamsportarten Fußball (Deutsche Fußball Liga, DFL), Handball (Handball-Bundesliga, HBL), Basketball (Basketball Bundesliga, BBL), Volleyball (Deutsche Volleyball Liga, DVL) und Eishockey (Deutsche Eishockey Liga, DEL) höchste wirtschaftliche Bedeutung, wie die Umsatzerlöse der Ligawettbewerbe beispielhaft zeigen (vgl. Abb. 1). Im vorliegenden Lehrbuch stehen insbesondere diese Sportarten mit ihren (nationalen) Ligawettbewerben und Wettbewerbsserien im Fokus.[1] An ihnen werden zentrale Managementthemen und -aufgaben sowie charakteristische Bedingungen und Mechanismen des Teamsports exemplarisch dargestellt. Gerade international haben allerdings auch andere Teamsportarten hohe gesellschaftliche, sportkulturelle und ökonomische Bedeutung, z. B.

- *American Football* in den USA.
- *Baseball* in den USA, Mexiko, Japan.
- *Cricket* in Südafrika, Pakistan, Indien, England, Australien, Neuseeland.
- *Curling* in Kanada, Schweden, Norwegen, Schweiz, England.
- *Hockey* in den Niederlanden, Neuseeland, England, Australien, Indien, Argentinien.
- *Rugby* in England, Italien, Frankreich, Südafrika, Australien, Neuseeland.
- *Wasserball* in Italien, Ungarn, Spanien, Serbien, Kroatien.

---

[1] Ökonomisch ebenfalls relevante Teamsportereignisse wie Welt- und Europameisterschaften – oder andere Kontinentalmeisterschaften – sowie Turniere im Rahmen Olympischer Spiele werden hier zugunsten der Ligaperspektive ausgeblendet.

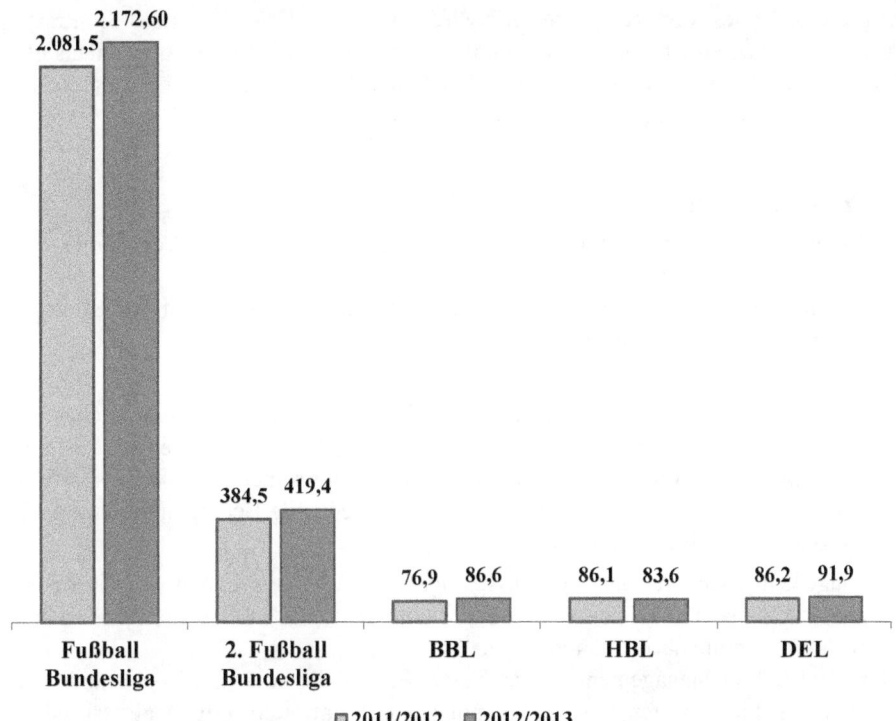

Abb.1: Umsatzerlöse deutscher Ligen des Profiteamsports, Angaben in Mio. Euro (vgl. Deloitte Sport Business Gruppe, 2013, S. 8; Deutsche Fußball Liga, 2013, S. 8, 32; 2014a, S. 8, 13).

Der ökonomisch relevante Profiteamsport kann heute durchaus als spezifische Unterhaltungsindustrie bezeichnet werden, als „eine Massenkultur, ... [die; M. F.] für einen gleichbleibenden Geschmack eine konstante Ware in Serie für den Konsum durch eine breite Masse produziert" (Heinemann, 1986, S. 120). In diesem Zusammenhang sind spezifische Berufsfelder entstanden, z. B. für Spieler, Trainer und Manager, die sich weitgehend von der Freiwilligkeit des Amateursports gelöst haben. Gerade in der Alltagssprache ist hierfür die Bezeichnung „professioneller" Teamsport geläufig, auch wenn damit kein explizites professionstheoretisches Verständnis verbunden ist. Wird im Folgenden auf diese Begrifflichkeit zurückgegriffen, erfolgt dies in Anlehnung an das englische Begriffsverständnis des „professional" als hauptberuflichem, fachlich qualifiziertem Experten, der für die Bewältigung seiner hochgradig spezialisierten Managementaufgaben über hohe Qualifikation und spezifisches Expertenwissen verfügen muss (vgl. Kastrup, 2009, S. 23–28).

1.2 Management

Der Managementbegriff ist in der Alltagskommunikation heute allgegenwärtig, bleibt aber regelmäßig unbestimmt. Dies erschwert eine angemessene Auseinandersetzung mit Managementphänomenen des Teamsports, denn diese erfordert ein möglichst tragfähiges begriffliches Fundament.

Zur Abgrenzung des Managementbegriffs wird der in den „Grundlagen des Sportmanagements" ausführlich erläuterte, für Studium und Berufspraxis des Sportmanagements gleichermaßen anschlussfähige Zugang aufgegriffen – und Management als organisationsbezogene Funktion verstanden (vgl. Fahrner, 2014, S. 18–25).

Lernziele des Kapitels
Die Leser lernen ein für Studium und Berufspraxis anschlussfähiges Verständnis des Managementbegriffs kennen.
Sie setzen sich mit charakteristischen Aufgabenstellungen des normativen, strategischen und operativen Managements auseinander.

Dieses Verständnis von Management rückt organisationale Phänomene und Sachverhalte in den Blick, die auch als Planung, Steuerung, Führung oder (Corporate) Governance erfasst werden. Ausgehend vom englischen Wortsinn des „to manage something" – etwas bewältigen, bewerkstelligen oder schaffen – lassen sich folgende generelle Bedingungen und Aufgaben von Management identifizieren:

- Management erfordert konkrete *Zielsetzungen*, die Anreize schaffen und die Beteiligten unter Druck setzen, diese Ziele erreichen zu wollen, z. B. den Gewinn der Meisterschaft, den Aufstieg in die nächst höhere Liga.
- Hierfür benötigt Management *Kennzahlen/Kriterien*, die Soll- und Ist-Zustände messbar und vergleichbar machen, z. B. Tabellenplätze im Ligawettbewerb, Qualitätskriterien der Trainertätigkeit und
- erfordert *Soll-Ist-Vergleiche* anhand der definierten Kennzahlen/Kriterien. Dabei sind bestehende Differenzen und deren Ursachen zu reflektieren, um Potenziale zur Erreichung der angestrebten Soll-Zustände offen zu legen, z. B. wie angesichts einer aktuellen Mittelfeldposition der angestrebte Aufstiegsplatz erreicht werden kann.
- Schließlich muss Management *Bedingungen der Zielerreichung* schaffen, also gangbare Wege für die Umsetzung der aufgezeigten Potenziale festlegen, z. B. einen Trainerwechsel herbeiführen oder die Erfolgsprämien für die Spieler erhöhen (vgl. Baecker, 2003, S. 256–257; 2004, S. 14; Thiel & Mayer, 2008, S. 135).

Management ist dabei gerade im Alltagsverständnis vor allem eine *persönliche* Kompetenz des jeweiligen Managers als Person, beispielsweise schließt *der Geschäftsführer* Sponsorenverträge ab. Allerdings agieren Sportmanager in organisierten Kontexten nie frei von Erwartungen und Vorgaben, sondern sind typischerweise in einen spezifischen *Rahmen* mehr oder weniger expliziter *organisationsstruktureller Prämissen* eingebunden. Diese definieren im Organisationssinn angemessene Aktivitäten und geben dem Management ein entsprechendes „Schienennetz" vor (vgl. Luhmann, 1992, S. 178; 2000, S. 145; 225; 238; Kieserling, 1999, S. 354; Malik, 2004, S. 108–109; Thiel & Meier, 2004; Thiel, Meier & Cachay, 2006, S. 16–35):

- Jeder Manager ist als Person einer bestimmten *Stelle* zugeordnet, der wiederum bestimmte fachliche und hierarchische Kompetenzen zugewiesen sind. Zum Beispiel verantwortet ein Sportdirektor nur spielbetriebsnahe Aufgabenbereiche und ist folglich typischerweise auch nur gegenüber den Mitarbeitern seines Fachbereichs weisungsbefugt.

- Stellen wiederum sind organisationsintern in vertikale und horizontale *Kommunikationswege* eingebunden und – etwa in Abteilungen oder Teams – an entsprechende Dienstwege gebunden. Beispielsweise kann ein Sportdirektor nur in Abstimmung mit dem Trainer und dem Geschäftsführer neue Spieler kaufen.
- Bedingungen und Spielräume des Managements werden außerdem von *Organisationsprogrammen* bestimmt, z. B. Satzungen, Leitbildern, Geschäftsordnungen, Gesellschaftsverträgen. Hier sind organisationale Zielsetzungen ebenso festgehalten wie Richtungsentscheidungen bezüglich des Einsatzes von Finanz-, Sach- und Personalmitteln.
- Nicht zuletzt haben sich Manager auch nach informellen Regeln der jeweiligen *Organisationskultur* zu richten, etwa dass nach sportlichen Niederlagen an den nächsten Arbeitstagen möglichst keine Verhandlungen mit potenziellen Sponsoringpartnern geführt werden.

Management steht schließlich in einem wechselseitigen Verhältnis zur jeweiligen Organisationsumwelt. Das heißt, Umfeldbedingungen limitieren einerseits Gestaltungsmöglichkeiten des Managements, z. B. wenn im Umfeld nur wenige potente Wirtschaftsunternehmen existieren, die als Sponsoren in Frage kommen. Sie eröffnen andererseits aber gleichzeitig auch Chancen, etwa wenn die betreffende Sportart im schulischen Sportunterricht der Region einen hohen Stellenwert einnimmt und folglich zahlreiche jugendliche Fans und Nachwuchsspieler verfügbar sind (vgl. Schimank, 2002, S. 49–50; 2003, S. 266; Baecker, 2004, S. 20–21).

Normatives, strategisches und operatives Management

Wie in den „Grundlagen des Sportmanagements" (Kapitel 1.2) differenziert beschrieben, lassen sich mit Management verbundene Aufgaben unter sachlichen und zeitlichen Gesichtspunkten spezifizieren und grundlegenden Managementdimensionen zuordnen. Aufgabe eines *normativen Managements* ist die Festlegung fundamentaler Ziele, die über längere Zeiträume hinweg der gesamten Organisation als zentrale Orientierungsgrößen dienen. Es geht dabei um die Definition von Soll-Zuständen, die angesichts eines potenziell großen Möglichkeitsraums zukünftiger Entwicklungen in nachfolgenden Entscheidungssituationen Orientierung geben (vgl. Willke, 2001a, S. 34–36, 73; Thiel, 1997, S. 102–111). Übergreifende Zielsetzungen oder Leitbilder der Organisationsentwicklung können u. a. im Anstreben nationaler Spitzenplätze und internationaler Wettbewerbe liegen.

Ausgerichtet an Zielsetzungen und Leitbildern des normativen Managements ist es Aufgabe des *strategischen Managements*, für mittelfristige Zeiträume alternative Wege der Zielerreichung zu definieren. Hier geht es also nicht mehr um die grundsätzliche Frage, *welche* Ziele angestrebt werden – ob man sich also für die Champions League qualifizieren oder ob man den Abstieg vermeiden will –, sondern es ist zu überlegen, *wie* eine Annäherung an die formulierten Ziele erreichbar ist. Zu klären ist beispielsweise, welche Abteilungs-/Teamstrukturen, Hierarchien und fachliche Zuständigkeiten geeignet sind, welches Spieler-, Trainer- und Managementpersonal erforderlich ist, in welchen Sportstätten trainiert wird und wo Meisterschaftsspiele absolviert werden.

Um alternative Vorgehensweisen der Zielerreichung herausarbeiten und bewerten zu können, bedarf das Management insbesondere plausibler Prognosen möglicher zukünftiger Entwicklungen. Angesichts der Ungewissheit zukünftiger Entwicklung greifen allein vergangenheits- und gegenwartsbezogene Daten zu kurz (vgl. Thiel, 1997, S. 66–79). Eine aktive Auseinandersetzung mit etwaigen zukünftigen Entwicklungen kann z. B. auf der Basis von *Szenarien* erfolgen, die organisationsbezogene Zielsetzungen mit potenziellen – etwa wirtschaftlichen, rechtlichen und (sport-)politischen – Umfeldentwicklungen zusammenbringen. Auf diese Weise legen Szenarien dem Management generelle Entscheidungsräume offen, was die Ableitung potenzieller Alternativen und die Auswahl adäquater Strategien auf intersubjektiv nachvollziehbarer Basis ermöglicht. Abgebildet werden Festlegungen des normativen und strategischen Managements typischerweise in einem *Business Plan*, der die gewählte Strategie auch budgetiert und damit nach innen wie außen deutlich macht, in welchem Umfang sachliche, zeitliche und personale Ressourcen für welche Aufgabenbereiche zur Verfügung stehen.

Hat sich das Management auf konkrete Strategien festgelegt, können Detailpläne des *operativen Managements* ausgearbeitet werden. Hier gilt es, für die Umsetzung der Strategien Leitlinien abzuleiten und detaillierte Konzepte mit gut strukturierten Aufgaben zu erarbeiten, z. B. für das Sicherheitspersonal im Stadionumfeld, die Hostessen in den Hospitality-Bereichen oder die Mitarbeiter der Online-/New Media-Abteilung (vgl. Stolzenberg & Heberle, 2009, S. 47; Malik, 2006, S. 184–185).

2 Gestaltung von Organisationsstrukturen

Organisationsstrukturen des Teamsports sind von zentraler Bedeutung, da sie einerseits Gegenstand von Management sind – z. B. wenn es um Strukturveränderungen geht – und andererseits ganz wesentlich Möglichkeiten und Limitierungen des Managements bestimmen. Folglich ist eine Auseinandersetzung mit teamsportspezifischen Organisationsstrukturen von enormer Relevanz.

Die Kennzeichnung ausgewählter Teamsportorganisationen und ihrer wechselseitigen Verbindungen (vgl. Abb. 2) knüpft an die in Kapitel 2 der „Grundlagen des Sportmanagements" beschriebenen sportspezifischen Organisationskontexte an (vgl. Fahrner, 2014, S. 49–94).

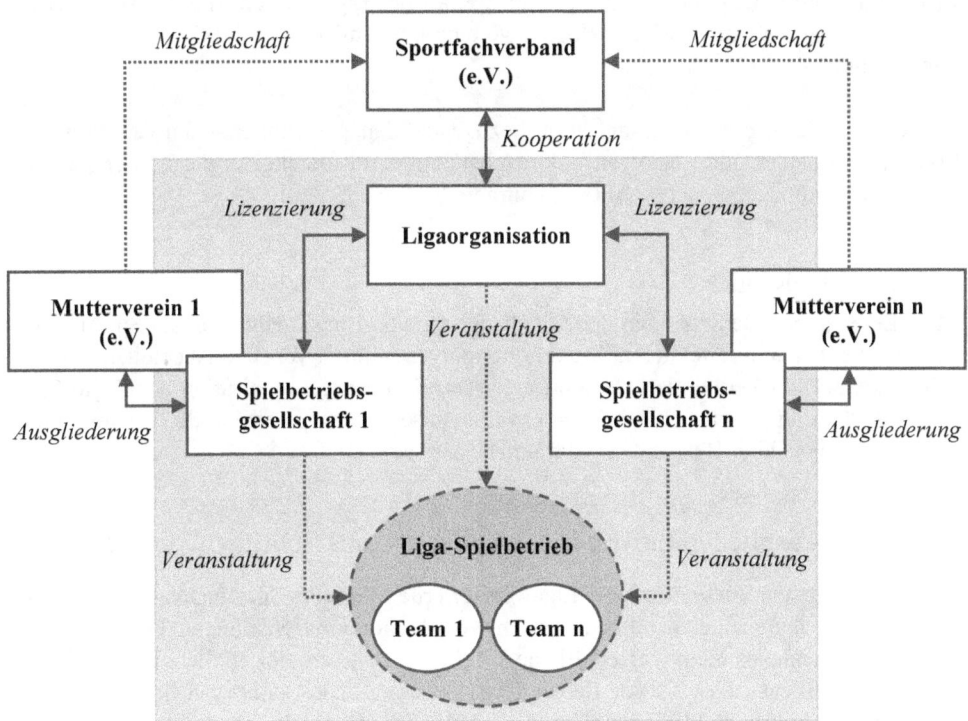

Abb.2: Teamsportspezifische Organisationsstrukturen und managementrelevante Aufgabenbereiche (Sportagenturen und weitere Organisationen wie Fanclubs sind grafisch nicht dargestellt, um eine angemessene Komplexitätsreduktion der Abbildung zu erreichen).

Ursprünglich war Teamsport ausschließlich eine Angelegenheit von Sportvereinen und Sportverbänden: Vereinsmannschaften nahmen an den Ligawettbewerben der Sportverbände teil, die wiederum verantworteten alle organisatorischen und wirtschaftlichen Aktivitäten des Ligabetriebs. Heute sind Organisationskontexte des Profiteamsports sehr viel komplexer. Die Verantwortung für Organisation und Vermarktung des Ligaspielbetriebs haben die Sportverbände an spezialisierte, kapitalgesellschaftlich verfasste Ligaorganisationen übergeben (vgl. Kap. 2.1). Auch die Sportvereine wurden satzungsrechtlich in die Lage versetzt, ihre Profiabteilungen in Kapitalgesellschaften auszugliedern – allerdings teilweise nur unter der Bedingung, dass diese nicht vollständig an Investoren verkauft werden, sondern nach wie vor dem Zugriff des Muttervereins unterliegen (vgl. Kap. 2.2). Für die Spielbetriebsgesellschaften selbst ergeben sich vor diesem Hintergrund einige organisationsstrukturelle Spezifika, die von gängigen Strukturschablonen der Wirtschaft abweichen (vgl. Kap. 2.3).

2.1 Sportfachverband vs. Ligaorganisation

Die Organisation der sportlichen Ligawettbewerbe war seit jeher eine originäre Aufgabe der jeweiligen Sportfachverbände, z. B. des Deutschen Fußball-Bunds oder des Deutschen Handball-Bunds. Mit zunehmender Professionalisierung und Ökonomisierung reichte aber allein die reibungslose Durchführung des Spielbetriebs durch die Sportverbände nicht mehr aus. Gleichzeitig führte die enorme wirtschaftliche Kraft der Ligawettbewerbe die Sportfachverbände – bis heute als nicht wirtschaftliche Vereine konstituiert – in die Gefahr von Rechtsformverfehlungen.

> Die Auseinandersetzung mit organisationsbezogenen Managementthemen im Verhältnis von Sportfachverbänden und Ligaorganisationen baut auf den Kapiteln 2.2 und 2.3 der „Grundlagen des Sportmanagements" auf (vgl. Fahrner, 2014, S. 65–94).

Lernziele des Kapitels

Die Leser lernen Bedingungen der Ausgliederung von Ligaabteilungen aus Sportfachverbänden kennen und reflektieren Strukturalternativen in ihren Vor- und Nachteilen.
Sie erkennen im Verhältnis von Sportfachverband und Ligaorganisation angelegte Spannungsfelder und setzen sich mit Möglichkeiten auseinander, potenziell divergierende Interessen im Sinne aller Beteiligten (vertraglich) zu regeln.

2.1.1 Ausgliederung von Ligaabteilungen aus Sportfachverbänden

Die enorme wirtschaftliche Kraft der Ligawettbewerbe führte die Sportfachverbände im Verlauf der 1990er Jahre zunehmend in die Gefahr von Rechtsformverfehlungen. Denn die Sportverbände, bis heute als nicht wirtschaftliche Vereine konstituiert, dürfen nicht wesentlich von ihren wirtschaftlichen Geschäftsbetrieben geprägt werden. Dies ist bei jährlichen Umsätzen der Ligawettbewerbe in Millionenhöhe (vgl. Abb. 1) jedoch faktisch nicht zu vermeiden. Hinzu kommen weitere Potenziale kapitalgesellschaftlicher Rechtsformen, beispielsweise kurze Entscheidungswege, erweiterte Kapitalbeschaffungsmöglichkeiten, geringere Haftungsrisiken (vgl. Weiler, 2006, S. 80–82; Summerer, 2007a, S. 124–130). Vor diesem Hintergrund gliederten die Sportverbände ihre Ligawettbewerbe in Kapitalgesellschaften aus, z. B. in die Deutsche Fußball Liga GmbH, die Basketball Bundesliga GmbH und die Handball-Bundesliga

GmbH. Durchführung und Vermarktung des Ligaspielbetriebs obliegen heute also der Hoheit dieser spezifischen Ligaorganisationen, die entsprechende Rechte der Bundesfachverbände – den originären Eignern der Ligawettbewerbe – verwerten.

Die Ausgliederung des Ligaspielbetriebs aus dem Sportverband hat organisatorisch und rechtlich Folgen für das Verbandsmanagement, aber insbesondere für das Ligenmanagement. Darüber hinaus tangiert sie das Verhältnis von Amateur- und Profibereich sowie die Mitsprache- und Kontrollrechte der Sportvereine und Spielbetriebsorganisationen bei Entscheidungen zum Ligaspielbetrieb. Deshalb gilt es, mittel- und langfristige Effekte einer Ausgliederungsentscheidung vorab möglichst differenziert zu prüfen und einen Konsens zwischen den Beteiligten auszuloten.

(Vor-)Bedingungen der Ausgliederung einer Ligaabteilung
Im Vorfeld der Ausgliederung einer Ligaabteilung aus dem Sportverband sind zahlreiche strategische, insbesondere organisationsstrukturelle Überlegungen erforderlich. Diese können meist nicht unabhängig von generellen formal-rechtlichen Optionen und teamsportspezifischen Bedingungen angestellt werden.

Sportverband V plant, seine Ligaabteilung in eine Kapitalgesellschaft auszugliedern. Nach langjährigen, mitunter sehr heftigen Diskussionen in den Verbandsgremien erarbeitete zuletzt eine Projektgruppe aus Vertretern des Bundesvorstands, der Landesverbände und der Bundesligisten einen Strukturvorschlag, der im Verband nun offensichtlich mehrheitsfähig ist. Vor diesem Hintergrund erfolgt die Einladung zu einer außerordentlichen Mitgliederversammlung, um entsprechend notwendige Satzungsänderungen von V auf den Weg zu bringen.
1. Welche generellen Bedingungen müssen die Verbandsgremien schaffen, um die Ausgliederung der Ligaabteilung realisieren zu können?
2. Welche wesentlichen vertraglichen Regelungen muss die Mitgliederversammlung diesbezüglich treffen?

Für die Sportverbände bedeutet die Ausgliederung ihrer bisherigen Ligaabteilung in eine Kapitalgesellschaft, dass sie faktisch eine originäre Verbandsaufgabe aus der Hand geben und mit der Verpachtung der entsprechenden Rechte auch wesentliche Einflussmöglichkeiten verlieren. Ein solcher Verzicht auf Macht und Einfluss in einem so öffentlichkeitswirksamen Aufgabenfeld ist folglich nicht selbstverständlich, sondern zumeist heftig umstritten. Verbandsintern braucht es deshalb zunächst eine *Ermächtigungsgrundlage* für die Ausgliederung der Ligaabteilung. Die Verbandsmitglieder – also die Landesverbände – müssen im Rahmen einer (außerordentlichen) Mitgliederversammlung der Ausgliederung grundsätzlich und entsprechenden Änderungen der Verbandssatzung – mit bestimmten, z. B. Dreiviertelmehrheiten – zustimmen, etwa hinsichtlich der Aufgaben, Rechte und Pflichten der Ligaorganisation. Anschließend sind die Änderungen der Verbandssatzung in das Vereinsregister sowie die Gründung der Ligaorganisation als Kapitalgesellschaft in das Handelsregister einzutragen. Dies wiederum erfordert einen *Gesellschaftsvertrag*, der die Verhältnisse der Gesellschaft umfassend regelt, z. B. die Gesellschafter mit ihren Geschäftsanteilen festschreibt. Insbesondere sind auch die Organe der Ligaorganisation, deren Größe – u. a. die Anzahl der Verbandsvertreter – sowie deren Rechte und Pflichten zu definieren. Schließlich ist ein rechtliches *Verbindungselement* zwischen dem Sportverband und der Ligaorganisation erforderlich, das typischerweise in Form eines Grundlagen- oder Kooperationsvertrags gegossen wird und das Verhältnis zwischen den beiden Organisationen im Detail regelt.

Neben diesen generellen Themen sind weitere inhaltliche Fragen zu klären, insbesondere die Mitbestimmungsrechte der Landesverbände – also des Amateursports – in Fragen des Ligawettbewerbs. Das Verhältnis des weiterhin im Sportverband organisierten Amateurbereichs zum Profibereich kann dabei mehr oder weniger eng konzipiert werden – und ist in den Sportverbänden häufig Gegenstand kontroverser Diskussionen.

Zweistufige Ausgliederung in Ligaverband e. V. und nachgelagerte Liga-GmbH
Einer Ausgliederung der Ligaabteilung aus dem Sportverband müssen die Verbandsmitglieder mit qualifizierter oder meist sogar mit Dreiviertelmehrheit zustimmen. Dann geben die für den Amateurbereich und die unteren Ligawettbewerbe zuständigen Landesverbände ihre bisherigen Mitsprache- und Einflussrechte hinsichtlich des Profispielbetriebs ab. Häufig entbrennen hieran kontroverse Diskussionen. Je nach Machtverteilung im Verband und Durchsetzungsfähigkeiten des Bundespräsidiums können bestimmte strukturelle Möglichkeiten umgesetzt werden, oder eben nicht. Um eine Mehrheit zugunsten der Ausgliederung wahrscheinlich zu machen, muss es folglich gelingen, eine Anbindung der Profiliga an den Verband strukturell so abzusichern, dass die Interessen des Amateursports weiterhin berücksichtigt und den Landesverbänden angemessene Einfluss- oder Profitmöglichkeiten eingeräumt werden.

> Sportverband V will seine Ligaabteilung in eine Kapitalgesellschaft ausgliedern. Diesem Anliegen wollen die Landesverbände allerdings nur zustimmen, wenn sie ihre und insbesondere die Interessen des von ihnen repräsentierten Amateursports angemessen berücksichtigt sehen. Aus diesem Grund streben die Landesverbände eine möglichst enge strukturelle Anbindung des Profibereichs an V an. Dabei sind sie sich in ihren Eigeninteressen weitgehend einig, sodass sie in der Mitgliederversammlung über die notwendigen Stimmenmehrheiten verfügen, um andere konzeptionelle Planungen zu blockieren. Insbesondere geht es ihnen darum, dass weder die Amateurvereine vom Profispielbetrieb, noch die Zweitligisten von den Bundesligisten „abgekoppelt" werden. Um die verschiedenen Interessen ausgleichen zu können, erarbeitet eine Projektgruppe von Bundesverband, Landesverbänden und Bundesligisten unter externer Moderation und Beratung ein Strukturmodell, das die Ausgliederung des Profibereichs in einen Ligaverband e. V. und eine nachgelagerte Durchführungsgesellschaft vorsieht.
> 1. Wie lässt sich die gesellschaftsrechtliche Grundstruktur der Ausgliederung mittels Ligaverband und nachgelagerter Kapitalgesellschaft beschreiben?
> 2. Welche Vor- und Nachteile sind mit diesem Strukturmodell verbunden?

Die Ausgliederung der Ligaabteilung in einen Ligaverband e. V. mit nachgelagerter Kapitalgesellschaft ist dadurch gekennzeichnet, dass alle Bundesligisten – oder auch nur die lizenzierten Vereine und Kapitalgesellschaften der (1.) Bundesliga – Mitglied eines Ligaverbands e. V. sind. Dessen zentrale Aufgabe ist die Nutzung der originären Verbandsrechte zum Betreiben der Bundes-/Lizenzligen. Der Ligaverband als e.V. kann dabei ordentliches Mitglied des Sportverbands sein, was eine integrierende Wirkung im Verhältnis von Profi- und Amateurbereich hat. Typischerweise erhält der Ligaverband auch Vorschlagsrechte für die Entsendung von Verbandsvertretern in spezifische Gremien der internationalen Sportverbände, etwa Aus-

2.1 Sportfachverband vs. Ligaorganisation

schüssen oder Kommissionen. Im Handball beispielsweise ist der DHB „an die entsprechenden Vorschläge gebunden, wenn ausschließlich oder überwiegend Belange des Lizenzhandballs berührt sind" (§ 6, Satzung Handball-Ligaverband[2]). Wesentlicher Vorteil dieses Strukturmodells ist, dass die Bundesligisten Mitglieder des Ligaverbands sind und im Fall des sportlichen Abstiegs ihre Mitgliedschaftsrechte wieder verlieren. Sportlicher Auf- und Abstieg können folglich gesellschaftsrechtlich reibungslos abgebildet und umgesetzt werden.

Um der ursprünglichen Gefahr der Rechtsformverfehlung als eingetragener, nicht wirtschaftlicher Verein angemessen zu begegnen, ist wiederum eine Liga-Kapitalgesellschaft zur operativen Aufgaben-/Zweckerfüllung und Durchführung der Geschäfte notwendig. „Die Abgrenzung der Aufgaben von Ligaverband und Gesellschaft im Einzelnen ergibt sich aus der Satzung und dem Gesellschaftsvertrag" (§ 4, Satzung Fußball-Ligaverband[3]). Sind die originären Verbandsrechte an den Ligaverband verpachtet und die Liga-GmbH als Durchführungsgesellschaft konzipiert, kann deren Geschäftsführung zwar Verträge verhandeln – allerdings nur *im Namen* des Ligaverbands. Zum Abschluss von Verträgen ist lediglich der Vorstand des Ligaverbands berechtigt. Abbildung 3 illustriert diese zweistufige Variante der Ausgliederung am Beispiel von DFB, Ligaverband e. V. und DFL. Im Ligaverband sind alle Bundesligisten und Zweitligisten Mitglieder, der Ligaverband wiederum ist ordentliches Mitglied des DFB.

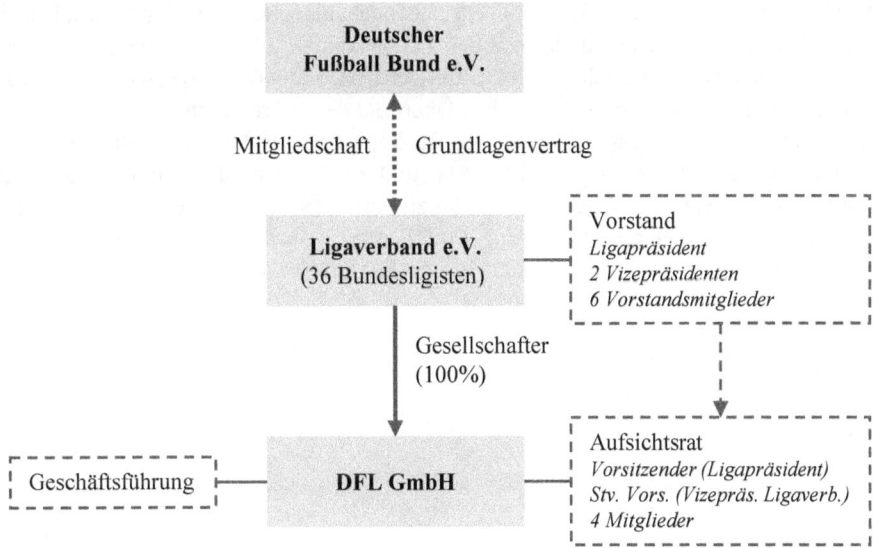

Abb.3: Deutscher Fußball Bund e. V. (DFB), Ligaverband e. V. und DFL als Beispiel für die zweistufige Ausgliederung einer Ligaabteilung (vgl. Deutsche Fußball Liga 2014b, o. S.; Präambel und §§ 1; 3 Satzung Ligaverband).

---

[2] Satzung des Handball-Ligaverbands in der Fassung vom 06. Juli 2011.
[3] Satzung des Fußball-Ligaverbands in der Fassung vom 16. Dezember 2013.

> Sportverband V will seine Ligaabteilung in eine Kapitalgesellschaft ausgliedern. Diesem Anliegen wollen die Landesverbände allerdings nur zustimmen, wenn sie ihre und insbesondere die Interessen des von ihnen repräsentierten Amateursports angemessen berücksichtigt sehen. Aus diesem Grund streben die Landesverbände eine möglichst enge strukturelle Anbindung des Profibereichs an den Sportverband an. Dabei verfolgen die Landesverbände allerdings keine einheitliche strategische Linie. Hinzu kommt, dass der Profibereich gegenüber dem Amateurlager verbandsintern eine sehr starke Machtposition innehat. Vor diesem Hintergrund wird die Umsetzung eines Strukturmodells wahrscheinlich, welches der ausgegliederten Ligaabteilung im Verhältnis zum Amateurbereich des Sportverbands weiter gehende Eigenständigkeit einräumt.
> 1. Welche Modifikationen der gesellschaftsrechtlichen Grundstruktur der Ausgliederung mittels Ligaverband und nachgelagerter Liga-Kapitalgesellschaft sind denkbar?
> 2. Welche Vor- und Nachteile sind mit diesem Strukturmodell verbunden?

Im Gegensatz zum Strukturmodell des Fußballs ist beispielsweise denkbar, dass im Ligaverband ausschließlich die Klubs der (1.) Bundesliga vertreten sind und dieser auch nicht über eine Mitgliedschaft in den Sportverband eingebunden ist. Auf diese Weise erhält der Profibereich eine deutlich größere Eigenständigkeit gegenüber dem verbandsseitig organisierten Amateurbereich. Des Weiteren sind für die nachgelagerte Liga-Kapitalgesellschaft unterschiedliche Beteiligungsmodelle denkbar. Diese können den Ligaverband als 100%-Gesellschafter vorsehen, aber auch weitere Gesellschafter – etwa den Sportverband – als Minderheitsgesellschafter der GmbH einbinden. Überträgt der Sportverband alle Teilnahme- und Vermarktungsrechte am Ligaspielbetrieb der Ligakapitalgesellschaft und nicht dem Ligaverband, wird deren Eigenständigkeit gestärkt. Denn auf diese Weise wird die GmbH-Geschäftsführung in die Lage versetzt, Verträge eigenständig zu verhandeln und diese auch abzuschließen. Ein solches Praxisbeispiel zeigt Abbildung 4 mit dem Strukturmodell von Deutschem Basketball-Bund, Arbeitsgemeinschaft Basketball-Bundesliga e. V. und BBL GmbH.

2.1 Sportfachverband vs. Ligaorganisation

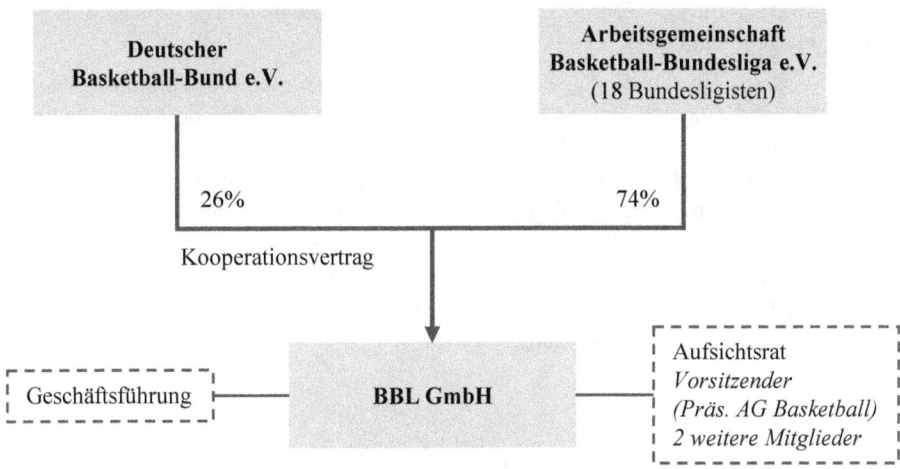

Abb.4: Deutscher Basketball-Bund e. V. (DBB), Arbeitsgemeinschaft Basketball-Bundesliga e. V. und BBL GmbH als Beispiel für die Ausgliederung einer Ligaabteilung aus dem Sportverband (vgl. Holzhäuser, 2004a, S. 148).

Eine weitgehende Eigenständigkeit der Profiliga ist für die Gesamtentwicklung der Sportart nur dann nachteilig, wenn es nicht gelingt, einen Interessenausgleich und kooperative Strategien zwischen Amateur- und Profibereich zu vereinbaren (vgl. Kap. 2.1.2).

Direkte Ausgliederung in eine Liga-GmbH
Eine weitere strukturelle Ausgliederungsoption konzipiert die Profiliga als eigenständige, ausschließlich kapitalgesellschaftlich verfasste Organisation. Diese Option ist unter anderem dann wahrscheinlich, wenn sich die Bundesligisten in ihren Interessen einig sind und diese gegenüber dem Sportverband und den Vertretern des Amateurbereichs auch durchsetzen können.

> Die Mehrzahl der Bundesligisten drängt Sportverband V, seine Ligaabteilung in eine Kapitalgesellschaft auszugliedern. Diesem Anliegen stehen allerdings die Landesverbände abwehrend gegenüber, denn sie fürchten um ihren Einfluss und insbesondere haben sie Angst, die Interessen des Amateursports könnten nach der Ausgliederung nicht (mehr) angemessen Berücksichtigung finden. Die Landesverbände und auch die Zweitligisten sind sich jedoch – im Gegensatz zu den Bundesligisten – in ihren Interessen nur bedingt einig. Unter maßgeblicher Beteiligung der Bundesligisten wird deshalb ein Strukturmodell erarbeitet, das eine direkte Ausgliederung des Profibereichs in eine Ligakapitalgesellschaft vorsieht.
> 1. Wie lässt sich die gesellschaftsrechtliche Grundstruktur der direkten Ausgliederung in eine Ligakapitalgesellschaft beschreiben?
> 2. Welche Vor- und Nachteile sind mit diesem Strukturmodell verbunden?

Die Ausgliederung der Ligaabteilung in eine Kapitalgesellschaft ist dadurch gekennzeichnet, dass die lizenzierten Bundesligisten Gesellschafter der Liga-GmbH sind. Damit sind allerdings insbesondere im Fall sportlicher Auf- und Abstiegsregelungen aufwändige formal-rechtliche Prozesse verbunden. Hiermit gehen jeweils Gesellschafterwechsel einher, die u. a. notariell beglaubigt werden müssen. Dies erschwert grundsätzlich die operative Umsetzung sportlicher Auf-/Abstiegsregelungen.

Typischerweise ist eine solche Ligakapitalgesellschaft auch nicht über eine Mitgliedschaft in den Sportverband eingebunden, sodass hiermit eine sehr weitgehende Eigenständigkeit des Profibereichs dokumentiert wird. Dies kann sich u. U. als vorteilhaft für die Professionalisierung des Ligamanagements auswirken. Für die Gesamtentwicklung der Sportart ist dies nur dann nachteilig, wenn es nicht gelingt, einen Interessenausgleich und kooperative Strategien zwischen Profi- und Amateurbereich zu vereinbaren (vgl. Kap. 2.1.2). Eine direkte Ausgliederung der Ligaabteilung in eine Liga-GmbH, deren Gesellschafter die Bundesligisten sind, ist lediglich im Eishockey realisiert (vgl. Abb. 5). Zwischen DEL und DEL 2 gibt es folglich auch keinen generellen Auf- und Abstiegsmechanismus.

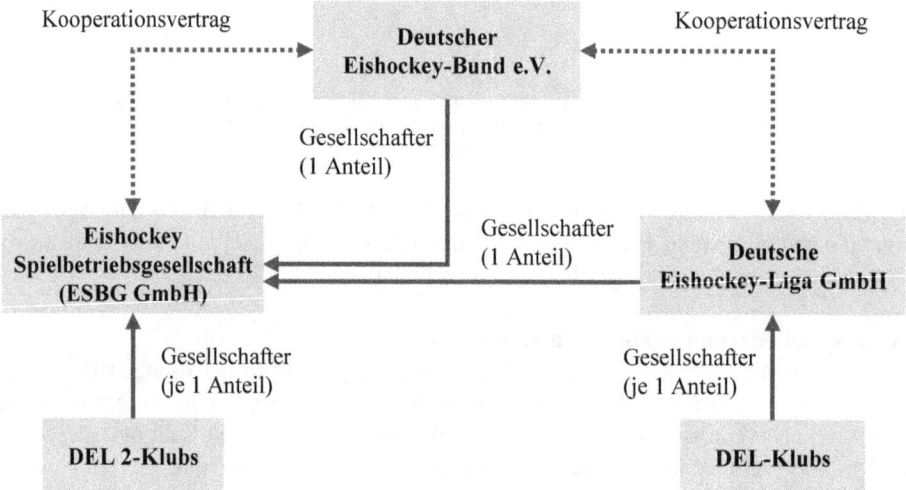

Abb.5: Deutscher Eishockey-Bund e. V. (DEB), Eishockey Spielbetriebsgesellschaft GmbH und DEL GmbH als Beispiel für die direkte Ausgliederung einer Ligaabteilung aus dem Sportverband (vgl. Holzhäuser, 2004b, S. 246; Ohne Autor, 2013, o. S.).

Eine Ausgliederung der Ligaabteilung aus dem Sportverband hat weitreichende Folgen, insbesondere für das Verhältnis von Amateur- und Profibereich. Mit einer Eigenständigkeit des Profibereichs geht typischerweise der Verlust von Macht/Einfluss und Profitmöglichkeiten des verbandsseitig organisierten Amateurbereichs einher. Aus diesem Grund existieren hohe satzungsrechtliche Hürden und nur unter bestimmten Bedingungen ist in den Sportverbänden mit einer Zustimmung der Mitgliederversammlung (der Landesverbände) zu rechnen. In der Praxis sind typischerweise zwei Strukturmodelle realisiert: eine zweistufige Lösung mit Ligaverband und nachgelagerter Liga-GmbH sowie die direkte Ausgliederung in eine Liga-GmbH. Beide Modelle sind jeweils in Details mit Vor- und Nachteilen behaftet. Mit der Ausgliederung einhergehende Spannungsfelder im Verhältnis Sportverband/Liga sind möglichst durch verbindliche Regelungen einer kooperativen Zusammenarbeit zu überwinden.

2.1.2 Spannungsverhältnis Sportfachverband – Ligaorganisation

Mit den verschiedenen Strukturmodellen der Ausgliederung von Ligaabteilungen in Kapitalgesellschaften sind jeweils spezifische Vor- und Nachteile verbunden (vgl. Kap. 2.1.1). Weitgehend unabhängig von der Wahl eines bestimmten Strukturmodells ergeben sich in Folge der Ausgliederung zahlreiche Felder der Zusammenarbeit zwischen Liga und Sportverband, also zwischen Profi- und Amateurbereich. Diese sind mit Blick auf eine möglichst spannungsfreie Kooperation und Weiterentwicklung der Sportart möglichst einvernehmlich zu klären und verbindlich zu regeln. Ein auf diese Weise festgeschriebener Interessenausgleich zwischen Profis und Amateuren ist grundsätzlich auch eine der Bedingungen, überhaupt die Zustimmung der Landesverbände zu einer Ausgliederung der Ligaabteilung zu erhalten.

Naturgemäß verfolgen Liga und Sportverband eigene, mitunter auch gegensätzliche Interessen. Insofern muss das Management diesbezüglich möglichst ausgleichend wirken, um potenzielle Konflikte zum Schaden der Sportart abzuwenden oder gar nicht entstehen zu lassen. Die gesellschaftsrechtliche Umsetzung der Ausgliederung und damit verbundene Strukturbedingungen legen dabei Möglichkeiten und Grenzen des Managements fest. Typischerweise wird das Verhältnis zwischen Ligaorganisation und Sportverband mittels differenzierter Kooperations-/Grundlagenverträge geregelt.

Nutzungsrechte vs. Nutzungsentgelte
Mit der Ausgliederung der Ligaabteilung aus dem Sportverband auf eine eigenständige Ligaorganisation ist typischerweise die Verpachtung der Rechte zur Veranstaltung des Spielbetriebs verbunden. Damit verzichtet der Sportverband auf die Ausübung seiner originären Rechte, was für ihn u. a. wirtschaftlich nachteilig ist. Aus diesem Grund ist es folgerichtig, dass die Liga im Gegenzug zur Zahlung von Nutzungsentgelten an den Sportverband verpflichtet wird.

> Im Zusammenhang mit der Ausgliederung seiner Ligaabteilung hat Sportverband V die Rechte an der Veranstaltung aller Spiele um die Deutsche Meisterschaft und den Deutschen Pokalsieger an die eigenständige Ligaorganisation L verpachtet. Der zwischen V und L vereinbarte Grundlagenvertrag regelt die partnerschaftliche und vertrauensvolle Zusammenarbeit unter Beachtung sportorganisatorischer sowie wirtschaftlicher Belange. Insbesondere schreibt der Vertrag fest, dass L an V angemessene Nutzungsentgelte zu entrichten hat.
> 1. Welche Erlösquellen der Liga können bei der Berechnung von Nutzungsentgelten an den Sportverband in Betracht gezogen werden?
> 2. Welche Gebührenmodelle sind dabei denkbar?

Über die Höhe und die Ausgestaltung der zwischen Sportverband und Ligaorganisation vereinbarten Nutzungsentgelte lassen sich zahlreiche sportpolitische Konfliktfelder entschärfen und auch gegenüber einer Ausgliederung möglicherweise bestehende Widerstände lösen. Grundsätzlich können einzelne Erlösquellen der Liga für die Berechnung des Nutzungsentgelts herangezogen werden. In der Praxis bezieht man sich jedoch meist auf die *tatsächlichen Gesamterlöse* der Liga inklusive der Erlöse aus der Verwertung medialer/werblicher Rechte sowie des Ticketings, wobei typischerweise eine pauschale prozentuale Abgabe vereinbart wird. Beispielsweise beträgt der jährliche Pachtzins des Fußball-Ligaverbands drei Prozent der „tatsächlich zugeflossenen Gesamteinnahmen aus der Vermarktung der zur Nutzung überlassenen

Rechte" (§ 4 Abs. 1, Grundlagenvertrag DFB/Ligaverband[4]). Für die Nutzungsentgelte wiederum können verschiedene Fälligkeiten definiert werden. Meist sind gleiche Raten jeweils zum Quartalsende vereinbart.

Profiliga vs. Nationalmannschaft
Ein potenzielles Konfliktfeld im Verhältnis von Liga und Sportverband betrifft die Nationalmannschaft, die auch im Fall einer Ausgliederung der Ligawettbewerbe weiterhin eine hoheitliche Aufgabe der Sportverbände darstellt. Dabei hat sportlicher Erfolg des Nationalteams bei Welt- und Europameisterschaften oder Olympischen Spielen für den jeweiligen Sportverband und dessen Sportart herausragende Bedeutung. Denn typischerweise ist damit große Aufmerksamkeit verbunden, was u. a. für die Attraktivität der Sportart bei Sponsoren und Nachwuchsathleten relevant ist. Die Bundesligisten verfolgen allerdings typischerweise ausschließlich ihren eigenen sportlichen Erfolg in den Ligawettbewerben, ohne dabei Rücksicht auf die Nationalitäten ihrer Spieler zu nehmen. Daraus resultiert die Gefahr, dass in den Ligawettbewerben insbesondere leistungsstarke ausländische und weniger inländische Spieler und Nachwuchsathleten eingesetzt werden. Solche Entwicklungen gehen meist vor allem auf Kosten der inländischen Nachwuchsathleten. Für Sportverbände sind Vereinbarungen zur Stärkung ihrer Nationalmannschaften folglich von herausragender Bedeutung.

Für Sportverband V ist sportlicher Erfolg seines Nationalteams bei Welt- und Europameisterschaften oder Olympischen Spielen enorm wichtig. Gerade die damit verbundene gesellschaftliche Sichtbarkeit ist für seine Attraktivität bei Sponsoren und Nachwuchsathleten relevant. Mit Sorge beobachtet V immer wieder, dass seinen Nationalspielern in Entscheidungsmatches Erfahrung und Abgeklärtheit fehlen, da in der Liga offenbar vor allem ausländischen Spitzenspielern Verantwortung übertragen wird. Hinzu kommt, dass die Nationalspieler infolge ihrer zahlreichen Liga- und Nationalmannschaftseinsätze einer sehr hohen Spielbelastung unterliegen und V deshalb häufig mit Absagen dieser Athleten für Spiele und Trainingsmaßnahmen der Nationalmannschaft konfrontiert ist. Offensichtlich wird dies mit Blick auf die Verletzungsgefahr und daraus resultierende Ausfälle im Ligaspielbetrieb sogar von den Bundesligisten unterstützt. Vor diesem Hintergrund strebt V mit der Liga Vereinbarungen zur gezielten Anschlussförderung deutscher Spieler und zur Bildung einer starken Nationalmannschaft an.
1. Welche Maßnahmen zur Förderung deutscher (Nachwuchs-)Spieler können zwischen Ligaorganisation und Sportverband vereinbart werden?
2. Welche Maßnahmen zugunsten einer leistungsstarken Nationalmannschaft können zwischen Ligaorganisation und Sportverband vereinbart werden?

Eine Möglichkeit zur Förderung deutscher (Nachwuchs-)Spieler in den Ligawettbewerben besteht darin, den Bundesligisten für die Zusammensetzung ihrer Spielerkader Quoten vorzuschreiben. In Folge des EuGH-Urteils zum Fall Bosman 1995 wurden bis dahin geltende verbandsrechtliche Ausländerklauseln wegen Verstoßes gegen die Arbeitnehmerfreizügigkeit abgeschafft. Dies vergrößerte die Einsatzmöglichkeiten ausländischer Spieler und führte dazu, dass heute „bis zu 56,3% der nationalen Ligaspieler nicht für die einheimische Verbandsnationalmannschaft spielberechtigt sind" (Battis, Ingold & Kuhnert, 2010, o. S.). Offensichtlich

---

[4] Grundlagenvertrag DFB/Ligaverband in der Fassung vom Mai 2013.

können komplett ausgebildete Spieler aus dem Ausland von den Bundesligisten kostengünstig rekrutiert werden (vgl. Pawlowski & Fahrner, 2014, S. 53–54).

Eine *Quotenregelung* zugunsten deutscher Spieler in den Spielerkadern der Bundesligisten müsste angesichts des Bosman-Urteils so formuliert sein, dass die damit einhergehende Einschränkung der Arbeitnehmerfreizügigkeit (vgl. Art. 45 AEUV) allenfalls als mittelbare, unionsrechtlich zu rechtfertigende Diskriminierung verstanden werden kann. Beispielsweise gelingt dies der „6+5-Regel" der FIFA (2008 beschlossenen, bislang noch nicht umgesetzt), indem sie festlegt, dass die Bundesligisten Ligaspiele mit jeweils mindestens sechs Spielern beginnen müssen, die für die Nationalmannschaft des Landes spielberechtigt sind, in dem der Bundesligist seinen Sitz hat. Maßgebliches Differenzierungskriterium ist also nicht die Staatsangehörigkeit der Spieler, sondern deren *Spielberechtigung* in der Nationalmannschaft. Die Beschränkung bezieht sich außerdem nur auf den Einsatz der Spieler *zu Beginn des Spiels*, nicht aber auf Ein- bzw. Auswechslungen während des Spiels. Zudem wird die Zusammensetzung des Kaders insgesamt hiervon nicht berührt (vgl. Battis, Ingold & Kuhnert, 2010, o. S.). In der Fußball-Bundesliga müssen aktuell „mindestens acht lokal ausgebildete Spieler bei dem Club als Lizenzspieler unter Vertrag stehen, wovon mindestens vier vom Club ausgebildet sein müssen" (§ 5a, DFL-Lizenzordnung Spieler[5]).

Eine weitere Möglichkeit zur langfristigen Stärkung der Nationalmannschaft besteht in einer umfassenden, systematischen *Nachwuchs- und Talentförderung*. Grundlage hierfür können beispielsweise verbindliche Talentförderprogramme und Leistungszentren der Bundesligisten sein, die sich u. a. in die Lizenzierungsrichtlinien der Ligaorganisation einbinden lassen. Auf diese Weise kann in der Breite eine gezielte Anschlussförderung nach der Jugendarbeit abgesichert werden, damit junge Talente den Sprung in die Kader der Bundesligisten schaffen und sich dort zu Leistungsträgern entwickeln. Beispielsweise haben die Fußball-Bundesligisten „als Fördereinrichtung des Juniorenfußballs ein Leistungszentrum zu führen ... Die Leistungszentren sollen eine qualitativ hohe Ausbildung talentierter Nachwuchsspieler in den verschiedenen Altersklassen gewährleisten" (Anhang V, DFL-Lizenzierungsordnung[6]).

Die Teilnahme von Nationalspielern an Einsätzen der Nationalmannschaft wiederum kann dadurch abgesichert werden, dass die Bundesligisten eine *Abstellungsverpflichtung* ihrer Nationalspieler anerkennen (vgl. § 5 Abs. 1, Grundlagenvertrag DFB/Ligaverband). „Die Clubs sind verpflichtet, zu Länderspielen und Auswahlspielen des DFB und seiner Mitgliedsverbände Spieler abzustellen. Die Spieler sind verpflichtet, einer an sie gerichteten Aufforderung Folge zu leisten" (§ 21, DFL-Lizenzordnung Spieler). Im Gegenzug sollte der Sportverband den Bundesligisten dann allerdings Ausgleichszahlungen für Einsätze der Nationalmannschaftsspieler leisten. Im Fußball ist dies wie folgt geregelt: „Für die Leistungen des Ligaverbandes ... zahlt der DFB jährlich eine variable prozentuale Beteiligung zwischen 15 Prozent und 30 Prozent an seinen Einnahmen aus der Vermarktung der A-Nationalmannschaft (TV-Rechte, Sponsoren, Eintrittsgelder etc.) an den Ligaverband ... Der Ligaverband wird darüber hinaus bei Endturnieren der UEFA und FIFA mit 50 Prozent am wirtschaftlichen Überschuss des DFB beteiligt" (§ 5, Grundlagenvertrag DFB/Ligaverband). Darüber hinaus ist es üblich, dass der Sportverband für Nationalmannschaftseinsätze *Abstellungsentschädigungen* an die Bundesligisten zahlt und entsprechende Versicherungsbeiträge der Nationalspieler übernimmt. Immerhin tragen die Klubs das Risiko, dass ihre Spieler nach Nationalmannschaftseinsätzen

---

[5] Lizenzordnung Spieler des Fußball-Ligaverbands in der Fassung vom 26. Oktober 2013.
[6] Lizenzierungsordnung des Fußball-Ligaverbands in der Fassung vom 06. Dezember 2013.

verletzt und nicht einsatzfähig zurückkommen – während sie Gehalt und medizinische Betreuung der Spieler bezahlen müssen.

Diese Schnittstellen zwischen Liga und Nationalmannschaft können durch spezifische, meist paritätisch zwischen Sportverband und Ligaorganisation besetzte *Gremien* – etwa Lenkungsausschüsse oder Kompetenzteams – strukturell abgesichert werden. Diese Gremien können die Belange der Nationalmannschaft und der Liga gemeinsam planen und koordinieren, beispielsweise durch die Abstimmung von Rahmenterminen für Trainingslager und Testspiele.

Profiliga vs. Förderung des Amateursports

Die Landesverbände als Mitgliedsorganisationen der Spitzenverbände müssen einer Ausgliederung der Ligaabteilung zustimmen, was für sie u. a. mit dem Verlust von Einflussmöglichkeiten verbunden ist (vgl. Kap. 2.1.1). Zur Interessenwahrnehmung des von ihnen vertretenen Amateursports streben sie im Gegenzug meist eine Verpflichtung der Ligaorganisation zur solidarischen Förderung des Amateursports an.

Für ihre Zustimmung zur Ausgliederung der Ligaabteilung fordern die Landesverbände von Sportverband S eine Gegenleistung. Immerhin verlieren sie mit der Ausgliederung verbandspolitische und wirtschaftliche Macht, während der in ihren Vereinen organisierte Amateursport als Basis der Sportart insgesamt fungiert: Millionen ehrenamtlich tätige Übungsleiter, Trainer, Schiedsrichter, Jugendleiter und Funktionäre leisten in den Sportvereinen täglich wichtige Basisarbeit, z. B. mit den zahlreichen Nachwuchsmannschaften. Vor diesem Hintergrund schwebt den Landesverbänden eine verbindliche Regelung zur langfristigen Förderung des Amateursports durch die Ligaorganisation vor.
1. Auf welche Leistungen zugunsten des Amateursports kann die Ligaorganisation verpflichtet werden?
2. Welche weiteren Zeichen der Solidarität zwischen Profi- und Amateurbereich sind denkbar?

Eine Möglichkeit zur solidarischen Unterstützung des Amateursports besteht in einer *finanziellen Beteiligung* der Regional- und Landesverbände an den wirtschaftlichen Erlösen der Liga. Dabei können sowohl pauschale Beträge als auch anteilige Beteiligungen an ausgewählten Erlöskategorien vereinbart werden. Im Fußball zahlt der Ligaverband beispielsweise pauschal „fünf Millionen Euro an die Landesverbände zur Stärkung ihrer finanziellen Grundlage" (§ 8, Grundlagenvertrag DFB/Ligaverband). Über die Verwendung dieser Gelder entscheiden die jeweiligen Verbandsgremien eigenständig. Außerdem werden die Landes- und Regionalverbände im Fußball an den Ticketerlösen der Bundesligisten in ihren geografischen Hoheitsgebieten beteiligt: „Diese Spielabgaben betragen a) Zwei Prozent aus dem Eintrittskartenverkauf der Bundesliga und b) Ein Prozent aus dem Eintrittskartenverkauf der 2. Bundesliga" (§ 8, Grundlagenvertrag DFB/Ligaverband). Darüber hinaus können sich die Ligaorganisationen grundsätzlich auch an den Talent- und Nachwuchsförderprogrammen der Sportverbände finanziell beteiligen, beispielsweise an spezifischen Leistungszentren, Sichtungsprogrammen und weiteren Verbandsaktivitäten, etwa in Schulen (vgl. § 8, Grundlagenvertrag DFB/Ligaverband).

Ein nicht nur symbolisches Zeichen der Solidarität kann außerdem darin bestehen, dass Spiele der Profis nicht zeitgleich zu den Hauptspielzeiten der Amateure angesetzt werden. Im Fußball wird deshalb angestrebt, „am Sonntag vor 15.30 Uhr keine Begegnungen der Fußball-Bundesliga anzusetzen. Soweit möglich finden sonntags nicht mehr als fünf Spiele des Lizenzfußballs (Bundesliga/2. Bundesliga) statt" (§ 8, Grundlagenvertrag DFB/Ligaverband).

Profiliga vs. international gültige Regelwerke
Trotz Ausgliederung der Ligaabteilung auf eine eigenständige Organisation sind alle Beteiligten daran interessiert, dass der Ligaspielbetrieb gemäß international gültigen Spielregeln erfolgt. Denn dies ist eine wesentliche Bedingung der Möglichkeit, dass sich Bundesligisten für internationale Klubwettbewerbe wie Champions League oder Europa League qualifizieren können.

Ligaorganisation L verantwortet eigenständig die Organisation des Ligaspielbetriebs. Um international anschlussfähige Spielergebnisse gewährleisten zu können und insbesondere den Bundesligisten die Möglichkeit zu eröffnen, sich für internationale Wettbewerbe zu qualifizieren, müssen die Ligaspiele international gültigen Spielregeln der Sportart entsprechen und von qualifizierten Schiedsrichtern geleitet werden. L fehlen in dieser Hinsicht aber sowohl Organisationsstrukturen als auch Personal für eine angemessene Aus-/Fortbildung und Einsatzplanung von Schiedsrichtern.
1. Wie kann sichergestellt werden, dass Ligaspiele nach international gültigen Spielregeln ablaufen?
2. Wie kann der Einsatz angemessen qualifizierter Schiedsrichter im Ligaspielbetrieb gewährleistet werden?

Die Gültigkeit internationaler Sportregeln für den Ligaspielbetrieb wird typischerweise mittels satzungsrechtlicher *Verpflichtungsketten* sichergestellt. Das heißt, in den Satzungen aller beteiligten Organisationen sind verbindliche Verweise auf die Regelwerke der internationalen Sportverbände verankert. Im Fußball beispielsweise wird „der Ligaverband der Satzung und den Ordnungen des DFB sowie den Regelungen im Grundlagenvertrag mit dem DFB unterworfen. Sie sind in ihrer jeweiligen Fassung für den Ligaverband und seine Mitglieder unmittelbar verbindlich. Dies gilt insbesondere für die DFB-Satzung, DFB-Spielordnung, DFB-Rechts- und Verfahrensordnung, DFB-Schiedsrichterordnung, DFB-Jugendordnung, DFB-Ausbildungsordnung und die Anti-Doping-Richtlinien des DFB mit den dazu erlassenen Aus- und Durchführungsbestimmungen. Der DFB ist Mitglied der FIFA mit Sitz in Zürich. Aufgrund dieser Mitgliedschaft ist der DFB den Bestimmungen dieses Verbandes unterworfen. Sie sind damit auch für den Ligaverband und seine Mitglieder in ihrer jeweiligen Fassung verbindlich" (§ 3, Satzung Fußball-Ligaverband). Dieser Passus findet sich z. B. fast wortgleich in der Satzung des Handball-Ligaverbands (vgl. § 3, Satzung Handball-Ligaverband).

Zwischen Sportverband und Ligaorganisation sind darüber hinaus Regelungen erforderlich, die den Einsatz von entsprechend aus- und fortgebildeten Schiedsrichtern sicherstellen. Das *Schiedsrichterwesen* ist ein originärer Aufgabenbereich der Sportverbände, d. h., hier sind alle erforderlichen Strukturen und Kompetenzen vorhanden, die es für den Ligaspielbetrieb zu nutzen gilt. Für die Inanspruchnahme des verbandsseitig organisierten Schiedsrichterwesens leistet die Liga typischerweise einen pauschalen Finanzbeitrag an den Sportverband (vgl. § 4 Abs. 4, Grundlagenvertrag DFB/Ligaverband).

Das Verhältnis von Ligaorganisation und Sportverband ist in vieler Hinsicht differenziert regelungsbedürftig, insbesondere da sich z. T. divergierende Interessenlagen gegenüber stehen. Zentrale Managementthemen, die in sog. Grundlagenverträgen geregelt werden, tangieren u. a. Nutzungsentgelte, Nationalmannschaften, Förderung von Nachwuchs und Amateuren sowie Regelwerke. Dabei spielen finanzielle Ausgleichsregelungen für den Verzicht auf wirtschaftliche Erträge des Sportverbands eine wichtige Rolle. Von großer Bedeutung ist außerdem ein Verständnis für gemeinsame Interessen und Abhängigkeiten. Letztlich sind die wechselseitigen Verbindungen von Profi- und Amateurbereich so eng und vielfältig, dass alle Beteiligten an einer wirtschaftlich erfolgreichen Vermarktung des Ligawettbewerbs als Gesamtprodukt interessiert sein müssen.

2.2 Mutterverein vs. Spielbetriebsgesellschaft

Waren ursprünglich nur Mannschaften von Sportvereinen an den Ligawettbewerben des Teamsports teilnahmeberechtigt, hat sich dies seit Ende der 1990er Jahre grundlegend gewandelt. Die enorme wirtschaftliche Kraft der Ligawettbewerbe führte die Sportvereine zunehmend in die Gefahr von Rechtsformverfehlungen. Denn als nicht wirtschaftliche Vereine dürfen sie nicht wesentlich von ihren wirtschaftlichen Geschäftsbetrieben geprägt werden, was allerdings bei jährlichen Millionenumsätzen im Ligaspielbetrieb faktisch nicht zu vermeiden ist. Lizenzen zur Teilnahme am Ligaspielbetrieb können deshalb heute von Sportvereinen *und* kapitalgesellschaftlich verfassten Spielbetriebsgesellschaften erworben werden.[7]

Die Auseinandersetzung mit organisationsbezogenen Managementthemen im Verhältnis Mutterverein und Spielbetriebsgesellschaft baut auf den Inhalten der Kapitel 2.1, 2.3 und 3.3 der „Grundlagen des Sportmanagements" auf (vgl. Fahrner, 2014, S. 49–64, 81–94, 121–132).

Lernziele des Kapitels

Die Leser setzen sich mit Vor- und Nachteilen kapitalgesellschaftlicher Rechtsformen von Profispielbetrieben auseinander und erfahren, wie Ausgliederungsprozesse idealtypisch ablaufen.
Sie erkennen im Verhältnis von Mutterverein und Spielbetriebsgesellschaft angelegte Spannungsfelder und setzen sich mit diesbezüglichen Regelungen der Ligaorganisationen auseinander.

Tabelle 3 zeigt die lizenzierten Bundesligisten der fünf großen Teamsportligen 2013/2014. Dabei wird deutlich, dass mittlerweile über alle Sportarten hinweg die meisten Lizenznehmer als Spielbetriebsgesellschaften konstituiert sind. Fragen der Ausgliederung von Spielbetrieben aus ihren Muttervereinen, deren Überführung in Kapitalgesellschaften inklusive der Wahl angemessener Rechtsformen stellen heute folglich zentrale Managementthemen dar (vgl. auch Kap.

---

[7] Nur im Volleyball können ausschließlich Sportvereine die Lizenz zur Teilnahme am Ligaspielbetrieb erwerben. Gleichwohl können sie den Profispielbetrieb auf eine Spielbetriebsgesellschaft ausgliedern (vgl. Vordruck A/Antrag Vereinslizenz zum DVL-Lizenzstatut in der Fassung vom 02. Juni 2012).

2.1.1). Im weiteren Fortgang des Lehrbuchs wird die Gesamtheit der von den Ligaorganisationen lizenzierten Sportvereine und Spielbetriebsgesellschaften – ohne Differenzierung nach Rechtsform – als *Bundesligisten* oder als *Klubs* bezeichnet. Von *Sportvereinen* wird hingegen nur dann gesprochen, wenn tatsächlich diese besondere Form der Freiwilligenvereinigung gemeint ist.

Tab. 3: Liga- und Spielbetriebsorganisationen der Saison 2013/14 (inklusive Rechtsform).

Fußball DFL GmbH (Frankfurt)	Basketball BBL GmbH (Köln)	Handball HBL GmbH (Dortmund)	Eishockey DEL GmbH (Köln)	Volleyball DVL GmbH (Berlin)
FC Bayern München (AG)	TBB Trier (AG)	MT Melsungen (AG)	Adler Mannheim (GmbH & Co. KG)	evivo Düren (GmbH)
Eintracht Frankfurt (AG)	EWE Baskets Oldenbourg (GmbH & Co. KG)	HSV Handball (GmbH & Co. KG)	Straubing Tigers (GmbH & Co. KG)	TV Ingersoll Bühl (GmbH)
Borussia Dortmund (GmbH & Co. KGaA)	Brose Baskets (GmbH)	THW Kiel (GmbH & Co. KG)	Schwenninger Wild Wings (GmbH)	VfB Friedrichshafen (GmbH)
Hannover 96 (GmbH & Co. KGaA)	ratiopharm ulm (GmbH)	HSG Wetzlar (GmbH & Co. KG)	Eisbären Berlin (GmbH)	VC Dresden (GmbH)
Eintracht Braunschweig (GmbH & Co. KGaA)	ALBA Berlin (GmbH)	TBV Lemgo (GmbH & Co. KG)	Augsburger Panther (GmbH)	TV Rottenburg (GmbH)
SV Werder Bremen (GmbH & Co. KGaA)	Artland Dragons (GmbH)	HBW Balingen-Weilstetten (GmbH & Co. KG)	Düsseldorfer EG (GmbH)	VSG Coburg/Grub (GmbH)
Hertha BSC (GmbH & Co. KGaA)	Telekom Baskets Bonn (GmbH)	TSV GWD Minden (GmbH & Co. KG)	EHC Red Bull München (GmbH)	RWE Volleys Bottrop (GmbH)
FC Augsburg (GmbH & Co. KGaA)	Phoenix Hagen (GmbH)	SG Flensburg-Handewitt (GmbH & Co. KG)	ERC Ingolstadt (GmbH)	Generali Haching (e.V.)
1899 Hoffenheim (GmbH)	s.Oliver Baskets (GmbH)	Bergischer HC (GmbH)	Thomas Sabo Ice Tigers Nürnberg (GmbH)	CV Mitteldeutschland (e.V.)
VfL Wolfsburg (GmbH)	Walter Tigers Tübingen (GmbH)	Füchse Berlin (GmbH)	Grizzly Adams Wolfsburg (GmbH)	Berlin Recycling Volleys (e.V.)
Borussia Mönchengladbach (GmbH)	Eisbären Bremerhaven (GmbH)	VfL Gummersbach (GmbH)	Hamburg Freezers (GmbH)	Moerser SC (e.V.)
Bayer 04 Leverkusen (GmbH)	New Yorker Phantoms Braunschweig (GmbH)	TV Emsdetten (GmbH)	Iserlohn Roosters (GmbH)	--
1. FC Nürnberg (e.V.)	Fraport Skyliners (GmbH)	TuS N-Lübbecke (GmbH)	Krefeld Pinguine (GmbH)	--
Hamburger SV (e.V.)	medi bayreuth (GmbH)	Frisch Auf Göppingen (GmbH)	Kölner Haie (GmbH)	--
FC Schalke 04 (e.V.)	Mitteldeutscher BC (GmbH)	SC Magdeburg (GmbH)	--	--
VfB Stuttgart (e.V.)	FC Bayern München (e.V.)	Rhein-Neckar Löwen (GmbH)	--	--
Sport-Club Freiburg (e.V.)	RASTA Vechta (e.V.)	ThSV Eisenach (GmbH)	--	--
1. FSV Mainz 05 (e.V.)	MHP Riesen Ludwigsburg (e.V.)	TSV Hannover-Burgdorf (GmbH)	--	--

2.2.1 Ausgliederung von Spielbetriebsabteilungen aus Sportvereinen

Die Ausgliederung einer Spielbetriebsabteilung aus dem Sportverein hat organisatorisch und rechtlich Folgen für das Vereinsmanagement, insbesondere für das Management des Spielbetriebs sowie für die Mitsprache- und Kontrollrechte der Sportvereinsführung bei Belangen des Profispielbetriebs. Deshalb gilt es, mittel- und langfristige Effekte dieser Entscheidung vorab möglichst differenziert zu prüfen.

(Vor-)Bedingungen der Ausgliederung einer Spielbetriebsabteilung
Im Vorfeld der Ausgliederung des Profispielbetriebs aus dem Sportverein sind zahlreiche strategische, insbesondere organisationsstrukturelle Überlegungen erforderlich. Diese können meist nicht unabhängig von generellen formal-rechtlichen Optionen und teamsportspezifischen Bedingungen angestellt werden. Für die Sportvereine bedeutet die Ausgliederung ihrer Spielbetriebsabteilung in eine Kapitalgesellschaft, dass sie sich faktisch einer ursprünglich originären Vereinsaufgabe entledigen und mit der Verpachtung entsprechender Rechte folglich auch Einflussmöglichkeiten abgeben. Ein solcher Verzicht auf Macht und Einfluss in einem so öffentlichkeitswirksamen Aufgabenfeld ist nicht selbstverständlich, sondern in den Sportvereinen zumeist heftig umstritten.

Sportverein S plant, seinen Profispielbetrieb in eine Kapitalgesellschaft auszugliedern. Nach langjährigen, mitunter sehr heftigen Diskussionen in den Vereinsgremien erarbeitete zuletzt eine Projektgruppe aus Vertretern des Vorstands, der betreffenden Vereinsabteilung und externen Beratern einen Strukturvorschlag, der nun offensichtlich mehrheitsfähig ist. Vor diesem Hintergrund erfolgt die Einladung zu einer außerordentlichen Mitgliederversammlung, um notwendige Satzungsänderungen auf den Weg zu bringen.
1. Welche generellen Bedingungen müssen die Vereinsgremien schaffen, um die Ausgliederung des Profispielbetriebs realisieren zu können?

Vereinsintern braucht es zunächst eine *Ermächtigungsgrundlage* für die Ausgliederung. Die Vereinsmitglieder müssen im Rahmen einer (außerordentlichen) Mitgliederversammlung der Ausgliederung grundsätzlich und entsprechenden Änderungen der Vereinssatzung im Detail – ggf. mit bestimmten, z. B. Dreiviertelmehrheiten – zustimmen. Daran anschließend sind die Änderungen der Vereinssatzung in das Vereinsregister sowie die Gründung der Spielbetriebsgesellschaft in das Handelsregister einzutragen. Dies erfordert einen *Gesellschaftsvertrag*, der die Verhältnisse der Kapitalgesellschaft umfassend regelt, z. B. die Gesellschafter mit ihren Geschäftsanteilen festschreibt. Insbesondere sind auch die Organe der Spielbetriebsgesellschaft, deren Größe sowie deren Rechte und Pflichten zu definieren. Typischerweise sind dies Gesellschafterversammlung, Geschäftsführung und Aufsichtsrat. Schließlich braucht es ein rechtliches *Verbindungselement* zwischen dem Sportverein und der Spielbetriebsgesellschaft, das meist in Form eines Kooperationsvertrags gegossen wird und das Verhältnis zwischen den beiden Organisationen konkretisiert regelt.

Ausgliederung der Spielbetriebsabteilung
Einer Ausgliederung des Profispielbetriebs aus dem Sportverein müssen die Vereinsmitglieder mit qualifizierter oder meist sogar mit Dreiviertelmehrheit zustimmen. Damit geben sie ihre

2.2 Mutterverein vs. Spielbetriebsgesellschaft

bisherigen Mitsprache- und Einflussrechte hinsichtlich des Profispielbetriebs ab. Häufig entbrennen hieran kontroverse Diskussionen und je nach vereinsinterner Machtverteilung und Durchsetzungsfähigkeiten des Vorstands können bestimmte strukturelle Bedingungen geschaffen werden, oder eben nicht. Um eine Mehrheit zugunsten der Ausgliederung wahrscheinlich zu machen, muss es folglich gelingen, eine Anbindung des Profispielbetriebs an den Sportverein strukturell so abzusichern, dass die Interessen der Vereinsmitglieder berücksichtigt und dem Sportverein angemessene Einfluss- oder Profitmöglichkeiten eingeräumt werden. Rechtsformalternativen sind dabei grundsätzlich die Aktiengesellschaft (AG), die Gesellschaft mit beschränkter Haftung (GmbH) und die GmbH & Co. KG (auf Aktien).

Sportverein S will seinen Profispielbetrieb in eine Kapitalgesellschaft ausgliedern. Dabei geht es ihm neben einer Professionalisierung des Managements insbesondere um die Möglichkeit, über Anteilsverkäufe an Investoren finanzielle Mittel für den mit hohen Verbindlichkeiten belasteten Profibereich zu generieren. Nachdem im Vorfeld der Mitgliederversammlung bereits heftig über verschiedene strategische Konzepte diskutiert wurde, stehen für eine Strukturreform nun drei Modelle zur Abstimmung. Mit *Modell 1* wird der Lizenzspielerbereich in eine GmbH ausgegliedert, wobei noch offen ist, ob S alleiniger Gesellschafter sein soll. *Modell 2* sieht vor, den Lizenzspielerbereich in eine Aktiengesellschaft auszugliedern und entsprechend Aktienanteile an Investoren zu verkaufen. *Modell 3* wiederum setzt auf eine Mischform, die GmbH & Co. KG auf Aktien.

1. Welche Schritte umfasst ein solcher Ausgliederungsprozess idealtypisch und welche wesentlichen Dokumente sind hier vom Sportverein vorzulegen?
2. Wie lässt sich die gesellschaftsrechtliche Grundstruktur der verschiedenen Ausgliederungsmodelle beschreiben?
3. Welche Vor- und Nachteile sind mit den Strukturmodellen jeweils verbunden?

Die Ausgliederung des Profispielbetriebs aus dem Sportverein vollzieht sich in der Form einer partiellen Gesamtrechtsnachfolge nach § 123 Abs. 3 Umwandlungsgesetz (UmwG). Dabei bleibt der übertragende Sportverein bestehen und erhält als Gegenleistung Gesellschaftsrechte oder Anteile des sich abspaltenden Unternehmens, der Kapitalgesellschaft. „Eine Ausgliederung ist demnach als rechtliche Verselbständigung von Unternehmensteilen zu Tochtergesellschaften zu verstehen" (Becker, Böcker & Nienaber, 2012, S. 89; vgl. Pauli, 2007; Götsche & Truse, 2012, S. 548). Idealtypisch sind hierbei folgende Schritte zu gehen:

- Zunächst ist ein notariell beurkundeter *Ausgliederungsvertrag* zwischen dem Sportverein und der Spielbetriebsgesellschaft zu erstellen, der u. a. die bilanzierten Vermögenswerte, Einzelheiten zur Abspaltung und Übertragung von Anteilen, die Gewährung von Rechten, sowie den Zeitpunkt der Ausgliederung aufführt (vgl. §§ 126, 135, 136, UmwG).
- Die Ausgliederung und der Ausgliederungsvertrag sind dann in Form eines *Spaltungsberichts* ausführlich rechtlich und wirtschaftlich zu erläutern und zu begründen (vgl. § 127, UmwG).
- Dem Ausgliederungsvertrag und dem Spaltungsbericht müssen die Vereinsmitglieder und die Gesellschafter der Kapitalgesellschaft *zustimmen* (vgl. § 128, UmwG), wobei dieser Beschluss der notariellen Beurkundung bedarf.
- Schließlich muss die Ausgliederung beim Vereinsregister und beim Handelsregister angemeldet und *eingetragen* werden, damit sie wirksam wird (vgl. §§ 129–131, UmwG).

Im Vorfeld der Ausgliederung ist außerdem eine Reihe weiterer rechtlicher und steuerlicher Rahmenbedingungen abzusichern, die für den Sportverein und die Kapitalgesellschaft von grundlegender Bedeutung sind. Hierzu zählen die Abstimmung mit dem Finanzamt im Hinblick auf den Erhalt der Gemeinnützigkeit des Vereins, die steuerneutrale Übertragung des Lizenzspielerbereichs auf die Spielbetriebsgesellschaft und die schriftliche Zustimmung der Ligaorganisation zum Übergang des Lizenzspielerbereichs.

- Bei einer Ausgliederung auf eine *GmbH* ist außerdem ein Sachgründungsbericht (§ 5 Abs. 4, GmbHG) erforderlich (vgl. § 138, UmwG). Mit der Rechtsform der GmbH wird die Haftung der Eigentümer auf ihre Kapitaleinlagen beschränkt. Damit ist zwar typischerweise eine geringere Kreditwürdigkeit verbunden, allerdings unterliegt die GmbH auch geringeren Formvorschriften und Publizitätspflichten, z. B. hinsichtlich der Veröffentlichung detaillierter Angaben zur Geschäftsentwicklung. Dass für einen Handel der Gesellschafteranteile kein der Börse entsprechend organisierter Markt existiert, erschwert generell die Übertragung von Gesellschaftsanteilen, zumal hierfür auch eine kosten- und zeitintensive notarielle Beurkundung vorgeschrieben ist (vgl. § 15 Abs. 3, GmbHG). Angesichts dieser Übertragungshürden ist eine hohe Fluktuation von GmbH-Gesellschaftern unwahrscheinlich, was insbesondere langfristige strategische Partnerschaften begünstigt.
- Die Ausgliederung auf eine *AG* erfordert einen Gründungsbericht (§ 32, AktG) und eine Gründungsprüfung nach § 33 Abs. 2 Aktiengesetz (AktG) (vgl. § 144, UmwG). Für die AG ist vor allem die Zerlegung des Grundkapitals in Aktien typisch, was beste Möglichkeiten eröffnet, am Kapitalmarkt auch große Kapitalbeträge zu beschaffen. Kennzeichnend ist außerdem eine strikte Trennung zwischen den Aktionären als Eigentümern und dem Vorstand als Unternehmensleitung. Die Hauptversammlung der Aktionäre wählt den Aufsichtsrat, der wiederum den Vorstand bestellt und kontrolliert, ihm gegenüber aber nicht weisungsbefugt ist (vgl. §§ 76–147, AktG). Damit sind in diesem Modell die Einflussmöglichkeiten des Muttervereins auf die Geschäftsführung der Spielbetriebsgesellschaft geringer als beim GmbH-Modell.
- Die Ausgliederung auf eine *GmbH & Co. KG aA* kombiniert eine Personengesellschaft – die Kommanditgesellschaft (KG) – mit einer Kapitalgesellschaft, der GmbH. Damit werden die für die AG typischen Kapitalbeschaffungsmöglichkeiten genutzt, gleichzeitig haftet typischerweise nur ein Gesellschafter persönlich unbeschränkt: die Komplementär-GmbH. Die Haftung der Kommanditaktionäre ist hingegen auf deren Kapitaleinlagen beschränkt. Die persönlich haftende Komplementär-GmbH ist dabei ohne zeitliche Begrenzung das „geborene" Geschäftsführungs- und Vertretungsorgan der KGaA, was dem Mutterverein als (Mehrheits-)Gesellschafter umfangreichere Einflussnahmerechte verschafft als bei der AG (vgl. Kap. 2.2.2).

> Eine Ausgliederung des Profispielbetriebs aus dem Sportverein hat weitreichende Folgen, denn hiermit geht der Verlust von Einfluss- und Profitmöglichkeiten des Sportvereins und dessen Mitgliedern einher. Aus diesem Grund existieren hohe satzungsrechtliche Hürden und nur unter bestimmten Bedingungen ist mit der Zustimmung der Mitgliederversammlung zu rechnen. In der Praxis stehen typischerweise drei Rechtsformalternativen zur Wahl: GmbH, AG oder GmbH & Co. KG (auf Aktien), mit denen jeweils in Details Vor- und Nachteile verbunden sind.

2.2.2 Spannungsverhältnis Mutterverein – Spielbetriebsgesellschaft

Naturgemäß verfolgen Spielbetriebsgesellschaft und Sportverein eigene, mitunter auch gegensätzliche Interessen, die vom Management ausgeglichen werden müssen. In Abhängigkeit der gewählten Rechtsform der Spielbetriebsgesellschaft ergeben sich verschiedene Konflikt- und Lösungspotenziale. Die gesellschaftsrechtliche Umsetzung der Ausgliederung und die sich hieraus ergebenden organisationsstrukturellen Bedingungen legen für das Management Möglichkeiten und Grenzen fest, eigene Interessen artikulieren und durchsetzen zu können.

Einflussnahme des Muttervereins auf die Spielbetriebsgesellschaft
Ein zentrales Konfliktfeld im Verhältnis von Sportverein und Spielbetriebsgesellschaft tangiert Möglichkeiten und Grenzen der Einflussnahme des Sportvereins auf die Geschäftsführung der Spielbetriebsgesellschaft. Diese sind einerseits durch die generellen kapitalgesellschaftlichen Vorschriften definiert, etwa hinsichtlich der Besetzung von Gremien und der Weisungsbefugnisse gegenüber der Geschäftsführung. Andererseits haben z. T. auch die Ligaorganisationen spezifische Regelungen in ihren Satzungen und Lizenzordnungen getroffen. Dabei entscheiden die Einflussmöglichkeiten des Muttervereins auch darüber, ob seine Beteiligung an der Kapitalgesellschaft steuerrechtlich als Vermögensverwaltung oder als wirtschaftlicher Geschäftsbetrieb gilt.

Sportverein S hat seinen Profispielbetrieb in eine Spielbetriebs-GmbH ausgegliedert, insbesondere um trotz hoher Werbeerlöse seinen Status als nicht wirtschaftlicher Verein beibehalten zu können. Gleichwohl der Spielbetrieb nun von einer eigenständigen Gesellschaft geführt wird, sind die Vereinsmitglieder und vor allem der Vereinsvorstand daran interessiert, die Geschicke „ihrer" Mannschaft auch weiterhin soweit möglich mitzubestimmen. Vor diesem Hintergrund will der Vorstand klären, welche Grenzen ihm hierbei vom Gesetzgeber gesetzt sind und welche besonderen Pflichten ihm die Liga diesbezüglich auferlegt.
1. Unter welchen Bedingungen gilt die Beteiligung des Vereins an „seiner" Spielbetriebsgesellschaft steuerrechtlich als Vermögensverwaltung oder als wirtschaftlicher Geschäftsbetrieb?
2. Welche besonderen Regelungen hinsichtlich von Einflussmöglichkeiten der Muttervereine bestehen im Fußball, Handball und Basketball?

Die Beteiligung eines steuerbegünstigten Sportvereins an einer Kapitalgesellschaft wird grundsätzlich dem Bereich der Vermögensverwaltung zugeordnet. Wenn der Verein als Anteilseigner allerdings entscheidenden *Einfluss* auf die operative *Geschäftsführung* der Kapitalgesellschaft nimmt, stellt dies ausnahmsweise wirtschaftlichen Geschäftsbetrieb dar. Eine Zuordnung zur Sphäre der Vermögensverwaltung ist für gemeinnützige Sportvereine insofern vorteilhaft, als für diese steuerbegünstigte Tätigkeit z. B. keine Körperschaft- und Gewerbesteuer anfallen. „Die Einflussnahme wird regelmäßig durch beteiligungsidentische Ausgestaltung der Leitungsorgane oder durch Einfluss auf das Tagesgeschäft ... zu unterstellen sein. Auf Grund der starken Stellung des Vorstands einer Aktiengesellschaft und dessen Weisungsunabhängigkeit (§ 76, AktG) scheidet eine Einflussnahme auf das Tagesgeschäft durch Stimmrechtsausübung bei einer Aktiengesellschaft aus" (Pauli, 2007, S. 315). Bei einer Spielbetriebs-GmbH ist dies im Einzelfall zu prüfen, wobei die Position als Mehrheitsgesellschafter der Spielbetriebsgesellschaft für den Sportverein unproblematisch ist.

Generell bestellt bei einer GmbH die Gesellschafterversammlung die Geschäftsführer und ist ihnen gegenüber auch weisungsbefugt. Insofern kann der Sportverein auf diesem Weg durchaus Einflussrechte wahrnehmen, insbesondere wenn er alleiniger GmbH-Gesellschafter ist. Auch in den Aufsichtsrat, der die Geschäftsführung kontrolliert, können Vereinsvertreter bestellt werden (vgl. §§ 35–52, GmbHG):

- Im *Fußball* haben DFB und Ligaverband diesbezüglich spezifische Regelungen getroffen: Generell gilt hier, „eine Kapitalgesellschaft kann nur eine Lizenz für die Lizenzligen ... erwerben, wenn ein Verein mehrheitlich an ihr beteiligt ist ... Der Verein („Mutterverein") ist an der Gesellschaft mehrheitlich beteiligt („Kapitalgesellschaft"), wenn er über 50% der Stimmenanteile zuzüglich mindestens eines weiteren Stimmenanteils in der Versammlung der Anteilseigner verfügt" (§ 8, Satzung Fußball-Ligaverband). Bei einer Ausgliederung des Spielbetriebs in eine GmbH muss der Mutterverein in der Gesellschafterversammlung der GmbH also über 50% plus eine Stimme verfügen. Darüber hinaus wird im Fußball generell nur dem Mutterverein das Recht eingeräumt, „Mitglieder in den Aufsichtsrat bzw. ein anderes Kontrollorgan zu entsenden ... Der Mutterverein soll in dem Kontrollorgan der Kapitalgesellschaft mehrheitlich vertreten sein" (§ 4 Nr. 10, DFL-Lizenzierungsordnung).
- Im *Handball* sind fast wortgleiche Regelungen in der Ligaverbands-Satzung verankert (vgl. § 8, Satzung Handball-Ligaverband). Dabei unterscheidet die HBL zwei Szenarien:
  – Beantragt ein Handball-*Verein*, der seinen Bundesligaspielbetrieb auf eine Kapitalgesellschaft übertragen hat, die Lizenz „muss der Verein mit mehr als 25% der Stimmenanteile an dem wirtschaftlichen Träger bzw. dessen vertretungsberechtigten Organ beteiligt sein" (§ 1 Nr. 3 HBL-Lizenzierungsrichtlinien[8]).
  – Beantragt eine *kapitalgesellschaftlich* verfasste Spielbetriebsgesellschaft selbst „die Erteilung der Lizenz ..., muss der Verein mindestens 51% der Stimmenanteile an dem wirtschaftlichen Träger bzw. dessen vertretungsberechtigten Organ besitzen" (§ 1 Nr. 4, HBL-Lizenzierungsrichtlinien).
- Im *Basketball* sind die entsprechenden Regelungen weniger konkret gefasst. Spielbetriebsgesellschaften müssen hier im Rahmen ihres Lizenzantrags darstellen, „wer mit welchen Beteiligungen an dem Träger des Spielbetriebes beteiligt ist. Liegen Beteiligungen vor, die sowohl beim Antragsteller als auch bei anderen Antragstellern einen bestimmenden Einfluss auf deren Geschäftstätigkeit ermöglichen, kann die Lizenz verweigert werden" (§ 9, Basketball-Lizenzstatut).

Abbildung 6 illustriert am Beispiel der Bamberger Basketball GmbH ein Modell der Spielbetriebsausgliederung in eine GmbH. Die von zwei Geschäftsführern geleitete GmbH mit 100.000 Euro Stammkapital hat die Brose Verwaltungs GmbH als alleinige Gesellschafterin (64.400 Euro Stammkapital). Diese wiederum weist fünf Gesellschafter auf, darunter drei natürliche Personen. Der Sportverein Brose Baskets e. V. ist kein Gesellschafter der Verwaltungs-GmbH (vgl. Handelsregister B, Amtsgericht Bamberg, Auszug vom 16. Mai 2014).

---

[8] HBL-Lizenzierungsrichtlinien in der Fassung vom 18. November 2013.

2.2 Mutterverein vs. Spielbetriebsgesellschaft

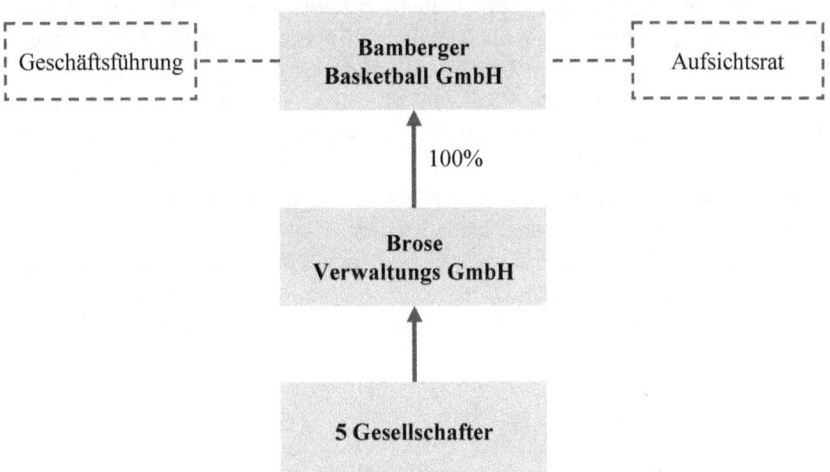

Abb.6: Bamberger Basketball GmbH als Beispiel für die Ausgliederung des Spielbetriebs auf eine GmbH (vgl. Handelsregister B, Amtsgericht Bamberg, Auszug vom 16. Mai 2014).

Sportverein S hat seinen Profispielbetrieb in eine Spielbetriebs-AG ausgegliedert, insbesondere um an „frisches" Kapital für dringend notwendige Investitionen in neue Spieler zu gelangen. Gleichwohl der Spielbetrieb von einer eigenständigen Gesellschaft geführt wird, sind die Vereinsmitglieder und vor allem der Vereinsvorstand daran interessiert, die Geschicke „ihrer" Mannschaft auch weiterhin soweit möglich mitzubestimmen. Vor diesem Hintergrund will der Vorstand klären, welche Grenzen ihm hierbei vom Gesetzgeber gesetzt sind und welche besonderen Pflichten ihm die Liga diesbezüglich auferlegt.
1. Welche Möglichkeiten der Einflussnahme bestehen in diesem Fall für den Mutterverein?

Oberstes Organ einer AG ist die Hauptversammlung. Ihr obliegen u. a. die Wahl des Aufsichtsrats, die Entlastung von Vorstand und Aufsichtsrat sowie Entscheidungen über die Gewinnverwendung. Die Führung der Geschäfte ist Aufgabe des Vorstands, der vom Aufsichtsrat – und nicht von der Hauptversammlung – bestellt und kontrolliert wird (vgl. §§ 76–147, AktG). Der Vorstand ist dabei in seinen Managementaufgaben „nicht an Weisungen anderer Gesellschaftsorgane gebunden ... Dies schränkt also eine direkte Einflussnahme ... auf die Leitung der Aktiengesellschaft ein ... In der fehlenden Weisungsgebundenheit des Leitungsorgans liegt ein entscheidender Unterschied zur GmbH mit der dort gegebenen Weisungsbefugnis der Gesellschafterversammlung" (Lorz, 2012, S. 809).

- Im *Fußball* gilt bei einer Ausgliederung des Spielbetriebs in eine AG, dass in der Hauptversammlung der AG für den Sportverein eine Mehrheit von 50% plus einer Stimme gewährleistet sein muss. Dies verpflichtet den Verein beispielsweise bei etwaigen Kapitalerhöhungen zu entsprechenden Investitionen in eigene Aktien (vgl. § 8, Satzung Fußball-Ligaverband).
- Im *Handball* sind fast wortgleiche Regelungen in der Ligaverbands-Satzung verankert (vgl. § 8, Satzung Handball-Ligaverband).

Der FC Bayern München hat den Profispielbetrieb seiner Fußballabteilung 2001 in eine Aktiengesellschaft ausgegliedert (vgl. Abb. 7). Die FC Bayern München AG weist vier Aktionäre auf: Neben dem FC Bayern e. V. (75% Anteil) sind dies Audi, Adidas und Allianz (je 8,33% Anteil). Der Vorstand der AG besteht aus fünf Mitgliedern. Neben dem Vorstandsvorsitzenden (u. a. verantwortlich für Unternehmenssteuerung/-kommunikation, internationale Vertretung, Fan- und Fanclubbetreuung), sind dies die Vorstände für Finanzen (u. a. verantwortlich für Finanzen, Controlling, Ticketservice, Recht, Personal), für Marketing (u. a. verantwortlich für Sponsoring, Events, Markenführung, Neue Medien, IT, Merchandising, Lizenzen), für Sport (u. a. verantwortlich für Lizenzspielerangelegenheiten, Nachwuchskoordination, Talentförderung) und für Strategie (u. a. verantwortlich für Internationalisierung). Im achtköpfigen Aufsichtsrat sind u. a. Vertreter der vier Aktionäre vertreten (vgl. FC Bayern München, 2014, o. S.).

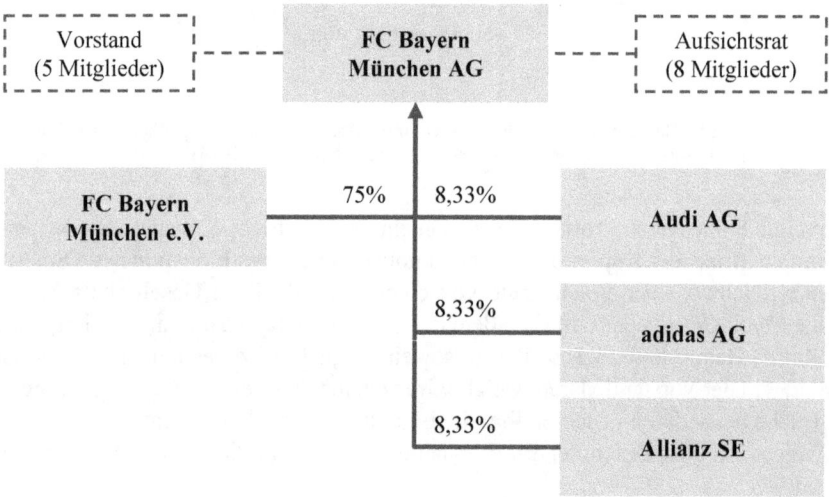

Abb.7: FC Bayern München AG als Beispiel für die Ausgliederung des Spielbetriebs auf eine AG (vgl. FC Bayern München, 2014, o. S.).

Sportverein S hat seinen Profispielbetrieb in eine Spielbetriebs-GmbH & Co. KG auf Aktien ausgegliedert, insbesondere um an „frisches" Kapital für dringend notwendige Investitionen in neue Spieler zu gelangen. Gleichwohl der Spielbetrieb von einer eigenständigen Gesellschaft geführt wird, sind die Vereinsmitglieder und vor allem der Vereinsvorstand daran interessiert, die Geschicke „ihrer" Mannschaft auch weiterhin soweit möglich mitzubestimmen. Vor diesem Hintergrund will der Vorstand klären, welche Grenzen ihm hierbei vom Gesetzgeber gesetzt sind und welche besonderen Pflichten ihm die Liga diesbezüglich auferlegt.
1. Welche Möglichkeiten der Einflussnahme bestehen in diesem Fall für den Mutterverein?

Die Rechtsform der GmbH & Co. KG (auf Aktien) ist aufgrund ihrer Kombination von Personen- und Kapitalgesellschaft ausgesprochen komplex (vgl. §§ 278 ff., AktG). Generell ist hier ein persönlich haftender, sog. Komplementär, vorgesehen. Dieser gilt zeitlich unbegrenzt als

2.2 Mutterverein vs. Spielbetriebsgesellschaft

das „geborene" Leitungsorgan der GmbH & Co. KG (auf Aktien) und ist folglich auch gegenüber den von ihm bestellten Geschäftsführern weisungsbefugt. Im Fall der GmbH & Co. KG (auf Aktien) fungiert die GmbH als Komplementär. Darüber hinaus haften die sog. Kommanditaktionäre jeweils nur mit ihren Aktienwerten. Die Hauptversammlung der Kommanditisten wiederum bestellt den Aufsichtsrat, der aber keinen Einfluss auf die Geschäftsführung hat. Ansonsten ist die Hauptversammlung der Kommanditisten lediglich bei außergewöhnlichen Geschäften, etwa Änderungen des Gesellschaftsvertrags, von Bedeutung (vgl. Lorz, 2012, S. 816).

Im *Fußball* ist im Besonderen festgelegt, dass der Mutterverein bei einer Ausgliederung des Spielbetriebs in eine GmbH & Co. KG (auf Aktien) 100%-Gesellschafter der persönlich haftenden Komplementär-GmbH sein muss, der „die kraft Gesetzes eingeräumte Vertretungs- und Geschäftsführungsbefugnis uneingeschränkt zusteht" (§ 8, Satzung Fußball-Ligaverband). Auf der Hauptversammlung der Kommanditaktionäre ist hingegen keine Stimmenmehrheit des Vereins erforderlich (vgl. § 8, Satzung Fußball-Ligaverband).

Abbildung 8 zeigt beispielhaft die THW Kiel Handball-Bundesliga GmbH & Co. KG, in die 1992 der Handball-Spielbetrieb des THW Kiel ausgegliedert wurde. Persönlich haftende Gesellschafterin – und damit alleinige Vertreterin – der GmbH & Co. KG ist die THW Kiel Handball-Bundesliga Verwaltungs GmbH (mit 28.000 Euro Stammkapital). Darüber hinaus haben insgesamt 42 Kommanditisten Einlagen in Höhe von 1,75 Mio. Euro getätigt, darunter der THW Kiel e. V. mit 5.500 Euro. Die Geschäfte der GmbH & Co. KG werden von einem Geschäftsführer geführt, im vierköpfigen Aufsichtsrat ist u. a. ein Vertreter des THW Kiel e. V. vertreten (vgl. Handelsregister A und B, Amtsgericht Kiel, Auszug vom 16. Mai 2014).

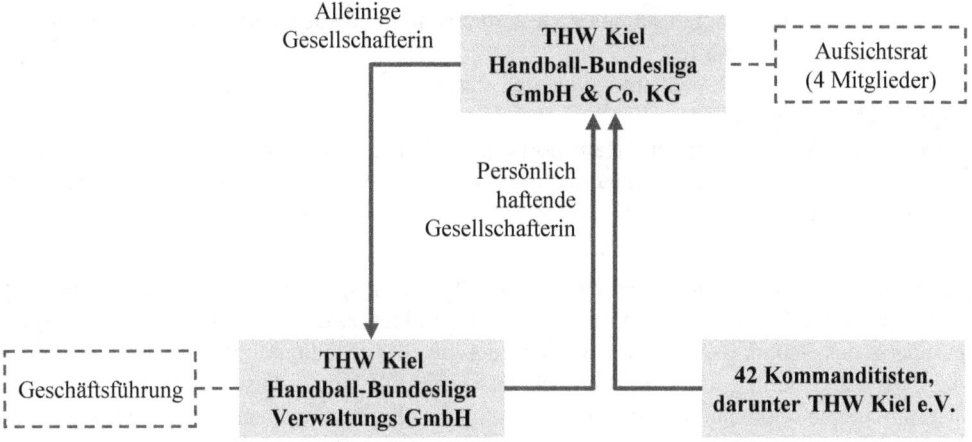

Abb.8: THW Kiel Handball-Bundesliga GmbH & Co. KG als Beispiel für die Ausgliederung des Spielbetriebs auf eine GmbH & Co. KG (vgl. Handelsregister A und B, Amtsgericht Kiel, Auszug vom 16. Mai 2014).

Im Verhältnis von Mutterverein und Spielbetriebsgesellschaft sind insbesondere Fragen der Einflussnahme des Sportvereins auf die Geschicke der Kapitalgesellschaft von hoher Relevanz. Die generellen gesellschaftsrechtlichen Normen werden dabei von den Sportligen mitunter verschärft, um dem ausgliedernden Mutterverein in den relevanten Gremien der Spielbetriebsgesellschaft weit gehende Einflussmöglichkeiten zu sichern (vgl. Kap. 3.2.1).

2.3 Organisationales Setup von Spielbetriebsgesellschaften

Mit der Ausgliederung des Spielbetriebs in eine Spielbetriebsgesellschaft besteht die Möglichkeit – und die Notwendigkeit – strukturelle Bedingungen für eine bestmögliche Aufgabenerfüllung zu schaffen. Generelle Strukturoptionen werden dabei wesentlich von der gewählten Rechtsform (vgl. Kap. 2.2) und damit verbundenen formal-rechtlichen Vorgaben bestimmt. Darüber hinaus hat das Management allerdings Freiräume, für den jeweiligen Einzelfall adäquate organisationale Prämissen zu definieren. Dabei geht es mit Blick auf den übergreifenden Organisationszweck – die erfolgreiche Teilnahme am Ligaspielbetrieb – darum, strukturelle Bedingungen für die erforderliche Professionalität und Effektivität zu schaffen. Hierfür sind von Zeit zu Zeit – typischerweise am Ende eines Geschäftsjahrs – explizite Auszeiten vom Tagesgeschäft festzuschreiben, um dem Management Gelegenheiten zu schaffen, die Organisationsstrukturen auf Angemessenheit prüfen und sie an ggf. veränderte (Rahmen-)Bedingungen anpassen zu können.

Die Auseinandersetzung mit dem organisationalen Setup von Spielbetriebsgesellschaften basiert auf dem in Kapitel 1.1 der „Grundlagen des Sportmanagements" erläuterten und für Studium wie Berufspraxis des Sportmanagements gleichermaßen anschlussfähigen Zugang – der Organisationsstrukturen als „Schienennetz" und zentralen Bezugspunkt von Management differenziert (vgl. Fahrner, 2014, S. 18–25).

Lernziele des Kapitels

Die Leser erkennen organisationale Gestaltungsmöglichkeiten und -notwendigkeiten von Spielbetriebsgesellschaften.
Sie setzen sich mit Geschäftsmodellen und strategischen Ausrichtungen von Spielbetriebsgesellschaften auseinander.
Sie reflektieren die Abbildung teamsportspezifischer Aufgaben in Geschäftsbereichen/Abteilungen und die Strukturierung organisationsinterner Kommunikationswege von Spielbetriebsgesellschaften.

Die erfolgreiche Teilnahme am Spielbetrieb des Profiteamsports erfordert vom Management eine kompetente Bearbeitung zahlreicher Aufgabenfelder, z. B. hinsichtlich des Team-/Spielerkaders, des Scoutings, der Nachwuchsförderung, der (Stadion-)Infrastruktur, des Ticketings, der Finanzierung und der Öffentlichkeitsarbeit. Für keines dieser Aufgabenfelder lässt sich eine per se optimale organisationale Lösung beschreiben, vielmehr ist das Management mit zahlreichen (Entscheidungs-)Optionen konfrontiert. Dies schafft einerseits außerordentlich große *Gestaltungsfreiheiten* im organisationalen Setup, andererseits ist mit dieser Optionenvielfalt auch die Ungewissheit verbunden, ob jeweils „richtige" – also problemadäquate – Entscheidungen getroffen und strukturelle Lösungen gefunden werden. Indem sie über ein Set an Prämissen interne Dynamiken kanalisieren und Entscheidungsprozessen Richtung geben, stellen Organisationsstrukturen Verlässlichkeit in der Aufgabenerfüllung sicher und reduzieren gleichzeitig Unsicherheiten über die Richtigkeit von Entscheidungen (vgl. Kap. 1.2).

2.3.1 Leitbild und strategische Ausrichtung

Für das Management geht es beim organisationalen Setup einer Spielbetriebsgesellschaft zunächst darum, deren Organisationszweck zu bestimmen und deutlich zu machen, warum sie als Organisation überhaupt existiert und was sie kennzeichnet. Für das Betreiben einer Profimannschaft sind außerdem Ziele abzuleiten, z. B. das Erreichen bestimmter Tabellenplätze oder die Umsetzung zeitgemäßer Spielsysteme. Zudem gilt es festzulegen, mithilfe welcher Mittel diese Ziele erreicht werden sollen, u. a. Finanzen, Trainingsgelände, Management- und Trainerpersonal. Über Satzungen, Geschäftsordnungen, Strategiepapiere oder Richtlinien zur (guten) Unternehmensführung wird außerdem definiert, *wie* beim Eintreten eines bestimmten Ereignisses zu verfahren ist, um dem Organisationszweck gerecht zu werden und die gesetzten Ziele zu erreichen, z. B. wenn eine Niederlagenserie beobachtet wird oder wenn Spieler interne Verhaltensregeln missachten (vgl. Luhmann, 2000, S. 267 ff.). Diese Zweck- und Konditionalprogrammierung charakterisiert das generelle Geschäftsmodell einer Spielbetriebsgesellschaft und markiert deren spezifische Identität. Typischerweise werden Leitideen, Grundüberzeugungen und Kernkompetenzen in der Satzung oder dem Gesellschaftsvertrag festgeschrieben und in Form eines Leitbilds zusammengefasst, das verdeutlicht, „auf welches Ziel, auf welche glaubwürdige Vision hin man sich weiterentwickeln will" (Wimmer, 2004, S. 185).

Leistungen und Zielgruppen
Zunächst ist es naheliegend, dass die möglichst erfolgreiche Teilnahme an Spielen der Liga- und Pokalwettbewerbe *die* zentrale Leistung von Spielbetriebsgesellschaften darstellt und die an der Sportart interessierten Personenkreise ihre zentrale Zielgruppe darstellen. Für die Managementpraxis muss dies jedoch konkretisiert werden, d. h., es sind differenzierte Ziele abzuleiten und operationalisierbare Strategien auszuarbeiten, um die generelle Ausrichtung des Unternehmens handhabbar zu machen.

Nach dem Aufstieg in die Bundesliga gliedert Sportverein S seinen Profispielbetrieb in eine neu gegründete Spielbetriebsgesellschaft aus. In Vorbereitung der ersten Bundesligasaison gilt es, erfolgversprechende Strukturen zu schaffen. Dies gestaltet sich schwieriger als erwartet. Um die mit dem Aufstieg verbundenen Chancen auf eine langfristig erfolgreiche Entwicklung nicht leichtfertig zu vergeben, entschließt sich das Management, die Strukturentwicklung im Rahmen eines Zukunftsworkshops voran zu treiben.
1. Welche strukturellen Kernpunkte sind in der Entwicklung von Spielbetriebsgesellschaften zu klären?
2. Inwiefern gibt eine solche Konkretisierung, z. B. in Form eines Unternehmensleitbilds, dem Management wichtige Orientierung?

Das Management muss zunächst den Organisationszweck bestimmen und damit klären, warum die Spielbetriebsgesellschaft überhaupt existiert. Dieser umfasst typischerweise die erfolgreiche Teilnahme an den nationalen wie internationalen Pokal- und Ligawettbewerben. Darüber hinaus sind generelle *Grundüberzeugungen* und Leitvorstellungen für die Organisation zu definieren, d. h., auf welche Weise intern sportlicher und wirtschaftlicher „Erfolg" definiert sind (z. B. Nicht-Abstieg, Qualifikation für internationale Klubwettbewerbe), welche Rolle Tradition oder Innovation für die Organisation spielen (z. B. bei der Rekrutierung von Spielern und Trainern oder bei Fragen der Außendarstellung), oder mit welchem Risiko der

Unternehmenszweck verfolgt werden soll (z. B. inwiefern Verschuldung als Mittel zum Zweck sportlichen Erfolgs in Kauf genommen wird). Mit diesen Konkretisierungen wird deutlicher, was die Spielbetriebsgesellschaft im Kern kennzeichnet und auf welche *Kernkompetenzen* sie sich stützt. Typischerweise wird dies in Satzungen, Geschäftsordnungen oder Richtlinien zur (guten) Unternehmensführung festgeschrieben.

Vor diesem Hintergrund sind generelle sowie (fach-)spezifische *Ziele* abzuleiten, z. B. das Erreichen bestimmter Tabellenplätze oder die Umsetzung zeitgemäßer Spielsysteme. Dies erfordert auch Überlegungen hinsichtlich der anvisierten *Zielgruppen*, z. B. nach regionalen/geografischen Gesichtspunkten, nach Altersgruppen, nach wirtschaftlichen oder nach (sport-)politischen Aspekten. Auch muss geklärt werden, mithilfe welcher *Mitteleinsätze* diese Ziele erreicht werden sollen, z. B. Finanzen, Trainingsgelände, Management- und Trainerpersonal. Hierfür sind interne *Kontrollgrößen* zu definieren, um die eigenen Leistungen entsprechend der selbst gesetzten Ziele einschätzen zu können. Auf diese Weise lässt sich eine „Vision" konstruieren, wie sich die Spielbetriebsgesellschaft mittel- und langfristig entwickeln will.

Bei der Erarbeitung des Leitbilds kommt es unweigerlich zu einer Abwägung zwischen wirtschaftlichem und sportlichem Erfolg. Dies erfordert auch die Klärung des wirtschaftlichen Geschäftsmodells, d. h., aus welchen Quellen in welcher Größenordnung finanzielle Mittel generiert werden und für welche Aufgaben sie organisationsintern eingesetzt werden sollen. Diese Überlegungen zusammen genommen sind vor allem auch notwendig, um organisationsintern ausreichende *Bindungskräfte* und gemeinschaftliche Verpflichtungen auf die gesetzten Unternehmensziele entstehen zu lassen.

Verbindungen zum externen Umfeld
Spielbetriebsgesellschaft und Management agieren nicht autark, sondern unterhalten zahlreiche wechselseitige Verbindungen zum jeweils relevanten Organisationsumfeld. „Einerseits limitieren Umweltabhängigkeiten das, was in einer Organisation überhaupt an Gestaltungsmöglichkeiten gegeben ist; andererseits greifen Gestaltungsaktivitäten in die Umwelt der Organisation hinaus, um bessere Möglichkeiten für eine bestimmte Gestaltung der organisatorischen Innenwelt zu schaffen" (Schimank, 2003, S. 266).

Nach dem Aufstieg in die Bundesliga gliedert Sportverein S seinen Profispielbetrieb in eine neu gegründete Spielbetriebsgesellschaft aus. In Vorbereitung der ersten Bundesligasaison gilt es, erfolgversprechende Strukturen zu schaffen. Der neue Geschäftsführer ist deshalb an vielen „Fronten" gefordert: Er steht mit dem Sportamt in Kontakt, um für die erweiterten Trainingszeiten der ersten Mannschaft ausreichend Platz in den kommunalen Sporthallen auszuhandeln. Er ist im Austausch mit den Schulen vor Ort, um die regionale Euphorie des Aufstiegs zur Bindung jugendlicher Fans und zur Stärkung der eigenen Nachwuchsarbeit zu nutzen. Zudem versucht er, mit den Mitgliedern des Handel- und Gewerbevereins mit Blick auf potenzielle Sponsoringpartnerschaften ins Gespräch zu kommen.
1. Welches sind relevante Stakeholder im Umfeld von Spielbetriebsgesellschaften?
2. Welche Instrumente der Öffentlichkeitsarbeit stehen dem Management zur Verfügung?

Die externen Umweltrelationen von Organisationen zeichnen sich – in jedem Einzelfall anders – durch spezifische Bezugspunkte, Intensitäten und Qualitäten aus. Folglich existiert kein generell definierbares Beobachtungsmuster, sondern das Management muss entsprechende Perspektiven unternehmens- und situationsspezifisch festlegen. Generell lässt sich das relevante Umfeld jedoch nach Organisationen und Personen systematisieren und auf lokaler, regionaler und nationaler Ebene z. B. in folgende Stakeholder unterscheiden:

- *Organisierter Sport*: Sportverbände, Ligaorganisationen, andere Sportvereine und Ligakonkurrenten – mit ihren Funktionären, Managern und ehrenamtlichen Mitarbeitern.
- *Massenmedien*: Öffentlich-rechtliche und private Medienorganisationen in den Bereichen TV, Print, Online – mit ihren Journalisten und Redakteuren.
- *Wirtschaft*: Unternehmen/Sponsoren, Sportrechte- und Spieleragenturen – mit ihren Eigentümern und Managern.
- *Politik*: Parteien und öffentliche Behörden – mit ihren Amtsträgern, (Partei-)Mitgliedern und Verwaltungsmitarbeitern.

Das Management hat dabei vor allem festzulegen, in welchen Formen, Qualitäten und Intensitäten Verbindungen zu den einzelnen Stakeholdern aufgenommen und gepflegt werden sollen: vertrauensvoll, distanziert, sachlich, emotional. Generell zielt *Öffentlichkeitsarbeit* darauf ab, bei relevanten Bezugsgruppen Verständnis für organisationale Belange zu fördern, Vertrauen zu schaffen und öffentliche Glaubwürdigkeit herzustellen (vgl. Suchy, 2013, S. 238–239). Um dies erreichen zu können, muss das Management an die Spielbetriebsgesellschaft gerichtete personale und organisationale *Erwartungen* des Umfelds antizipieren und entsprechend in kommunikativen Maßnahmen aufgreifen und zurückspiegeln. In Abhängigkeit der anvisierten Zielgruppe, des kommunikativen Anlasses und der thematisierten Botschaften stehen einer organisationalen Öffentlichkeitsarbeit verschiedene Instrumente zur Verfügung (vgl. Suchy, 2011, S. 41, 78):

- Presse-/Medienkonferenzen.
- Persönliche Gespräche mit Multiplikatoren und Meinungsbildnern, z. B. Hintergrundgespräche, Interviews, Redaktionsbesuche.
- Klub-TV.
- Klub-Homepage.
- Aktivitäten in sozialen Medien, Blogs und Foren, z. B. Facebook, Google+, Twitter.
- E-Mails.
- Printmaterial, z. B. Plakate, Flyer, Broschüren, Pressemappen, Stadion- oder Klub-Zeitschriften, Jahrbücher, Geschäftsberichte.
- Informationsveranstaltungen bei relevanten Ziel-/Bezugsgruppen vor Ort, z. B. Vorträge, Grußworte, Diskussionsrunden.

Für die Öffentlichkeitsarbeit hat das Internet insgesamt einen hohen Stellenwert, gerade der interaktive Charakter von Web-2.0-Medien schafft neue – auch dialogische – Kommunikationsmöglichkeiten. Dennoch ist die Bedeutung „klassischer" Öffentlichkeitsarbeit mit Medienorganisationen, Redaktionen und Journalisten als Multiplikatoren von Bundesligisten nicht zu unterschätzen (vgl. Burk, Grimmer & Pawlowski, 2014, S. 39–41).

Fans als besondere Stakeholder

Eine besonders wichtige Bezugsgruppe von Spielbetriebsgesellschaften sind deren Fans, die nicht nur bei den Spielen für Farbe, Stimmung und immer wieder auch für Schlagzeilen sorgen. Vor diesem Hintergrund ist ein spezifisches *Fanmanagement* begründet.

> Nachdem der sportliche Erfolg im bisherigen Saisonverlauf überhaupt nicht den vor Saisonbeginn geschürten Erwartungen entspricht, macht sich im Umfeld von Bundesligist B Kritik breit. Zwar bewahren die Sponsoren nach wie vor Ruhe, aber gerade bei den Fans und insbesondere im Umfeld einiger traditionsreicher Fanklubs ist die Stimmung aufgeheizt. Zum sportlichen Misserfolg kommt, dass zahlreiche Fans auch das neu eingeführte Kartenbezahlsystem im Stadion und die umfassend neu gestaltete Klub-Homepage ablehnen und z. T. massiv dagegen mobilisieren.
> 1. Inwiefern sind Fans für Bundesligisten besonders bedeutsame Stakeholder?
> 2. Welche Kommunikationsinstrumente stehen dem Management für ein Fanmanagement zur Verfügung?
> 3. Welche Möglichkeiten einer „Monetarisierung" ihrer Fans haben Spielbetriebsgesellschaften und welche Aspekte sind dabei ökonomisch besonders relevant?

Fans sind entscheidend für eine stimmungsvolle Atmosphäre im Stadion verantwortlich, denn sie schaffen mit ihren Gesängen, Fahnen, Choreographien und Anfeuerungsrufen eine emotionale Basis für das Spielerlebnis vor Ort, im Fernsehen und im Internet. Gleichzeitig unterstützen sie mit ihren Aktivitäten die sportliche Leistungsfähigkeit der eigenen Mannschaften und fungieren außerhalb der Stadien als wichtige *Multiplikatoren* und *Meinungsbildner*. Ein großes Fanpotenzial ist folglich auch für die mediale und werbliche Vermarktung entscheidend, denn Massenmedien und Wirtschaft sind jeweils am Zugriff auf ein möglichst großes, emotional gebundenes Publikum interessiert. Abbildung 9 illustriert die durchschnittlichen Zuschauerzahlen der Sportligen und die aufsummierten Spieltagserlöse der Bundesligisten aus Ticketing und Hospitality. Deren Anteil am Gesamterlös der Klubs liegt im Fußball/DFL bei 21,6% (Bundesliga) und 18,2% (2. Bundesliga), im Basketball/BBL bei 22,9%, im Handball/HBL bei 23,3% und im Eishockey/DEL bei 37,8% (vgl. Deutsche Fußball Liga, 2014a, S. 8, 13, 51; Deloitte Sport Business Gruppe, 2013, S. 9, 12).

Sportfans verfolgen die Spiele allerdings nicht nur als Zuschauer in den Stadien, vielmehr geht das Potenzial erreichbarer Fan-/Personenkreise weit über die Stadionzuschauer hinaus, wie hohe TV-Quoten oder zahlreiche Besuche auf einschlägigen Internetseiten immer wieder zeigen. Beispielsweise verzeichnet der FC Bayern München monatlich rund 720 Mio. Zugriffe auf seine digitalen Profile und Plattformen, etwa bei Facebook, Twitter und YouTube (vgl. Grimmer, 2013, o. S.).

In der Kommunikation zwischen Bundesligisten und Fans können alle oben genannten Instrumente der Öffentlichkeitsarbeit zum Einsatz kommen: Homepage, persönliche E-Mails, Stadion-/Fanmagazine, mobile Nachrichtendienste, soziale Medien/Foren (vgl. Burk, Grimmer & Pawlowski, 2014, S. 39). Erleichtert ist der Kontakt zur Fanszene u. a dann, wenn Fans auch *Mitglieder* der Muttervereine von Spielbetriebsgesellschaften sind. Damit ist eine besonders enge (emotionale) Verbindung auch organisational abgesichert, was diese Personenkreise z. B. über vereinsinterne Kommunikationswege erreichbar macht. Darüber hinaus kommen im Rahmen eines Fanmanagements auch *Fanbeauftragte* der Klubs zum Einsatz, die teilweise von den Ligaorganisationen im Rahmen der Lizenzierung vorgeschrieben werden, um Verantwortlichkeit verbindlich zu delegieren (vgl. u. a. § 5, DFL-Lizenzierungsordnung). Fanbeauftragte der Bundesligisten sind prädestiniert, mittels *differenzierter Kontaktarbeit* u. a. zu den jeweiligen Fan-Klubs, Stimmungen im Fan-Umfeld zu moderieren, d. h., diese im Sinne der Klubs

2.3 Organisationales Setup von Spielbetriebsgesellschaften

zu kanalisieren und damit z. B. auch im Fall sportlicher Erfolglosigkeit ein insgesamt möglichst gewogenes Umfeld zu gewährleisten.

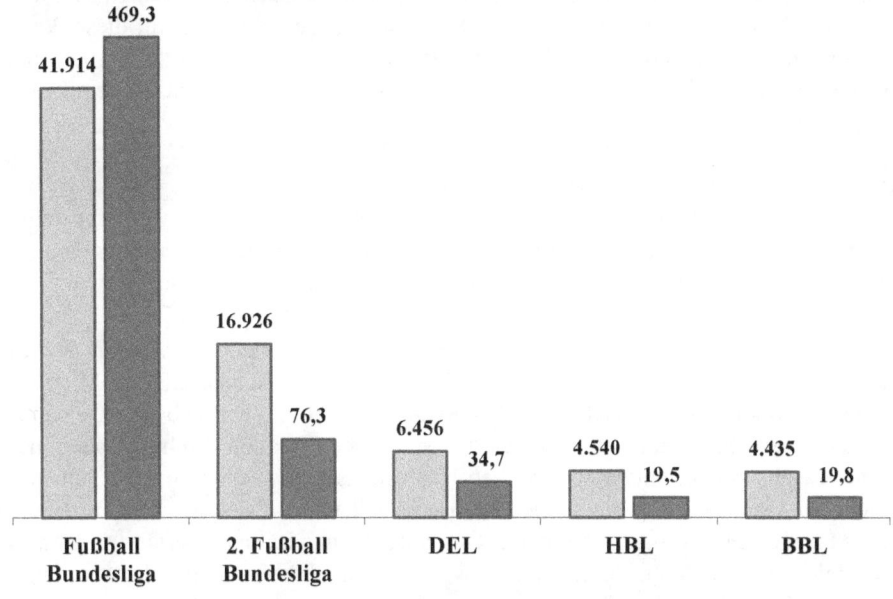

Abb.9: Zuschauerzahlen der Bundesligen pro Spiel und Gesamterlöse je Spieltag (Angaben in Mio. Euro) in der Spielzeit 2012/2013 (vgl. Deutsche Fußball Liga, 2014, S. 8, 13, 51; Deloitte Sport Business Gruppe, 2013, S. 9; 12).

Mit dem Kauf von Tickets, Merchandisingprodukten und der Nutzung der Stadiongastronomie sind Fans für Spielbetriebsgesellschaften außerdem auch ökonomisch relevant. Sie sollten folglich „ihre" Fans als Konsumenten möglichst gut kennen. Dabei geht es im Wesentlichen um Informationen über Erwartungen, Vorlieben, Interessen, Kauf- und Zahlungsbereitschaften der Fans. Auf Basis solcher Daten werden entsprechende Geschäftsmodelle realisierbar, die mitunter zu relevanten Erlössteigerungen bei Bundesligisten führen können. Für das Management ist dabei von Bedeutung, dass sich Sportfans mit der starken emotionalen Bindung an „ihren" Klub oder „ihr" Team – mit dem sie sich identifizieren – durch „besonders loyale Präferenzen" (Meier, 2012, S. 72) auszeichnen. Fans sind in ihrer Verbundenheit außerdem durch besondere Emotionalität, Leidenschaft und damit auch durch eine gewisse *Irrationalität* charakterisiert, die mitunter über sachliche Argumente hinweg trägt und Fans z. B. bei der Preisgestaltung vergleichsweise unempfindlich macht. Denn „die Identifikation der Sportzuschauer mit einer bestimmten Mannschaft bedingt, dass Spiele einer anderen Mannschaft nicht als gleichwertiges Substitut angesehen werden" (Meier, 2012, S. 76). Identifikation mit und emotionale Bindung zu einem Team sind also praktisch so gut wie nicht austausch- und ersetzbar.

Eine *Monetarisierung der Fanbasis* ist dabei insbesondere über digitale Geschäftsmodelle vorstellbar. Als Ausgangs- und zentraler Ankerpunkt können dabei die Homepages der Bundesligisten fungieren, die sich – ausgehend von ihrer ursprünglichen Funktion als Informationsplattform – ausbauen lassen: Neben klassischen Onlineangeboten wie Tickets, Shops und Reisen sind weitere digitale Güter denkbar, z. B. Fan-TV, Wetten, Onlinespiele sowie exklusive

Informationen, z. B. Statistiken und Analysen für sog. „Premiummitglieder". Eine Optimierung dieser ökonomischen Potenziale kann u. a. auch durch gezielte Vernetzung verschiedener Plattformen, etwa die Verzahnung der Klub-Homepage mit sozialen Netzwerken oder die Einbindung von Webseiten von Fanklubs in die Klub-Homepage, gelingen. Auf diese Weise generierbare Fan-Daten lassen sich auch für eine entsprechend personalisierte Werbekommunikation nutzen, was wiederum für die Sponsoren der Bundesligisten bedeutsam sein kann (vgl. Duvinage, 2012, S. 583).[9]

Strategischer Umgang mit ungewisser Zukunft
Ausgerichtet am Klub-Leitbild ist es Aufgabe des strategischen Managements, für mittelfristige Zeiträume ein Repertoire an alternativen Wegen der Zielerreichung zu definieren. Es ist zu überlegen, *wie* eine Annäherung an die formulierten Ziele erreichbar ist.

> Mit Beginn der Winterpause befindet sich Bundesligist B in einer schwierigen Situation. Einige Schlüsselspieler haben sich verletzt und drohen längerfristig auszufallen. Mit der Verletzungsmisere ging zuletzt auch eine Niederlagenserie einher, weshalb B auf einem Abstiegsplatz überwintern muss. Die schwierige sportliche Situation erschwert auch aktuell laufende Gespräche mit einem potenziellen Hauptsponsor, die schon kurz vor einem Vertragsabschluss standen. Angesichts dieser Krise gestalten sich die strategischen Planungen für das Management enorm schwierig. Der Geschäftsführung ist klar, dass sie dringend einen guten Aktionsplan benötigt: Zu klären ist etwa, wie schnell die medizinische Abteilung die Verletzten wieder einsatzbereit machen kann, ob neue Spieler gekauft werden sollen, um kurzfristig wieder gewinnen zu können, ob die Trainingsinhalte und deren Gestaltung zu ändern sind, oder ob der Trainerstab besser gleich ausgewechselt werden sollte – auch als Signal gegenüber dem gesamten Umfeld.
> 1. Mit welchem Grundproblem ist jede strategische Entscheidung konfrontiert und wie kann das Management damit idealtypisch umgehen?
> 2. Wie kann sich das Management strategische Entscheidungsoptionen erarbeiten, ohne dabei ausschließlich auf Erfahrungen der Vergangenheit und persönliche Meinungen der Beteiligten vertrauen zu müssen?

Ein zentrales Grundproblem des strategischen Managements ist die *Ungewissheit* zukünftiger Entwicklung. In die Zukunft weisende, tragfähige Strategien sind folglich nicht nur auf Basis vergangener Entwicklungen und Erfahrungswerte zu entwickeln. Vielmehr geht es darum, beim Herausarbeiten strategischer Alternativen *zukünftige Entwicklungen* möglichst differenziert zu antizipieren und z. B. in Form von *Szenarien* für das Management handhabbar zu machen. Im Einzelnen geht es darum,

- bezogen auf das zugrunde liegende Managementproblem die wichtigsten *problemrelevanten Zusammenhänge und Wechselwirkungen* zu bestimmen, potenzielle zukünftige Entwicklungen zu antizipieren und über einen längeren Zeithorizont möglichst plausibel zu *projektieren.*

---

[9] Schlesinger beschreibt zentrale Dimensionen der E-Servicequalität von Dienstleistungen der Bundesligisten im Internet. Insbesondere Informations- und Erlebnisqualität sind dabei starke Qualitätstreiber der Onlineservices, gefolgt von funktionalen und technischen Potenzialen sowie Identifikations-/Community-Aspekten (vgl. 2012, S. 134–138, 145–147).

2.3 Organisationales Setup von Spielbetriebsgesellschaften

- diese Projektionen in voneinander abgrenzbare, jeweils in sich konsistente *Annahmebündel* zusammenzufassen und zu alternativen Szenarien zu verdichten, die mögliche zukünftige Entwicklungstrends erkennbar machen.
- für jedes Entwicklungsszenario strategische Entscheidungsoptionen zu entwickeln und diese in ihren positiven wie negativen Effekten für die organisationale Entwicklung sowie in ihren Vor-/Nachteilen für das Management einzuschätzen.
- generell denkbare *Störgrößen/-ereignisse* und etwaige *Realisierungsbarrieren* einer Umsetzung der ausgearbeiteten Strategien zu reflektieren (vgl. Mißler-Behr, 1993, S. 3–22; Senge, 2003, S. 219–220).

Denkbar ist beispielsweise, zwei Extremszenarien zu entwickeln, in denen sich die problemrelevanten Zusammenhänge je zu Gunsten/Ungunsten des Klubs und des Managements entwickeln – was grafisch in Form eines Trichters dargestellt werden kann (vgl. Abb. 10). Für den dazwischen liegenden Möglichkeitsraum lassen sich dann mehr oder weniger weitere Szenarien formulieren und eventuell auch anzunehmende Eintrittswahrscheinlichkeiten antizipieren. Mit Blick auf die einführende Fallkonstellation sind dabei u. a. die in Tabelle 4 skizzierten Strategien denkbar.

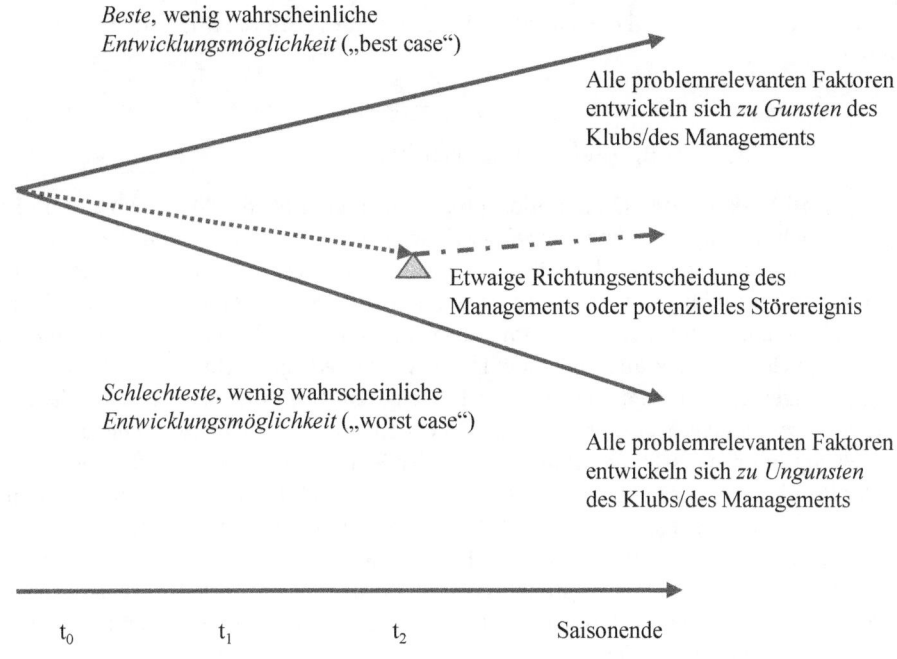

Abb. 10: Szenariotrichter zur Visualisierung im Rahmen der Strategieentwicklung (vgl. Mißler-Behr, 1993, S. 3–22).

Tab. 4: Modellhafte Darstellung strategischer Alternativen mit potenziellen Auswirkungen auf ausgewählte Zielbereiche von Bundesligisten.

	Spielerkader	Trainerstab	Finanzbedarf/ Budget	Sportlicher Erfolg	Außen- wirkung
Strategie „Weiter so"	Keine Änderung	Keine Änderung	0	(un-)wahr- scheinlich?	positiv/ negativ?
Strategie „Moderates Risiko"	Zwei neue Spieler	Keine Änderung	+	(un-)wahr- scheinlich?	positiv/ negativ?
Strategie „Neustart"	Zwei neue Spieler	Ganz neues Trainerteam	++	(un-)wahr- scheinlich?	positiv/ negativ?

Das organisationale Setup von Bundesligisten erfordert eine Reihe von Festlegungen in Form spezifischer Organisationsprogramme. Fundament des Managements ist dabei die Festlegung zentraler Schwerpunkte der Organisationsentwicklung und explizite Markierung von Themen mit besonderer Wichtigkeit. Zielvorgaben und entsprechende Kennzahlen dienen dabei als Weichenstellungen der zukünftigen Arbeit und geben nachfolgenden Entscheidungen die Richtung vor. Strategische Optionen basieren möglichst auf systematischer Antizipation zukünftiger Entwicklungen, um Entscheidungen so begründungsfest zu machen und abzusichern, dass dem Management auch im Fall eines späteren Misserfolgs nichts vorzuwerfen ist.

2.3.2 Budgetierung und Jahresabschluss

Neben den bisher skizzierten Organisationsprogrammen sind für das Management von Bundesligisten auch im engeren Sinne (betriebs-)wirtschaftliche Programme von Bedeutung. Dabei geht es einerseits um die zahlenmäßige Erfassung aller Geschäftsvorgänge und damit um eine wirtschaftliche Abbildung des Geschäftsmodells insgesamt. *Budgets* fungieren hier als Kristallisationspunkte, in denen alle Informationen zusammenfließen und die organisationalen Aufgaben und Geschäftsvorfälle zahlenmäßig „auf den Punkt" gebracht werden. Damit liefern sie dem Management wichtige Hinweise zur Planung und Kontrolle aller Leistungsbereiche. Budgetierung zwingt das Management zum „Durchdenken der Kosten*entstehung*, der Kosten*verursachung* und der Kosten*gestaltung* und ... der Steuerung des Ressourceneinsatzes und damit der Prioritäten einer Organisation" (Malik, 2006, S. 354; Hervorhebungen im Original). Andererseits verpflichtet das Handelsgesetzbuch Kapitalgesellschaften zur (doppelten) Buchführung und Bilanzierung (vgl. §§ 238, 242, HGB), um entsprechende Dokumentations-, Rechenschafts- und Beweissicherungsfunktionen zu gewährleisten (vgl. Wehrheim & Fross, 2012, S. 539). Am Ende jedes Geschäftsjahrs haben Spielbetriebsgesellschaften folglich einen *Jahresabschluss* zu erstellen, der in Form einer *Gewinn- und Verlustrechnung* die Ertragsrechnung für das jeweilige Geschäftsjahr sowie in Form einer *Bilanz* die aktuellen Vermögenswerte des Klubs beschreibt. Je nach gewählter Rechtsform sind hiermit mehr oder weniger umfangreiche Publizitätspflichten verbunden.

Gewinn- und Verlustrechnung
Die Gewinn- und Verlustrechnung ermittelt über das Geschäftsjahr – oder eine andere, ggf. kürzere Abrechnungsperiode – hinweg „nicht nur den Erfolg als Saldo, sondern zeigt auch die

2.3 Organisationales Setup von Spielbetriebsgesellschaften

Quellen des Erfolges auf" (Wöhe, 1996, S. 1136). Dabei kalkuliert sie Aufwand und Ertrag – und ist folglich *keine Zahlungs*rechnung.

> Der neue Geschäftsführer von Spielbetriebsgesellschaft S verschafft sich unmittelbar nach seiner Einstellung einen umfassenden Überblick über alle relevanten Geschäftsvorgänge seines Klubs. Auf diese Weise will er das Geschäftsmodell aus ökonomischer Perspektive heraus analysieren, d. h., die zentralen Erlösquellen/-ströme erkennen, die Kostenentstehung/-verursachung in allen Geschäftsbereichen verstehen, etwaige Kostentreiber identifizieren sowie Einspar- und Entwicklungspotenziale erfassen. Im Grunde treibt ihn dabei der Wunsch an, z. B. für die anstehende Modernisierung des Stadions, die Verstärkung des Spielerkaders sowie die Verbesserung der Spielanalyse- und Scouting-Abteilung mehr finanzielle Mittel bereit stellen zu können.
> 1. Welches sind typische Erlösquellen und Aufwandspositionen von Bundesligisten?
> 2. Welche Positionen umfasst eine „typische" Gewinn- und Verlustrechnung von Spielbetriebsgesellschaften?

Im Rahmen ihrer Lizenzierungsverfahren (vgl. Kap. 3.1.1) geben die Sportligen entsprechende Schemata für die Gewinn- und Verlustrechnung der Bundesligisten vor:

- *Umsatzerlöse* generieren Spielbetriebsgesellschaften typischerweise aus dem Spielbetrieb, der Werbung sowie der medialen und anderen zentralen Rechteverwertungen der Sportligen (vgl. Kap. 4.2 und 4.3).
- Typische *Aufwandspositionen* sind Personalaufwendungen für den Spielbetrieb, z. B. Leistungs-/Einsatz- und Erfolgsprämien für Spieler, gesetzlicher sozialer Aufwand wie Sozialversicherungsabgaben und Beiträge zur Berufsgenossenschaft sowie Personalaufwand für das Management/die Verwaltung. Außerdem werden hier Abschreibungen, insbesondere auf die Spielerwerte, erfasst.

Tabelle 5 zeigt das von DFL und HBL im Rahmen ihrer Lizenzierungsverfahren vorgegebene Schema einer Gewinn- und Verlustrechnung, in die beispielhaft Zahlen der Borussia Dortmund GmbH & Co. KG auf Aktien eingearbeitet sind.

Tab. 5: Gewinn- und Verlustrechnung – Ertrags-/Erlöspositionen von Spielbetriebsgesellschaften (vgl. Anhang VIIa, DFL-Lizenzierungsordnung; Anhang 1a, Nr. 5 und Nr. 6, HBL-Lizenzierungsrichtlinien) und beispielhafte Zahlen der Borussia Dortmund GmbH & Co. KG auf Aktien; Angaben in Tsd. Euro (vgl. Borussia Dortmund, 2013, S. 58, 69–70).

	Periode (01.07.2012–30.06.2013)
1. Umsatzerlöse	272.436
1.1 Spielbetrieb	44.780
Meisterschaftsspiele	--
Pokalspiele	--
Internationale Wettbewerbe	--
Logen und Business Bereiche	--
Sonstige	
1.2 Werbung	69.292
Haupt-/Trikotsponsor	--
Stadiongeborene Rechte	--
Klubgeborene Rechte	--
Sonstige	--
1.3 Mediale Verwertungsrechte und gemeinschaftliche Vermarktung	87.612
Meisterschaft	--
Pokal	--
Internationale Wettbewerbe	--
Sonstige	--
1.4 Transfer- und Ausbildungsentschädigungen	51.600
1.5 Handel	15.905
2. Erhöhung oder Verminderung des Bestands an fertigen und unfertigen Erzeugnissen	--
3. Andere aktivierte Eigenleistungen	--
4. Sonstige betriebliche Erträge	2.302
4.1. DFB-Grundlagenvertrag	--
4.2 Mitgliedsbeiträge	--
4.3 Zuwendungen Dritter (Spenden, öffentliche Zuschüsse)	--
4.4 Andere Fußballmannschaften	--
4.5 Andere Abteilungen	--
4.6 Vermietung und Verpachtung	--
4.7 Sonstige	--

Die Umsatzerlöse aus Spielbetrieb ergeben sich im Wesentlichen aus dem Ticketing, mitunter auch aus der Abstellung von Nationalspielern (im BVB-Beispiel 3,25 Mio. Euro). Werbeerlöse ergeben sich neben den Ausrüster- und Haupt-/Trikotsponsorships auch aus Hospitality-Aktivitäten. Mit Position 1.3 ist die zentrale Fernsehvermarktung durch die DFL, den DFB sowie die UEFA verbunden, während Position 1.5 (Handel) insbesondere Erlöse aus Catering, Vermietung und Verpachtung umfasst.

2.3 Organisationales Setup von Spielbetriebsgesellschaften

Tab. 6, 1: Gewinn- und Verlustrechnung – Aufwandspositionen von Spielbetriebsgesellschaften (vgl. Anhang VIIa, DFL-Lizenzierungsordnung; Anhang 1a, Nr. 5 und Nr. 6, HBL-Lizenzierungsrichtlinien) und beispielhafte Zahlen der Borussia Dortmund GmbH & Co. KG auf Aktien; Angaben in Tsd. Euro (vgl. Borussia Dortmund, 2013, S. 58, 69–70).

	Periode (01.07.2012–30.06.2013)
5. Materialaufwand	--
5.1 Fan-/Merchandising-Artikel	--
5.2 Sonstige	--
6. Personalaufwand	*-99.847*
6.1 Personalaufwand Spielbetrieb Lizenzmannschaft	-52.860
Grundgehälter	--
Prämien	--
Sonstige	--
Sozialer Aufwand	--
6.2 Personalaufwand andere Fußballmannschaften (Amateure, Jugend)	-3.679
Löhne und Gehälter	--
Sonstige	--
Sozialer Aufwand	--
6.3 Personalaufwand Verwaltung und Sonstige	-8.502
Löhne und Gehälter	--
Sonstige	--
Sozialer Aufwand	--
7. Abschreibungen	*-14.517*
7.1 Spielerwerte	--
7.2 Sonstige immaterielle Vermögensgegenstände	--
7.3 Sachanlagen	--
7.4 Finanzanlagen	--
8. Sonstige betriebliche Aufwendungen	*-101.666*
8.1 Spielbetrieb	-41.530
Stadionbenutzung	--
Kassen-, Ordnungs- und Sanitätsdienst	--
Abgaben DFL und Ligaverband	--
DFB-Grundlagenvertrag (Abgaben und Verbandsdienstleistungen)	--
Bewirtung und sonstiger Aufwand für Repräsentation	--
Entschädigung Spielgegner	--
Reisekosten/Trainingslager/Hotel	--
Öffentlicher Nahverkehr	--
Gesundheitliche Betreuung	--
Kleidung und Sportausrüstung	--
Sonstige	--

Tab. 6, 2: Gewinn- und Verlustrechnung – Aufwandspositionen von Spielbetriebsgesellschaften (vgl. Anhang VIIa, DFL-Lizenzierungsordnung; Anhang 1a, Nr. 5 und Nr. 6, HBL-Lizenzierungsrichtlinien) und beispielhafte Zahlen der Borussia Dortmund GmbH & Co. KG auf Aktien; Angaben in Tsd. Euro (vgl. Borussia Dortmund, 2013, S. 58, 69–70).

8.2 Werbung	-22.720
8.3 Fernseh- und Hörfunkverwertung	--
8.4 Transfer	-13.418
Transfer- und Ausbildungsentschädigung	--
Sonstige	--
8.5 Handel	-2.031
8.6 Verwaltung	-19.722
8.7 Andere Fußballmannschaften	--
8.8 Andere Abteilungen	--
8.9 Sonstige	-2.245

Diese Aufwandspositionen (vgl. Tab. 6) sind weitgehend selbsterklärend. Als sonstige betriebliche Aufwendungen sind u. a. Agenturprovisionen zu nennen. Weitere Erlös- und Aufwandspositionen zeigt Tabelle 7.

Tab. 7: Gewinn- und Verlustrechnung – Weitere Erlös-und Aufwandspositionen inkl. Jahresüberschuss von Spielbetriebsgesellschaften (vgl. Anhang VIIa, DFL-Lizenzierungsordnung; Anhang 1a, Nr. 5 und Nr. 6, HBL-Lizenzierungsrichtlinien) und beispielhafte Zahlen der Borussia Dortmund GmbH & Co. KG auf Aktien; Angaben in Tsd. Euro (vgl. Borussia Dortmund, 2013, S. 58, 69–70).

	Periode (01.07.2012–30.06.2013)
9. Erträge aus Beteiligungen, davon aus verbundenen Unternehmen	166
10. Erträge aus assoziierten Unternehmen	--
11. Erträge aus Ergebnisabführungsverträgen	4.470
12. Erträge aus anderen Wertpapieren und Ausleihungen des Finanzanlagevermögens, davon aus verbundenen Unternehmen	7
13. Sonstige Zinsen und ähnliche Erträge, davon aus verbundenen Unternehmen	87
14. Abschreibungen auf Finanzanlagen und auf Wertpapiere des Umlaufvermögens, davon aus verbundenen Unternehmen	--
15. Aufwendungen aus Verlustübernahme von assoziierten Unternehmen	--
16. Aufwendungen aus Ergebnisabführungsverträgen	--
17. Zinsen und ähnliche Aufwendungen, davon aus verbundenen Unternehmen	-1.974
18. Ergebnis der gewöhnlichen Geschäftstätigkeit	61.464
19. Außerordentliche Erträge (unter Angabe der Einzelpositionen)	--
20. Außerordentliche Aufwendungen (unter Angabe der Einzelpositionen)	--
21. Außerordentliches Ergebnis	--
22. Steuern vom Einkommen und vom Ertrag	-8.143
23. Sonstige Steuern	-63
24. Jahresüberschuss/Jahresfehlbetrag	53.258
25. Auf andere Gesellschafter entfallender Gewinn/Verlust	--
26. Konzerngewinn/Konzernverlust	--

2.3 Organisationales Setup von Spielbetriebsgesellschaften

Bilanz
Die Bilanz beschreibt zum Ende des Geschäftsjahrs die Vermögenslage eines Unternehmens.

> Der neue Geschäftsführer G von Spielbetriebsgesellschaft S wickelt innerhalb seiner ersten 100 Tage im Amt einen Aufsehen erregenden, zukunftsweisenden Spielertransfer ab und führt sich damit bei Trainern, Fans und Sponsoren sehr gut ein. Für den neuen Flügelspieler, der einen langfristigen, stark leistungsbezogenen Vertrag über vier Jahre erhält, sind 1,6 Mio. Euro an Transferentschädigung plus diverse Beraterhonorare und Handgelder fällig. Für G stellt sich nun u. a. die Frage, wie dieser Transfer bilanziell abzubilden ist.
> 1. Welches sind typische Bilanzpositionen von Spielbetriebsgesellschaften?
> 2. Welche Besonderheiten sind bei der Bilanzierung von Spielervermögen zu beachten?
> 3. Welche personalbezogenen Unsicherheiten sind von Spielbetriebsgesellschaften bilanziell mittels Rückstellungen abzusichern?

In der Bilanz werden auf der *Aktivseite* typischerweise folgende Kategorien unterschieden (vgl. Eisele, 1993, S. 68):

- Das langfristig gehaltene *Anlagevermögen*. Hierzu zählen immaterielle Vermögensgegenstände (z. B. Markenrechte), Sachanlagen (z. B. Grundstücke wie Stadion, Geschäftsstelle, Trainingsanlagen) sowie Finanzanlagen, insbesondere Anteile an Tochterfirmen oder verbundenen Unternehmen.
- Das im Rahmen der Geschäftstätigkeit umgeschlagene *Umlaufvermögen*. Hierzu zählen vor allem Forderungen (aus Lieferungen und Leistungen), Wertpapiere und Bankguthaben.

Die *Passivseite* wiederum zeigt das zur Finanzierung der Vermögenswerte verfügbare *Kapital*, mit den Positionen Eigenkapital, Rückstellungen und Verbindlichkeiten. Sowohl auf der Aktiv- als auch auf der Passivseite können *Rechnungsabgrenzungsposten* notwendig sein. Hierbei handelt es sich um rechentechnische Mittel zur erfolgsberichtigenden Abgrenzung, insbesondere wenn zwischen Ausgaben und Aufwendungen oder Einnahmen und Erträgen zeitliche Diskrepanzen bestehen „und demzufolge Zahlungsvorgang und Erfolgswirkung durch einen Jahresabschluss getrennt werden" (Eisele, 1993, S. 326). Passive Rechnungsabgrenzungsposten sind u. a. notwendig beim Verkauf von Dauerkarten im laufenden Geschäftsjahr mit Gültigkeit für die nächste Spielzeit (das nächste Geschäftsjahr), bei vorab bezahlten Signing Fees beim Abschluss von z. B. mehrjährigen Sponsoringverträgen sowie bei vorausbezahlten Personalaufwendungen oder Versicherungsbeiträgen.

Mit der *Bilanzierung von Spielervermögen* weisen Spielbetriebsgesellschaften eine teamsportspezifische Besonderheit auf, die von großer praktischer Relevanz ist. Denn Humankapital wird in der Bilanz generell nicht ausgewiesen. Hingegen werden im Profiteamsport Spieler aufgrund der wirtschaftlich bedeutsamen Transferentschädigungen bilanztechnisch aufgeführt, um entsprechende Transferzahlungen über die gesamte Vertragslaufzeit der Spieler zu erfassen (vgl. Jäck & Meffert, 2012, S. 326–330). „Der Wert des Spielervermögens stellt das zentrale Vermögen eines Fußballunternehmens dar. Dieser kann bisweilen 50% der Bilanzsumme übersteigen" (Elter, 2012, S. 693). Dabei gilt das Nutzungsrecht an einem Spieler als „abnutzbarer immaterieller Vermögenswert des Anlagevermögens, da das Exklusivnutzungsrecht mit Ablauf des Arbeitsvertrags erlischt. Die Anschaffungskosten sind somit ... planmäßig abzuschreiben, wobei als Abschreibungsmethode nur die lineare Abschreibung in Betracht kommt" (Köster & Ehemann, 2012, S. 155).

Bilanziell sind Transferentschädigungen „im Jahr des Spielerwechsels zu aktivieren und in den folgenden Geschäftsjahren planmäßig über die Laufzeit des Arbeitsvertrages abzuschreiben ... Eventuell gezahlte Spielervermittlungskosten werden bei einem Transfer ... i. d. R. als Anschaffungsnebenkosten ebenfalls aktiviert" (Elter, 2012, S. 699). Zahlungen an Spieler (Signing Fees) im Rahmen von Vereinswechseln sind hingegen als Aufwand und somit als aktiver Rechnungsabgrenzungsposten zu behandeln. Für den Fall, dass etwa in Folge schwerer Verletzungen dauerhafte Wertminderung eines Spielers angenommen werden, sind außerplanmäßige Abschreibungen vorzunehmen (vgl. Köster & Ehemann, 2012, S. 152–159; Elter, 2012, S. 699).

Eine weitere, für den Teamsport spezifische Besonderheit ergibt sich bei der Bilanzierung auf der Passivseite. Hier sind *personalbezogene Rückstellungen* notwendig, da in den Arbeitsverträgen der Spieler meist umfangreiche leistungsorientierte Vergütungen vereinbart sind. Auf diese Weise strebt das Management eine direkte Verbindung von sportlichem Erfolg und Spielervergütung an. Üblich sind dabei „Vergütungssysteme mit bis zu drei Prämiendimensionen. Neben einer Punkt- und Auflaufprämie pro absolviertem Spiel gibt es oftmals zusätzlich eine vom Tabellenplatz abhängige Jahres-Leistungsprämie. Als dritte Komponente werden gesonderte Prämien für Meisterschaft, Pokal, internationale Titel oder für den Klassenerhalt an die Spieler ausbezahlt. Insbesondere die Platzierungs- und Titelprämien sind wegen der hohen Volatilität des sportlichen Erfolgs mit großen Unsicherheiten behaftet" (Köster & Ehemann, 2012, S. 159).[10] Aus diesem Grund sind hierfür entsprechende Rückstellungen in der Bilanz anzusetzen.

Tabellen 8 und 9 zeigen das von DFL und HBL im Rahmen ihrer Lizenzierungsverfahren vorgegebene Bilanzschema, in das beispielhaft Zahlen der Borussia Dortmund GmbH & Co. KG auf Aktien eingearbeitet sind. Als *immaterielle Vermögensgegenstände* werden vor allem Spieler- und Markenwerte sowie EDV-Software erfasst. Sachanlagen sind insbesondere Grundvermögen, z. B. Stadion, Trainingsanlagen, Geschäftsstelle oder gastronomische Anlagen. Als Finanzanlagen sind vor allem Anteile an Tochtergesellschaften relevant (vgl. auch Kap. 2.3.3). Forderungen umfassen u. a. Steuerforderungen oder Zahlungsansprüche gegenüber Dauerkarteninhabern.

Tab. 8, 1: Aktiva der Bilanz von Spielbetriebsgesellschaften (vgl. Anhang VIIa, DFL-Lizenzierungsordnung; Anhang 1a, Nr. 5 und Nr. 6, HBL-Lizenzierungsrichtlinien) und beispielhafte Zahlen der Borussia Dortmund GmbH & Co. KG auf Aktien; Angaben in Tsd. Euro (vgl. Borussia Dortmund, 2013, S. 56–57).

Aktiva	Stichtag Periode (30.06.2013)
A. Anlagevermögen	*204.967*
I. Immaterielle Vermögensgegenstände	28.871
1. Selbst geschaffene gewerbliche Schutzrechte und ähnliche Rechte und Werte	--
2. Entgeltlich erworbene Konzessionen, gewerbliche Schutzrechte und ähnliche Rechte sowie Lizenzen an solchen Rechte und Werten	28.871
3. Geschäfts- und Firmenwert	--
4. Spielerwerte	--
5. Geleistete Anzahlungen auf Spielerwerte	0

---

[10] Für einen Überblick zu den Prämien im Rahmen der Spielervergütung, deren Ausgestaltung und ökomische Beurteilung vgl. Daumann (2011, S. 107–111).

2.3 Organisationales Setup von Spielbetriebsgesellschaften

Tab. 8,2: Aktiva der Bilanz von Spielbetriebsgesellschaften (vgl. Anhang VIIa, DFL-Lizenzierungsordnung; Anhang 1a, Nr. 5 und Nr. 6, HBL-Lizenzierungsrichtlinien) und beispielhafte Zahlen der Borussia Dortmund GmbH & Co. KG auf Aktien; Angaben in Tsd. Euro (vgl. Borussia Dortmund, 2013, S. 56–57).

II. Sachanlagen	35.729
1. Grundstücke, grundstückseigene Rechte und Bauten einschließlich der Bauten auf fremden Grundstücken	24.248
2. Technische Anlagen und Maschinen	--
3. Andere Anlagen, Betriebs- und Geschäftsausstattung	11.140
4. Geleistete Anzahlungen und Anlagen im Bau	341
III. Finanzanlagen	140.367
1. Anteile an verbundenen Unternehmen	139.190
2. Ausleihungen an verbundene Unternehmen	--
3. Beteiligungen	96
4. Ausleihungen an Unternehmen, mit denen ein Beteiligungsverhältnis besteht	--
5. Wertpapiere des Anlagevermögens	--
6. Sonstige Ausleihungen	1.081
B. Umlaufvermögen	*80.270*
I. Vorräte	47
1. Roh-, Hilfs- und Betriebsstoffe	--
2. Unfertige Erzeugnisse, unfertige Leistungen	--
3. Fertige Erzeugnisse und Waren	47
4. Geleistete Anzahlungen	--
II. Forderungen und sonstige Vermögensgegenstände	68.684
1. Forderungen aus Lieferungen und Leistungen	64.983
2. Forderungen aus Transfer	--
3. Forderungen gegen verbundene Unternehmen	1.726
4. Forderungen gegen Unternehmen, mit denen ein Beteiligungsverhältnis besteht	--
5. Forderungen gegen juristische und/oder natürliche Personen, die direkt mit Mitgliedern von Organen des Lizenznehmers verbunden sind	--
6. Sonstige Vermögensgegenstände	1.975
III. Wertpapiere	--
1. Anteile an verbundenen Unternehmen	--
2. Sonstige Wertpapiere	--
IV. Kassenbestand, Bundesbankguthaben, Guthaben bei Kreditinstituten und Schecks	11.539
C. Rechnungsabgrenzungsposten	*4.723*
D. Aktive latente Steuern	*--*
E. Aktiver Unterschiedsbetrag aus der Vermögensverrechnung	*--*

Sonstige Verbindlichkeiten sind u. a. Darlehen und noch nicht fällige Lohn-/Umsatzsteuern sowie Verbindlichkeiten gegenüber Gesellschaftern. Zukünftig werden nicht mehr nur die Einzelabschlüsse der Spielbetriebsgesellschaften maßgeblich sein, sondern – insbesondere im Rahmen der Lizenzierungsverfahren (vgl. Kap. 3.1.1) – gerade auch die Mitbetrachtung etwaiger Tochtergesellschaften im Rahmen sog. *Konzernabschlüsse*. Erst damit wird in vielen Fällen eine umfassende, ganzheitliche Beurteilung der wirtschaftlichen Lage möglich. Dies gilt vor allem, wenn Investitionen in Stadien oder Leistungszentren sowie die Vermarktung werblicher Rechte über Tochtergesellschaften erfolgen (vgl. Deutsche Fußball Liga, 2014a, S. 8–9).

Tab. 9: Passiva der Bilanz von Spielbetriebsgesellschaften (vgl. Anhang VIIa, DFL-Lizenzierungsordnung; Anhang 1a, Nr. 5 und Nr. 6, HBL-Lizenzierungsrichtlinien) und beispielhafte Zahlen der Borussia Dortmund GmbH & Co. KG auf Aktien; Angaben in Tsd. Euro (vgl. Borussia Dortmund, 2013, S. 56–57).

Passiva	Stichtag Periode (30.06.2013)
A. Eigenkapital	182.406
I. Gezeichnetes Kapital	61.425
II. Kapitalrücklage	34.199
III. Gewinnrücklagen	33.544
IV. Eigenkapitaldifferenz aus der Währungsumrechnung	--
V. Gewinnvortrag/Verlustvortrag	--
VI. Konzerngewinn/Konzernverlust (Bilanzgewinn)	53.258
VII. Ausgleichsposten für die Anteile anderer Gesellschafter	--
B. Rückstellungen	13.379
1. Rückstellungen für Personen und ähnliche Verpflichtungen	--
2. Steuerrückstellungen	3.956
3. Sonstige Rückstellungen	9.423
C. Verbindlichkeiten	56.070
1. Anleihen – davon konvertibel	--
2. Verbindlichkeiten gegenüber Kreditinstituten	14.275
3. Erhaltene Anzahlungen auf Bestellungen	--
4. Verbindlichkeiten aus Lieferungen und Leistungen	10.249
5. Verbindlichkeiten aus Transfer	--
6. Verbindlichkeiten aus der Annahme gezogener Wechsel und Ausstellung eigener Wechsel	--
7. Verbindlichkeiten gegenüber verbundenen Unternehmen	3.577
8. Verbindlichkeiten gegenüber Unternehmen, mit denen ein Beteiligungsverhältnis besteht	--
9. Sonstige Verbindlichkeiten	27.969
D. Rechnungsabgrenzungsposten	38.105
E. Passive latente Steuern	--

Die Abbildung und das Verständnis von Erlös-/Ausgabenströmen und Kostentreibern sowie eine hierauf aufbauende Budgetierung ist insbesondere für die interne Steuerung und Kontrolle wirtschaftlicher Gesichtspunkte für das Klubmanagement unentbehrlich. Gegenüber externen Bezugsgruppen wiederum übernimmt der Jahresabschluss eine zentrale Dokumentationsfunktion. Gewinn-/Verlustrechnung und Bilanz von Spielbetriebsgesellschaften zeichnen sich dabei durch Besonderheiten aus, die abweichend von den standardisierten Schablonen anderer Wirtschaftsbranche vom Management beachtet werden müssen.

2.3.3 Geschäftsbereiche, Stellenpläne und Personal

Um die in Gesellschaftsverträgen, Satzungen, Leitbildern und Strategiepapieren formulierten Zwecke, Zielsetzungen, Strategien und Verfahren der Spielbetriebsgesellschaften auf Dauer verlässlich umsetzen zu können, bedarf es weiterer organisationsstruktureller Festlegungen. Insbesondere sind organisationsintern horizontal und vertikal differenzierte *Kommunikationswege* – fachliche Zuständigkeiten, hierarchische Befugnisse und Informationsflüsse – festzulegen (vgl. Luhmann, 2000, S. 317 ff.), beispielsweise werden Geschäftsbereiche, Abteilungen oder Teams unterschieden und Dienst-/Verfahrenswege definiert. Für Spielbetriebsorganisationen sind dabei sportfachliche und kaufmännische Abteilungen typisch, die über spezifische Schnittstellen regelmäßig auch miteinander in Verbindung stehen.

Unterhalb der Geschäftsbereichs- und Abteilungsebene gilt es, notwendige fachliche und hierarchische Kompetenzen auf Stellen zu bündeln – beispielsweise für Geschäftsführer, Cheftrainer oder Abteilungsleiter Finanzen. Auf diese Weise lassen sich alle organisationalen Aufgaben und Zuständigkeiten in Stellenplänen der Spielbetriebsgesellschaft abbilden. Darüber hinaus sind wechselseitige Verbindungen zwischen Stellen und entsprechend vorgeschriebene Informationsflüsse in Form von Verfahrens-/Ablaufplänen zu klären. Abschließend sind den ausgewiesenen Stellen konkrete Personen zuzuordnen.

Geschäftsbereiche und Stellenpläne
Die interne Struktur von Spielbetriebsgesellschaften ergibt sich zunächst durch eine Differenzierung fachlicher Aufgabenbereiche, typischerweise in Form einer horizontalen Gliederung von Geschäftsbereichen oder Abteilungen. Innerhalb der Geschäftsbereiche/Abteilungen sind einerseits fachliche (Teil-)Aufgaben an Teams oder andere Subeinheiten zugeteilt, andererseits werden vertikal auch Hierarchien eingezogen, beispielsweise indem Abteilungsleiterpositionen mit Weisungsbefugnisse gegenüber Sachbearbeiterstellen ausgestattet sind.

Nach dem Aufstieg in die Bundesliga gliedert Sportverein S seinen Profispielbetrieb in eine Spielbetriebsgesellschaft aus. In Vorbereitung der ersten Bundesligasaison gilt es, erfolgsversprechende Strukturen zu schaffen. Der Gesellschaftsvertrag und generelle strategische Zielsetzungen sind zwar formuliert, dennoch wird der neue Geschäftsführer an vielen „Fronten" gefordert. Unter anderem muss die Vielzahl anstehender Aufgaben intern „verteilt" und geordnet werden.
1. Für welche Aufgaben muss in Spielbetriebsorganisationen verlässlich und auf Dauer Verantwortung zugewiesen werden?
2. Welche Geschäftsbereiche und Stellenpläne ergeben sich hieraus typischerweise?

Die Geschäftsbereichs- oder Abteilungsstruktur von Spielbetriebsgesellschaften ergibt sich mehr oder weniger unmittelbar aus dem jeweiligen Geschäftsmodell (vgl. Kap. 2.3.1). Beispielhaft lassen sich folgende übergreifende Aufgaben- und Zuständigkeitsbereiche ableiten und in eine Geschäftsbereichssystematik überführen (vgl. Holzhäuser, Wolfgang, 2012, S. 29):

- Der *Geschäftsbereich Sport/Spielbetrieb* hat vor dem Hintergrund des zentralen Organisationszwecks herausragende Bedeutung. Hier werden all jene Aufgaben und Verantwortlichkeiten gebündelt, die in Bezug zur Lizenzabteilung und dem Spielbetrieb stehen: Trainerteam und Training, Kader-/Teammanagement, Scouting/Nachwuchs, medizinische Versorgung, Physiotherapie.

- Der *Kaufmännische Geschäftsbereich* hat die Zahlungsfähigkeit des Klubs sicherzustellen und bearbeitet folglich alle (finanz-)wirtschaftlichen Fragen. Außerdem sind hier meist das Rechnungswesen sowie das Controlling angesiedelt. Mitunter fallen auch Marketing, Sponsoring, Merchandising und Ticketing in diesen Verantwortungsbereich.
- Der *Geschäftsbereich Medien/Werbung und Öffentlichkeitsarbeit* hat die Aufgabe, Kommunikation mit allen relevanten Stakeholdern im Sinne der Organisation sicherzustellen. Dies ist insofern besonders relevant, als der Profiteamsport unter ständiger massenmedialer Beobachtung steht und die hohe mediale Daueraufmerksamkeit – durch Fernsehen, Tages- und Fachzeitungen sowie soziale Medien – gerade für die Trainer und Spieler einen enormen Erklärungs- und Rechtfertigungsdruck mit sich bringt, den es möglichst im Sinne des Klubs zu kanalisieren gilt.
- Die *Hauptgeschäftsführung/das Direktorium* steuert übergreifend die Geschäftsabläufe der einzelnen Geschäftsbereiche. Typischerweise werden hier auch strategische und rechtliche Fragen bearbeitet. In Zusammenarbeit mit den einzelnen Geschäftsbereichen verantwortet dieser Bereich meist auch die Unterlagen für die Lizenzierungsverfahren der Ligaorganisationen (vgl. Kap. 3.1.1).

Eine weitere Differenzierung in fachliche Teilbereiche und Stellen ist jeweils situativ und im Einzelfall zu entscheiden. Abbildung 11 zeigt am Beispiel von Borussia Dortmund eine Strukturlösung der Praxis. Das Management hat dabei z. T. Vorschriften der Ligaorganisationen zu beachten, die im Rahmen der Lizenzverfahren bestimmte Zuständigkeiten/Stellen einfordern können:

- *Fußball/DFL*: Mit dem Lizenzantrag sind ein Cheftrainer mit DFB-Fußball-Lehrerlizenz oder UEFA-Pro-Lizenz, ein Assistenztrainer mit Trainer-A-Lizenz oder UEFA-A-Lizenz, ein sportlicher Leiter des Leistungszentrums mit Fußball-Lehrer- oder A-Lizenz, Verantwortliche für den Finanzbereich, Medienverantwortliche, ein Veranstaltungsleiter, ein Sicherheitsbeauftragter, ein Fanbeauftragten, ein Leiter des Ordnungsdienstes, medizinisches Personal und ein Verantwortlicher für den Marketingbereich nachzuweisen (vgl. § 5, DFL-Lizenzierungsordnung).
- *Basketball/BBL*: Mit dem Lizenzantrag sind ein hauptamtlicher Marketingmanager, ein hauptamtlicher PR-Manager und ein kaufmännischer Leiter nachzuweisen (vgl. § 7, BBL-Lizenzstatut 2013/14[11]).
- *Volleyball/DVL*: Mit dem Lizenzantrag ist ein Teammanager nachzuweisen, der im Besitz einer DVL-Teammanager-Lizenz ist und nicht in Personalunion als Trainer des Vereins agiert (vgl. Nr. 6, DVL-Lizenzstatut 2012/13).

Weitere organisationsstrukturelle Charakteristika des Teamsports zeigen sich darin, dass einzelne Aufgaben- und Geschäftsbereiche mittlerweile aus den Spielbetriebsgesellschaften ausgegliedert und in eigenständige Tochtergesellschaften überführt werden (vgl. Abb. 12). Dies zwingt jeweils zu einer höheren – auch wirtschaftlichen – Eigenverantwortlichkeit. Außerdem können an Tochtergesellschaften auch Dritte beteiligt werden, wodurch „sich weiteres Finanzierungspotenzial erschließen und eine Risikoteilung erzielen" (Köster & Ehemann, 2012, S. 149) lassen. Typischerweise werden vor allem die Bereiche Marketing und Stadion(-betrieb), Sicherheits-/Ordnungsdienst, Transport und Catering ausgelagert (vgl. Holzhäuser, Wolfgang, 2012, S. 28–36).

---

[11] BBL-Lizenzstatut in der Fassung vom 28. Januar 2014.

2.3 Organisationales Setup von Spielbetriebsgesellschaften

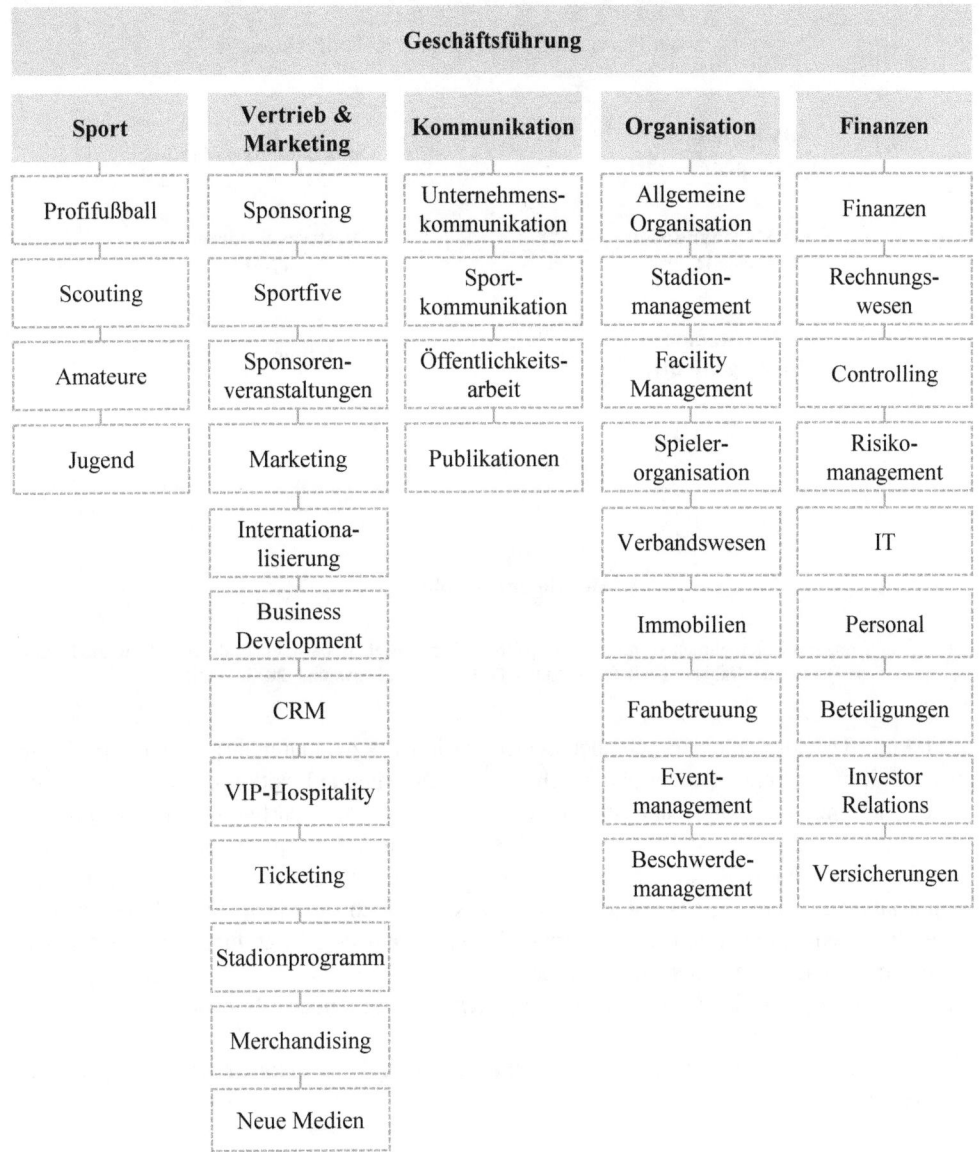

Abb.11: Funktionsbereiche einer Spielbetriebsgesellschaft, beispielhaft dargestellt für die Borussia Dortmund GmbH & Co. KG auf Aktien (vgl. Borussia Dortmund, 2013, S. 33).

Personal

Personalentscheidungen betreffen Einstellung und Entlassung, aber auch Zuordnung und Versetzung innerhalb einer Organisation – mit oder ohne Beförderung. Die Zuordnung von Personen zu Stellen erfordert dabei „ein Zueinanderpassen von Erwartungen der Organisation, die über Stellen definiert sind, und dem, was eine Person an Fähigkeiten und Einstellungen mitbringt" (Luhmann, 2000, S. 287), z. B. in Form unterstellter kognitiver und motivationaler Fähigkeiten, Erfahrungen oder sozialen Kontakten.

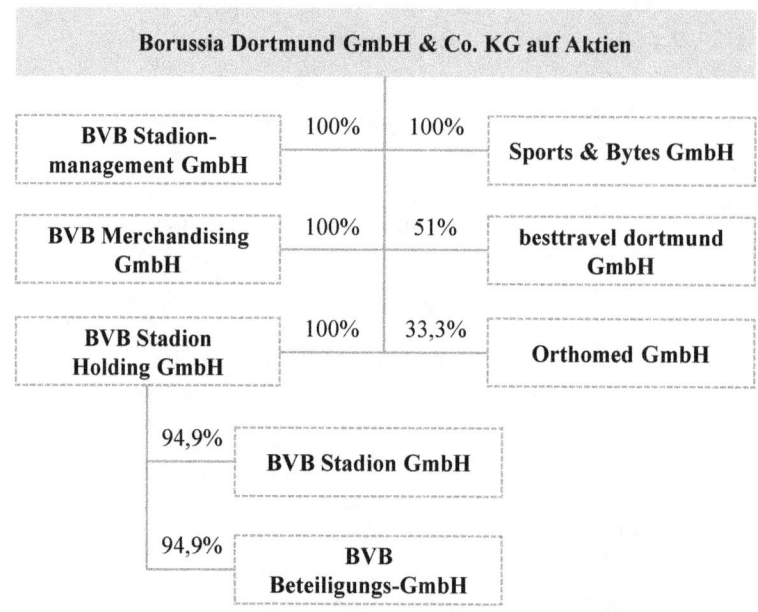

Abb. 12: Konzern-/Unternehmensstruktur einer Spielbetriebsgesellschaft, beispielhaft dargestellt für die Borussia Dortmund GmbH & Co. KG auf Aktien (vgl. Borussia Dortmund, 2013, S. 30).

> Zum Ende des Geschäftsjahrs scheiden bei Bundesligist B zwei langjährige Abteilungsleiter aus dem Management aus. Der eine wechselt auf eine leitende Position bei der Ligaorganisation, der andere arbeitet zukünftig bei einem der Sponsoringpartner von B. Vor diesem Hintergrund muss B möglichst adäquaten Ersatz suchen, was ausgesprochen schwierig ist. Mit den beiden Führungskräften scheiden nicht nur zwei ausgewiesene Experten, sondern sehr erfahrene und intern geschätzte Kollegen aus. Dennoch sieht B in dieser Situation auch eine Chance zur organisationalen Weiterentwicklung, wenn es gelingt, für die beiden offenen Stellen qualifizierte Personen zu akquirieren.
> 1. Woraus ergibt sich für Organisationen generell die besondere Relevanz von Personalentscheidungen?
> 2. Wie kann das Management idealtypisch an die Aufgabe „Personalrekrutierung" herangehen?

Neben Alter und Geschlecht unterscheiden sich Personen insbesondere durch individuelle Bildungs- und Berufskarrieren, Lebenshintergründe und Erfahrungen. Personen unterliegen folglich vielfältigen Einflüssen ihrer jeweiligen Lebensbereiche, was zur individuellen Ausprägung persönlicher *Grundüberzeugungen* und Sichtweisen führt. Diese bestimmen erheblich, was in das Blickfeld des Einzelnen gerät und wie er dies jeweils interpretiert und bewertet (vgl. Senge, 2003). Darüber hinaus verfügt jeder Einzelne über spezifische *Fachkompetenzen*, z. B. sportartspezifisches Wissen oder konzeptionelle Planungs- und Problemlösungskompetenzen sowie über *Sozialkompetenzen* wie Diskurs-/Kommunikationsfähigkeiten oder (Fremd-)Sprachenbeherrschung. Folglich gleichen sich Personen ungeachtet bestimmter Ähnlichkeiten nie wirklich, weshalb Stellen – je nachdem, mit welcher Person sie besetzt sind – ihren Charakter verändern. Personalentscheidungen sind in Organisationen folglich immer mit großer Unsicherheit behaftet (vgl. Luhmann, 2000, S. 292, 312–314).

Im Rahmen der Personalrekrutierung muss es dem Management folglich gelingen, die mit der zu besetzenden Stelle verknüpften fachlichen Aufgaben und hierarchischen Kompetenzen – also die an den zukünftigen Stelleninhaber gerichteten organisationalen Erwartungen – mit den Persönlichkeitseigenschaften der konkret rekrutierten Person möglichst in Deckung zu bringen. Dies setzt voraus, die fragliche Person/den Bewerber als Erwartungsbündel möglichst gut kennenzulernen, um abschätzen zu können, wie diese in konkreten Situationen agieren wird. Methodisch kann hierfür u. a. auf Personal-/Bewerbergespräche, Rollenspiele, Fallbearbeitungen und Präsentationen gesetzt werden (vgl. Manz, 2012, S. 719–720). Gerade in sportspezifischen Kontexten „rücken bei der Personalauswahl neben fachspezifischen Kompetenzen auch fachübergreifende, interpersonelle Fähigkeiten als Bewertungsdimension stärker in den Mittelpunkt" (Schlesinger & Nagel, 2012, S. 231). Die Personalrekrutierung kann sich dabei auf zwei Herangehensweisen stützen:

- Bei der *externen Personalrekrutierung* werden Personenkreise außerhalb der eigenen Organisation in den Blick genommen. Hierfür sind insbesondere schriftliche Stellenausschreibungen kennzeichnend, mit denen die organisationalen Erwartungen an potenzielle Bewerber formuliert und beispielsweise in Form von Inseraten in Fachzeitschriften, auf einschlägigen Recruiting-/Stellenportalen im Internet, oder auf der eigenen Homepage veröffentlicht werden. Eine weitere Möglichkeit besteht in der direkten Ansprache von Kandidaten, also einem aktiven Herangehen an Personen, die aus Organisationsperspektive für die Besetzung der offenen Stelle als geeignet erachtet werden. Neben Bewerbergesprächen oder expliziten Recruitingveranstaltungen spielen dabei in der Praxis häufig auch Empfehlungen von Geschäftspartnern oder spezialisierten Vermittlern (Personalagenturen) eine wichtige Rolle.
- Die *interne Personalrekrutierung* fokussiert hingegen Personenkreise, die bereits Mitglieder oder Mitarbeiter der eigenen Organisation sind und entsprechend von ihren aktuellen Stellen versetzt werden können. Vorteile dieser Herangehensweise liegen insbesondere in der bereits erworbenen Vertrautheit der Personen mit den organisationsinternen Verhältnissen sowie in der Möglichkeit, potenzielle Kandidaten vorab längerfristig zu beobachten und zu beurteilen. Als nachteilig kann sich allerdings das hiermit verbundene Risiko einer organisationalen Abschottung und Betriebsblindheit erweisen, das langfristig für die Innovationskraft oder die Anschlussfähigkeit der Organisation an relevante Branchenentwicklungen Nachteile mit sich bringen kann (vgl. Schlesinger & Nagel, 2012, S. 230–231; Manz, 2012, S. 721–724).

Die Festlegung organisationsinterner, horizontal und vertikal differenzierter Kommunikationswege ist wesentlicher Bestandteil des organisationalen Setups von Spielbetriebsgesellschaften. Neben der Differenzierung fachlicher Geschäfts- und Aufgabenbereiche geht es dabei vor allem um die Klärung hierarchischer Befugnisse und interner Informationsflüsse. Unterhalb der Geschäftsbereichs- und Abteilungsebene gilt es, die jeweiligen fachlichen und hierarchischen Kompetenzen auf Stellen zu bündeln und diesen konkrete Personen zuzuordnen. Personalentscheidungen sind dabei für Organisationen mit vergleichsweise hohen Risiken verbunden.

3 Regulierung von Ligawettbewerben

Die in Kapitel 2 ausführlich beschriebenen Organisationsstrukturen des Teamsports fungieren als unverzichtbarer Rahmen für die Ligawettbewerbe. Der sportliche Wettstreit zwischen einer bestimmten Anzahl von Teams in einer zeitlich abgegrenzten Spielzeit und deren Reihung nach ihrer sportlichen Leistungsfähigkeit stellen das eigentliche Produkt, *den Kern* des Profiteamsports dar. Für die Ligaorganisationen folgt hieraus die Verpflichtung, ihre Ligawettbewerbe möglichst reibungslos und den Erwartungen relevanter Stakeholder und Anspruchsgruppen entsprechend durchzuführen. Dies setzt eine Regulierung sowohl der Teilnahmebedingungen als auch der Durchführungsmodalitäten voraus, um einen für das Publikum attraktivitätssteigernden Zusammenhang zwischen den einzelnen Spielen herstellen und in Form einer Rangliste/Tabelle visualisieren zu können. In der Managementpraxis wird mittels differenzierter Lizenzierungsverfahren sichergestellt, dass alle Ligateilnehmer finanziell tragfähige Geschäftsmodelle verfolgen und einheitlichen Professionalitätsansprüchen genügen. Auf diese Weise sollen über das gesamte – aus den einzelnen Spielen bestehende – Ligageschehen hinweg gleich bleibende Qualitätsstandards gewährleistet werden.

> Die Auseinandersetzung mit Fragen der Regulierung von Ligawettbewerben des Teamsports knüpft an die in Kapitel 3.4 und 3.5 der „Grundlagen des Sportmanagements" dargestellten Kernthemen an, insbesondere die Lizenzierungsverfahren und die Beschränkung von Einflussnahmen Dritter auf Teamsportorganisationen (vgl. Fahrner, 2014, S. 132–154).

Die Attraktivität der Ligawettbewerbe des Profiteamsports als massentaugliche Unterhaltungsangebote ergibt sich u. a.

- aus den *außergewöhnlichen körperlichen Leistungen* der Spieler: Nur wenige besonders talentierte oder trainingseifrige Athleten verfügen nach langem und intensivem Training über die erforderlichen körperlichen Fähigkeiten und Fertigkeiten z. B. für Angriffsschläge im Volleyball oder besondere Wurf- und Sprungtechniken im Handball und Basketball.
- aus dem *unvorhersehbaren Spielausgang* und damit einhergehenden *Spannungsmomenten*: Bis zum Schlusspfiff können spielentscheidende Dinge passieren, etwa Tore geschossen, Platzverweise ausgesprochen oder Elfmeterentscheidungen getroffen werden. Diese Ungewissheit wird durch die Wettkampfsituation verschärft, denn trotz bester Trainingsvorbereitung können z. B. exzellente Torschüsse vom gegnerischen Abwehrspieler oder vom Torwart vereitelt werden – ein Merkmal, das Spitzensport grundsätzlich von Zirkusdarbietungen unterscheidet.
- aus den außergewöhnlichen Gelegenheiten, als Zuschauer *Emotionen* offensiv *auszuleben*: Für Sportzuschauer typische Verhaltensweisen wie Aufspringen, Schreien oder Klat-

schen, mit denen Emotionen üblicherweise zum Ausdruck gebracht werden, sind beispielsweise in den Stadien sozial anerkannt und erwünscht – während sie ansonsten in der Gesellschaft selten als angemessen gelten.
- aus der Teilnahme von Teams, Spielern und Trainern, die dem Publikum als besondere *Identifikationsobjekte* und damit als Anknüpfungspunkte einer gemeinschaftlichen Identität dienen können. Eine entsprechend zeitstabile Identifikation erfordert neben der Entwicklung eigenständiger (Marken-)Profile der Bundesligisten auch deren massenmediale Verankerung in der Kommunikation mit dem Publikum (vgl. Riedl, 2006, S. 120–153; Riedl, 2008, S. 221–250).

3.1 Konstitution und Rahmenbedingungen

Zentrale Aufgabe der Ligaorganisationen ist es, dafür zu sorgen, dass ihre Ligawettbewerbe Spannung, Emotion und Identifikation ermöglichen – und zwar möglichst vom ersten bis zum letzten Spieltag einer Saison. Zentrale Hebel der Einflussnahme sind hierbei die Anzahl der teilnehmenden Mannschaften, die Anzahl der Spielpaarungen sowie die Teilnahmerechte der Bundesligisten, welche in Form spezifischer Lizenzierungsverfahren vergeben. Hierfür werden aus Ligaperspektive relevante Kriterien definiert, denen Lizenznehmer vor Beginn einer Spielzeit entsprechen müssen. Jeder potenzielle Teilnehmer eines Ligawettbewerbs muss folglich bei der jeweiligen Ligaorganisation eine Lizenz beantragen, die ihm für eine Spielzeit befristet die Teilnahme an den sportlichen Wettkämpfen ermöglicht (vgl. Holzhäuser, Felix, 2012a; 2012b, S. 166–171).

Die Auseinandersetzung mit den Rahmenbedingungen von Ligawettbewerben knüpft an die in Kapitel 3.4 der „Grundlagen des Sportmanagements" skizzierten Kernthemen der Lizenzierungsverfahren an (vgl. Fahrner, 2014, S. 132–148).

Lernziele des Kapitels
Die Leser erkennen, inwiefern über die Ausgestaltung von Teilnahmerechten der Charakter von Ligawettbewerben geprägt werden kann.
Sie lernen relevante Lizenzierungskriterien und typische Zeitabläufe der Lizenzierungsverfahren kennen.
Sie setzen sich mit Entscheidungsspielräumen der Ligaorganisationen hinsichtlich Wettbewerbsformat und Rahmenterminplanung auseinander und reflektieren deren Einfluss auf ökonomische Verwertungspotenziale der Ligawettbewerbe.

Der in einer Liga zusammengefasste sportliche Wettstreit ausgewählter, zumeist sportlich qualifizierter Mannschaften, gibt den einzelnen Spielpaarungen im Hinblick auf das Gesamtprodukt und die (Abschluss-)Tabelle eine umfassende Bedeutung und einen höheren Sinn. Die in zeitlicher Folge regelmäßig und unter gleichen Rahmenbedingungen stattfindenden Ligaspiele der gleichen Mannschaften begünstigen auf Seiten des Publikums Gewöhnungs- und Identifikationseffekte, was für die ökonomische Verwertung der Ligawettbewerbe enorm bedeutsam ist (vgl. Meier, 2012, S. 74). Vor diesem Hintergrund gilt es, das Gesamtprodukt möglichst verlässlich und den Erwartungen relevanter Bezugsgruppen entsprechend durchzuführen.

3.1 Konstitution und Rahmenbedingungen

Hierfür sind alle Beteiligten möglichst auf einheitliche Professionalitäts- und Qualitätskriterien zu verpflichten.

3.1.1 Teilnahmerechte und Lizenzierungsverfahren

Die meisten Teamsportligen in Europa haben sich über längere Zeiträume, häufig über viele Jahrzehnte, zu ihrem aktuellen Erscheinungsbild hin entwickelt. Folglich ist ihre Grundkonstitution meist historisch begründet, sodass für das Management jeweils nur (mehr oder weniger) enge Entscheidungsspielräume und Entwicklungskorridore existieren.

Teilnahmerechte
Ligawettbewerbe sind grundsätzlich dadurch charakterisiert, dass im Verlauf einer zeitlich fixierten Spielzeit eine vorab festgelegte Anzahl an Teams am sportlichen Wettstreit teilnimmt und wechselseitig zu Spielpaarungen antritt – bis der jeweilige Gesamtsieger der Meisterschaft feststeht. Die Entscheidung über Teilnahmeberechtigungen von Klubs obliegt dabei typischerweise der jeweiligen Ligaorganisation.

Während der letzten Spielzeiten registrierte Ligaorganisation L, dass Klubs immer wieder in wirtschaftliche Schwierigkeiten gerieten. Die Klubmanager wünschen sich deshalb mehr Ligaspiele, um ihre Hallen besser auslasten und die Ticketerlöse steigern zu können. Auch drängen sie auf längerfristige wirtschaftliche und sportliche Sicherheiten, die ihre Investitionen in den Spielbetrieb besser rechtfertigen lassen. In diesem Zusammenhang fällt auch die Forderung nach der Abschaffung der bislang praktizierten Auf- und Abstiegsregelungen. Da außerdem die Ergebnisse von Marktforschungsstudien zeigen, dass die Liga zuletzt an Attraktivität beim Publikum eingebüßt hat, setzt L eine Arbeitsgruppe ein, die potenzielle Alternativen ausarbeiten und bewerten soll.

1. Welche Überlegungen hinsichtlich Anzahl, regionaler Verteilung und sportlicher Qualität der am Ligawettbewerb teilnehmenden Mannschaften können aus Ligaperspektive bedeutsam sein?
2. Inwiefern können Ligaorganisationen über die Gestaltung der Teilnahmebedingungen die Charakteristik ihrer Ligawettbewerbe beeinflussen?
3. Welche Argumente sprechen für/wider offene Ligawettbewerbe, d. h., für/wider das Grundprinzip „Teilnahmerecht nur bei sportlicher Qualifikation"?

Das Gesamtprodukt Ligawettbewerb wird von einer Vielzahl von Faktoren beeinflusst. Dabei ergibt sich für das Management bereits aus wenigen Kriterien ein *Spannungsfeld*, das nicht ohne weiteres ausgeglichen werden kann: Die *Anzahl* der miteinander konkurrierenden Mannschaften determiniert wesentlich die Gesamtzahl der Spielpaarungen sowie die zeitliche Häufigkeit von Ligaspielen während einer Saison, was u. a. für die Auslastung der Stadien/Hallen der Bundesligisten, aber auch für die Gesamtbelastung der Spieler, relevant ist. Außerdem kann davon ausgegangen werden, dass eine höhere Anzahl von Teams den sportlichen Wettbewerb verschärft – vorausgesetzt, das Leistungsniveau der Klubs ist untereinander weitgehend ausgeglichen. Hinsichtlich der *regionalen Verteilung* der Mannschaften einer Liga ist grundsätzlich eine gleichmäßige Abdeckung erstrebenswert, da auf diese Weise potenzielle Zielgruppen – vor allem Stadionzuschauer/Fans, Sponsoren – möglichst überschneidungsfrei angesprochen und entsprechende geografische Einzugsgebiete von den Klubs wirtschaftlich bearbeitet werden können. Eine Vielzahl an Spielen und ein überschneidungsfreies Einzugsgebiet allein sind für das Gesamtprodukt Ligawettbewerb jedoch bei weitem nicht ausreichend. Für eine hohe Publikumsattraktivität sind außerdem eine möglichst hohe *sportliche Qualität* der Teams insgesamt sowie ein möglichst *ausgeglichenes Leistungsniveau* der Mannschaften erstrebenswert (vgl. Kap. 3.2.1). Je mehr Teams in einer Liga mitspielen, umso mehr Spiele sind notwendig. Gleichzeitig wird damit ein ausgeglichenes Leistungsniveau weniger wahrscheinlich und eine Aufteilung des Bundesgebiets in überschneidungsfreie Einzugsgebiete der Klubs wird schwieriger.

Über die von den Ligaorganisationen vergebenen Teilnahmerechte lassen sich also grundlegende Charakteristika des Gesamtprodukts Ligawettbewerb beeinflussen. Dabei ist wesentlich von Bedeutung, ob man einen „offenen" oder einen „geschlossenen" Ligawettbewerb konstituiert.

- *Offene Ligen* „basieren auf dem Relegations- und Promotionsprinzip. Für einen Club besteht damit die Möglichkeit, bei hinreichendem sportlichem Erfolg aus einer unteren Liga aufzusteigen. Damit ist zugleich die Gefahr eines Abstiegs in eine untergeordnete Liga bei unzureichender sportlicher Leistung ... verbunden" (Daumann, 2012, S. 9).
- *Geschlossene Ligen* hingegen kennen „das Relegations- und Promotionsprinzip nicht; ... Die Aufnahme eines Clubs in eine geschlossene Liga erfordert daher den Erwerb des Teilnahmerechts; dieser ... kann wiederum an die Zustimmung der vorhandenen Ligaclubs geknüpft sein" (Daumann, 2012, S. 9).

Das für offene Ligawettbewerbe konstitutive Prinzip des sportlichen Auf-/Abstiegs kann je nach Sichtweise Vor- oder Nachteile haben: Einerseits werten Auf-/Abstieg – ggf. umgesetzt mittels Relegationsspielen – die Spielpaarungen sportlich auf: Beim Kampf gegen den Abstieg oder um einen möglichen Aufstieg steht für die Teams viel auf dem Spiel, was Spannung und Attraktivität der sportlichen Auseinandersetzung erhöht. Die grundsätzliche Chance/Gefahr des Auf-/Abstiegs kann außerdem zu einer höheren Spielstärke des Ligawettbewerbs insgesamt führen, da Klubs danach streben, ihre sportlichen Chancen durch Investitionen in den Spielbetrieb zu steigern – um den Abstieg zu vermeiden oder den Aufstieg zu erreichen. Zudem reduziert sich bei offenen Ligen „die Gefahr der Bildung von Konkurrenzligen ..., da Clubs, die in prosperierenden Regionen erhebliche Einnahmenströme generieren können, in die höchste Liga aufsteigen können" (Daumann, 2012, S. 10). Andererseits können Auf-/Abstieg zu einem insgesamt weniger ausgeglichenen sportlichen Wettbewerb beitragen, etwa wenn leistungsschwächere Teams aufsteigen oder bereits vor dem letzten Spieltag feststehende Abstiegskandidaten nicht mehr angemessen in ihren Spielbetrieb investieren. Außerdem kann den Klubs keine territoriale Exklusivität zugesichert werden, weshalb prinzipiell regionale Konkurrenzsituationen möglich sind (vgl. Daumann, 2012, S. 9–10). Dies führt allerdings im Gegenzug auch zu publikumsattraktiven „Derbys" mit hohem Mobilisierungspotenzial beim Publikum.

Anders als in den USA sind in Europa die meisten Sportligen als offene Ligen konzipiert. In Deutschland ist die DEL als einzige Liga des Profiteamsports ohne Auf-/Abstieg und somit als geschlossener Wettbewerb konstituiert.

Lizenzierungsverfahren

Die Ligaorganisationen haben für die Zulassung der Teams zum Ligaspielbetrieb differenzierte und aufwändige Lizenzierungsverfahren etabliert, die von Lizenzierungskommissionen/-ausschüssen durchgeführt und teilweise von nachgelagerten Experten- und Gutachterausschüssen

3.1 Konstitution und Rahmenbedingungen

evaluiert werden. Im Rahmen der Lizenzierungsverfahren geht es darum, auf der Grundlage belastbarer Daten eine Zulassung zum Ligawettbewerb zu prüfen. Vor diesem Hintergrund arbeiten die Ligaorganisationen mit ihren spezifischen Gremien und Abteilungen praktisch über das gesamte Kalenderjahr hinweg an diesen Themen. Gleichzeitig sind damit auch auf Seite der Klubs umfangreiche Managementaufgaben verbunden, die spezifische Fachkompetenz und -personal erfordern. Zentrale Eckwerte des zeitlichen Ablaufs von Lizenzierungsverfahren und Fristen für das Einreichen von Lizenzanträgen bei DFL, HBL und BBL zeigt Abbildung 13. Für Aufsteiger aus den Dritten Ligen oder den Regionalligen gelten teilweise abweichende Fristenregelungen. Im Volleyball sind Lizenzanträge zur 1. Bundesliga bis 1. April sowie Nachweise der wirtschaftlichen Leistungsfähigkeit bis 15. April bei der DVL einzureichen (vgl. Nr. 3 und 12, DVL-Lizenzstatut).

Die Lizenz – und damit die Teilnahmeberechtigung am Ligawettbewerb – stellt eine vertragliche Vereinbarung zwischen Ligaorganisation und Klubs dar, deren Abschluss an die Erfüllung bestimmter Leistungs- und Qualitätskriterien gebunden ist (vgl. ausführlich Holzhäuser, Felix, 2012b, S. 166–171). Bei Nichterfüllung der Anforderungen und Bedingungen können die Ligen entweder die Lizenzerteilung verweigern, Geldstrafen verhängen oder Punktabzüge für die nächste Spielzeit festlegen.

Finanzielle Lizenzierungskriterien – Nachweis wirtschaftlicher Leistungsfähigkeit
Ein zentraler Baustein der Lizenzierungsverfahren ist der Nachweis wirtschaftlicher Leistungsfähigkeit, weshalb die Klubs vor Beginn einer Spielzeit definierte finanzielle Kriterien erfüllen müssen.

> Ligaorganisation L war in der Vergangenheit immer wieder damit konfrontiert, dass Klubs im Spannungsfeld zwischen sportlichen und wirtschaftlichen Zielsetzungen zu einer Ausgabenmaximierung im Spielbetrieb tendierten, auch wenn hierfür erforderliche finanzielle Ressourcen aktuell nicht vorhanden waren. In Verfolgung hoher sportlicher Ziele haben zahlreiche Klubs auf wirtschaftlich weniger nachhaltige Geschäftsmodelle gebaut, die in manchen Fällen sogar in die Insolvenz führten. Vor diesem Hintergrund will L möglichst sicherstellen, dass zukünftig kein Bundesligist wegen wirtschaftlicher Probleme vor Ablauf der Spielzeit ausscheidet oder als „wirtschaftlicher Absteiger" den sportlichen Wettbewerb ganz aushebelt. Es gilt also, von den Klubs möglichst aussagekräftige Nachweise bezogen auf deren wirtschaftliche Leistungsfähigkeit einzufordern.
> 1. Inwiefern und in welcher Form müssen die Klubs typischerweise ihre wirtschaftliche Leistungsfähigkeit gegenüber den Ligen nachweisen?
> 2. Mit welchen Einschränkungen müssen die Ligaorganisationen bei der Überprüfung dieser finanziellen Kriterien umgehen?

Im Spitzensport schwingt in allen Entscheidungssituationen latent die Zieldimension „sportliche Leistungsfähigkeit" mit, weshalb für das Management zwangsläufig ein Spannungsfeld zwischen sportlichen und ökonomischen Erfolgserwartungen entsteht. Investitionen in Spieler, Trainer und Trainingsumfeld können sportliche Erfolgsaussichten verbessern und möglicherweise auch wirtschaftliche Erfolge nach sich ziehen. Die enorme Ungewissheit und die zeitliche Verzögerung etwaiger positiver Zusammenhänge zwischen Spielbetriebsinvestitionen, sportlichem und wirtschaftlichem Erfolg bergen für das Management im Profisport jedoch typischerweise die *Gefahr von Überinvestitionen*. Um zu verhindern, dass wirtschaftliche Insolvenzen während einer Spielzeit beispielsweise zum Zwangsabstieg führen und damit sportliche Wettbewerbe verzerrt oder außer Kraft gesetzt werden, fordern Ligaorganisationen von den Klubs den *Nachweis von Zahlungsfähigkeit*. Dies soll sicherstellen, dass jeder „der Lizenzbewerber aufgrund seiner Liquiditätsverhältnisse in der Lage sein wird, den Spielbetrieb für die kommende Spielzeit aufrecht zu erhalten" (Galli, 2010, S. 184).

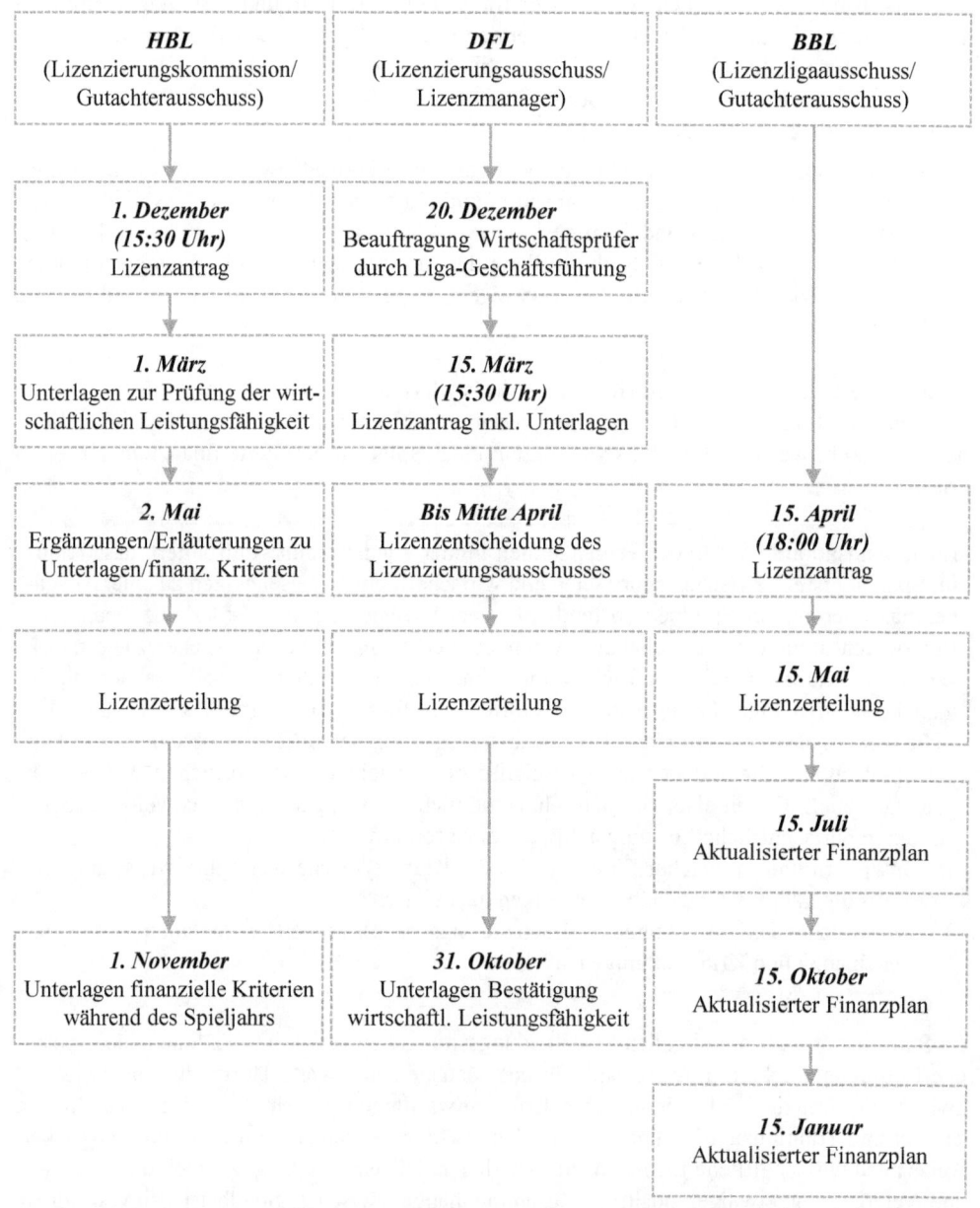

Abb.13: Schematischer Ablauf der Lizenzierungsverfahren von HBL, DFL und BBL (vgl. § 8a, Anhang X, DFL-Lizenzierungsordnung; §§ 2, 6–8 HBL-Lizenzierungsrichtlinien; §§ 3, 11, 13 BBL-Lizenzstatut).

3.1 Konstitution und Rahmenbedingungen

Typischerweise bezieht sich diese Prüfung der wirtschaftlichen Leistungsfähigkeit auf Daten aus den Jahresabschlüssen der Klubs (vgl. Kap. 2.3.2) sowie hierauf basierenden Kapitalfluss- und Plan-Gewinn/Verlustrechnungen. Übergeordnete Zielsetzung ist dabei, einen Einblick in die Liquiditäts- und Vermögenslage zu erhalten und Zahlungsunfähigkeit der Klubs im Verlauf einer Spielzeit zu verhindern. Die zu diesem Zweck geforderten Vorlagen *wirtschaftlicher Kennziffern* sind dabei insbesondere

- eine Konzernbilanz zum 31.12.t-1 (t = aktuelles Jahr).
- eine Konzern-Gewinn- und Verlustrechnung für die erste Hälfte des laufenden Spieljahres (01.07.t-1 bis 31.12.t-1).
- eine Kapitalflussrechnung für die erste Hälfte des laufenden Spieljahres (01.07.t-1 bis 31.12.t-1).
- Konzern-Plan-Gewinn- und Verlustrechnungen für die zweite Hälfte des laufenden Spieljahres (01.01.t bis 30.06.t) und für die kommende Spielzeit (01.07.t bis 30.06.t+1) mit den Istzahlen für das abgelaufene Spieljahr (01.07.t-2 bis 30.06.t-1) und für die erste Hälfte des abgelaufenen Spieljahres (01.07.t-1 bis 31.12.t-1).

Im *Fußball* müssen als Kapitalgesellschaften verfasste Bundesligisten bei einer erstmaligen Lizenzerteilung außerdem „darlegen, dass das gezeichnete Kapital (§ 272 Abs. 1 HGB) mindestens € 2.500.000 beträgt. Für Aufsteiger in die 2. Bundesliga kann der Ligaverband Ausnahmegenehmigungen erteilen" (§ 8 Nr. 9, DFL-Lizenzierungsordnung). Auf Verlangen der DFL müssen die Klubs wesentliche Verträge der Vermarktung und des Spielbetriebs sowie Dokumente zur Beurteilung der wirtschaftlichen Gesamtsituation vorlegen, insbesondere Werbe- und Sponsorenverträge (vgl. § 8 Nr. 5, DFL-Lizenzierungsordnung).

Im *Handball* fordert die HBL außerdem u. a. Angaben über *Forecast-Werbeerlöse* für das laufende und kommende Spieljahr. Alle Unterlagen sind nicht nur von einem Wirtschaftsberater zu prüfen, erforderlich ist auch eine Plausibilitätsbeurteilung durch einen Steuerberater (vgl. Anhang I, Teil 1A, HBL-Lizenzierungsrichtlinien). Der Wirtschaftsprüfer wiederum hat ebenfalls „zu prüfen, ob der Lizenzbewerber in seiner Bilanz zum 31.12.t-1 Verbindlichkeiten gegenüber seinen Angestellten und aus den damit korrespondieren Sozialabgaben und/oder Lohnsteuern ausweist, die bereits vor dem 31.12.t-1 fällig waren und somit überfällige Verbindlichkeiten darstellen" (Anhang I, Teil 1B, HBL-Lizenzierungsrichtlinien). Darüber hinaus umfasst der Forderungskatalog der HBL explizite Vorgaben hinsichtlich des *bilanziellen Eigenkapitals* der Klubs. Wurde zum 31.12.2012 ein negatives Eigenkapital ausgewiesen, muss sich dieses „bis zum 31.12.2013 um mindestens 10%, bis zum 31.12.2014 um insgesamt mindestens 20% und bis zum 31.12.2015 um insgesamt mindestens 30% verbessern. Wird ... [dies; M F.] nicht erreicht, hat dies jeweils die Verhängung einer Geldstrafe in Höhe von 15% der Abweichung vom zu erreichenden Zielbetrag zur Folge. Wird die Verbesserung um insgesamt mindestens 30% bis zum 31.12.2015 nicht erreicht, hat dies die Aberkennung von 4 Pluspunkten für das Spieljahr 2015/2016 zur Folge" (§ 6c, HBL-Lizenzierungsrichtlinien).

Im *Basketball* erwartet die BBL ebenfalls eine Erfolgsplanungsrechnung für das kommende Spieljahr, die auf der Erlösseite mindestens eine Mio. Euro ausweist und bei allen Einzelpositionen Abweichungen zum Vorjahr von mehr als 10% ausführlich erläutert. Darüber hinaus müssen die Klubs „Unbedenklichkeitsbescheinigungen der Sozialversicherungsträger, des zuständigen Finanzamtes und der Verwaltungsberufsgenossenschaft" (§ 5, BBL-Lizenzstatut) vorlegen. Solche „Unbedenklichkeitsbescheinigungen von Finanzamt, Krankenkassen und Berufsgenossenschaft" (Nr. 12, DVL-Lizenzstatut) sind auch im Forderungskatalog der DVL gegenüber den *Volleyball*-Klubs enthalten. Die unterschiedlichen wirtschaftlichen Maßstäbe zwischen den Sportarten illustriert auch der seitens der DVL geforderte Mindestetat der Klubs von jeweils 150.000 Euro, wobei hiervon mindestens fünf Prozent für das PR/Marketing-Budget der Klubs reserviert sein müssen (vgl. Nr. 12, DVL-Lizenzstatut).

Um die wirtschaftliche Leistungsfähigkeit der Klubs nicht nur zu einem Stichtag, sondern auch *saisonbegleitend* prüfen zu können, sind die Ligaorganisationen dazu übergegangen, von den Bundesligisten auch während der jeweils laufenden Spielzeit aktualisierte Daten zu den o. g. wirtschaftlichen Kennziffern einzufordern (vgl. Abb. 13). Die umfangreiche Datenlage ermöglicht einen differenzierten Einblick in die finanzwirtschaftliche Situation der Bundesligisten. Um der Richtigkeit der Klubangaben vertrauen zu können, sind sie durch entsprechende Überprüfungen und Bestätigungen von Wirtschaftsprüfungsgesellschaften abzusichern. Gleichwohl „ist die Lizenzierungspraxis kaum geeignet, ein fundiertes Bild des wirtschaftlichen Leistungsvermögens zu zeichnen. Lizenzierungsverfahren sind regelmäßig auf eine kurzfristige, primär liquiditätsorientierte Analyseperspektive fokussiert ... Auch ein Teamsportclub, der negative Jahresergebnisse erwirtschaftet ..., kann regelmäßig die Lizenz erhalten, wenn es ihm gelingt, mittels Kreditaufnahmen oder dergleichen seine Liquidität zu wahren" (Keller, 2012, S. 128–129).

Diesem Defizit wird zwar mittlerweile verstärkt Aufmerksamkeit gewidmet. Doch bislang hat nur die UEFA mit ihren Regelungen zum Financial Fair Play ein entsprechendes Monitoring eingeführt (vgl. Kap. 3.2.1).

Infrastrukturelle Lizenzierungskriterien – Nachweis spieltechnischer Einrichtungen
Der Nachweis sportartspezifischer spieltechnischer Einrichtungen und das Erfüllen weiterer infrastruktureller Kriterien ist ein weiterer wichtiger Baustein der Lizenzierungsverfahren, um an allen Spielorten regelkonforme und einheitliche Qualitätsstandards der Spielstätten gewährleisten zu können.

> Ligaorganisation L fordert an allen Spielorten ihres Ligawettbewerbs eine gemäß internationaler Vorgaben regelkonforme Spielinfrastruktur, um die Vergleichbarkeit der Wettkampfergebnisse und die Anschlussfähigkeit der Bundesligisten an internationale Klubwettbewerbe gewährleisten zu können. Doch nicht nur auf sportlicher Ebene strebt L vergleichbare Rahmenbedingungen an. Auch dem Publikum sollen über den gesamten Spielbetrieb hinweg einheitlichen Qualitätsstandards entsprechende Unterhaltungserlebnisse geboten werden. Vor diesem Hintergrund definiert L Standards, denen die Sportstätten der Bundesligisten entsprechen sollen.
> 1. Welche Forderungen richten die Ligaorganisationen an die spieltechnischen Einrichtungen der Bundesligisten?
> 2. Welche weiteren infrastrukturellen Bedingungen sind von den Bundesligisten zu erfüllen?

Zunächst müssen die Spielstätten der Bundesligisten jeweils den gesetzlichen Bauvorschriften entsprechen und von den zuständigen *Bauaufsichtsbehörden* genehmigt sein (vgl. u. a. § 6, DFL-Lizenzierungsordnung; § 6, BBL-Lizenzstatut). Ferner muss die spieltechnische Infrastruktur den jeweils aktuell gültigen internationalen Regelwerken der Sportart zu entsprechen, um Wettkampfergebnisse aller Spielorte vergleichbar zu machen und den Bundesligisten au-

3.1 Konstitution und Rahmenbedingungen

ßerdem die Qualifikation zu internationalen Klubwettbewerben zu ermöglichen. In diesem Zusammenhang ergeben sich spezifische infrastrukturelle Anforderungen an die Sportstätten, die dem Klubmanagement insbesondere bei der Nutzung kommunaler Sportstätten mitunter erhebliche Schwierigkeiten bereiten können. Beispielsweise fordert

- die *DFL* von den Bundesligisten u. a. ein Spielfeld mit Naturrasen-Spielfläche, das differenzierten Qualitätsmaßstäben der DFL entspricht. Zum Beispiel muss das Spielfeld „während der gesamten Spielzeit für die Wettbewerbe des Ligaverbandes, des DFB und der UEFA bespielbar sein ... und ... eine Rasenheizung haben" (§ 6, DFL-Lizenzierungsordnung).
- die *HBL* eine Spielhalle, die u. a. eine Spielfläche von 40x20 Meter und über dem Spielfeld eine lichte Hallenhöhe von sieben Metern aufweist. „Die lichte Hallenhöhe über den äußeren 3 Metern des Spielfeldes kann in allen Richtungen geradlinig oder gewölbt von 7 auf 5,5 Meter abfallen" (§ 5, HBL-Lizenzierungsrichtlinien). Außerdem müssen um das Spielfeld Sicherheitszonen vorhanden sein, z. B. „mindestens 2 Meter hinter der Tor- und Torauslinie und mindestens 0,5 Meter neben den Seitenlinien ... Hallen ohne Zuschauerplätze hinter Tor- und Torauslinie müssen einen Mindestabstand zwischen Tor- und Torauslinie zur Hallenwand von 1,50 Meter vorweisen. Die Hallenwand muss auf der kompletten Länge mit mindestens 10 cm dickem Schaumstoff (oder ähnlichem) abgedeckt oder gesichert werden" (§ 5, HBL-Lizenzierungsrichtlinien).
- die *BBL* in den Spielhallen eine Ausstattung mit Parkettboden. Dieser „darf nur die Linien und Markierungen enthalten, die für den Basketball-Spielbetrieb vorgeschrieben sind" (Nr. 3.1, BBL-Standards). Rund um das Spielfeld muss ein Sicherheitsabstand von zwei Metern bestehen.
- die *DVL* Spielhallen, die an der niedrigsten Stelle über der Spielfläche mindestens neun Meter hoch sind und über ein farbig abgesetztes Spielfeld verfügen. Außerdem sind um das Spielfeld Freizonen erforderlich: Acht Meter hinter der Grundlinie sowie zwischen drei und fünf Meter neben den Seitenlinien (vgl. Nr. 9, DVL-Lizenzstatut).

Neben diesen spieltechnischen Anforderungen im engeren Sinne streben die Ligaorganisationen auch nach standardisierten Infrastrukturbedingungen der Medienberichterstattung, insbesondere bei einer Übertragung der Spiele mittels Fernsehkameras. Die Arbeitsbedingungen vor Ort sollen möglichst allen technischen Anforderungen und Erwartungen der Medienunternehmen entsprechen. Für die Arbeit von Medienvertretern hat die DFL die am weitest gehenden Regelungen und Vorgaben aufgestellt. Diese umfassen u. a. infrastrukturelle Anforderungen im Stadion hinsichtlich eines Pressekonferenzraums (Größe, Erreichbarkeit, Ausstattung), eines Medienarbeitsraums (zehn Arbeitsplätze mit technischer Einrichtung), eines Fotografenarbeitsraums, einer Mixed-Zone sowie einer Flash-Interview-Zone. Auch existieren differenzierte infrastrukturelle Vorgaben hinsichtlich der Fernsehproduktion, insbesondere zur Kamerapositionierung. Schließlich muss im Stadion auch ein Fernsehstudio vorhanden sein (vgl. Nr. 2.2–2.6, Anhang XI, DFL-Lizenzierungsordnung). Beispielhafte Forderungen der anderen Ligen sind u. a. bei der HBL, dass dem übertragenden TV-Sender „zur Kamerapositionierung ... ein Podest mit ausreichend Platz für 2 Kameras (4x2 Meter) auf Höhe der Spielfeldmitte ... sowie ein Podest hinter einem der Tore (2x2 Meter)" (§ 5, HBL-Lizenzierungsrichtlinien) zugesichert wird. Die Kamerapositionen müssen erhöht sein, einen ausreichenden Abstand zum Spielfeld einhalten und ohne Sichtbeeinträchtigung etwa durch Zuschauer sein (vgl. § 5, HBL-Lizenzierungsrichtlinien). Bei der BBL müssen am Spielfeldrand mindestens zehn

Tischarbeitsplätze mit Stromanschluss für Medienvertreter und weitere Berichterstattungs-Plätze für Live-TV-Übertragungen vorgehalten werden (vgl. Nr. 5.2.3, BBL-Standards).

Insbesondere in Sporthallen stellt außerdem die *Beleuchtung* eine wichtige Bedingung qualitativ anspruchsvoller *Bewegtbildaufnahmen* dar. Beispielsweise fordert die HBL 1,5 Meter über der Spielfläche eine Lichtstärke von mindestens 1200 LUX, über den Zuschauerrängen im Unterrang von mindestens 900 Lux (vgl. § 5, HBL-Lizenzierungsrichtlinien). Die BBL wiederum fordert in einem Zeitraum von 60 Minuten vor bis 30 Minuten nach dem Spiel eine Spielfeldbeleuchtung mit einer „Beleuchtungsstärke ab 1.000 Lux aufwärts" (Nr. 4.6, BBL-Standards). Und die DVL erwartet eine Beleuchtung mit Lichtstärke mindestens 1.000 Lux, „gemessen 1 m über der gesamten Spielfläche ... Das Licht darf nicht blendend sein und darf keine Schatten auf der Spielfläche werfen" (Nr. 9, DVL-Lizenzstatut).

Schließlich werden auch Mindestbedingungen hinsichtlich der *Zuschauerkapazität* der Sportstätten definiert. In der HBL müssen „die für den Spielbetrieb der Erstligisten zugelassenen Hallen ... ein Fassungsvermögen von mindestens 2.250 Zuschauern haben. Von dem Fassungsvermögen müssen mindestens 60% der Plätze Sitzplätze sein; ... in Hallen der 1. Bundesliga müssen auf beiden Längsseiten des Spielfeldes Tribünen vorhanden sein. Unter einer Tribüne ist zu verstehen, dass mindestens 7 Sitzplatzreihen übereinander angeordnet sein müssen" (§ 5, HBL-Lizenzierungsrichtlinien). Die BBL definiert ein Fassungsvermögen von mindestens 3.000 Zuschauern (vgl. § 6, BBL-Lizenzstatut), in der DVL muss „die Zuschauerkapazität ... mindestens 1.000 Plätze betragen" (Nr. 9, DVL-Lizenzstatut).

Über die in diesem Teilkapitel beispielhaft thematisierten Lizenzierungskriterien hinaus sind weitere Kriterien wesentliche Bestandteile der Lizenzierungsverfahren, die im vorliegenden Lehrbuch z. T. an anderer Stelle platziert sind. Beispielsweise sind Nachweise hinsichtlich rechtlicher, administrativer und personeller Vorgaben zu erbringen, d. h., Auflagen zur Organisations- und Rechtsform (vgl. Kap. 2.2.2), zum Stellenplan/Personal (vgl. Kap. 2.3.2) oder zur Einhaltung kartellrechtlicher Bestimmungen (vgl. Kap. 3.2) zu erfüllen. Sicherheitstechnische Aspekte sowie Auflagen zur Nachwuchsförderung werden aus Platzgründen weitgehend ausgeklammert.

> Über die von den Ligaorganisationen vergebenen Teilnahmerechte an den Ligawettbewerben lassen sich grundlegende Charakteristika des Gesamtprodukts Profiteamsport beeinflussen. Dabei ist von Bedeutung, ob man einen „offenen" oder einen „geschlossenen" Ligawettbewerb konstituiert. Professionalität und Qualität der am Ligawettbewerb teilnehmen Klubs sichern die Ligen über differenzierte Lizenzierungsverfahren ab. In diesem Zusammenhang werden die Bundesligisten hinsichtlich verschiedener Leistungsdimensionen analysiert, insbesondere mit Blick auf wirtschaftliche, infrastrukturelle und medientechnische Kriterien. Übergreifendes Ziel ist dabei die Absicherung eines einheitlichen, qualitativ anspruchsvollen Gesamtprodukts, das den Erwartungshaltungen des Publikums – Massenmedien, Sponsoren, Zuschauern – entsprechende Arbeits- und Erlebnisbedingungen ermöglicht. Die Lizenzierungsverfahren sind dabei ausgesprochen komplex und aufwändig, weshalb sie für Ligaorganisationen und Klubs mittlerweile zu ganzjährigen Managementaufgaben geworden sind.

3.1.2 Wettbewerbsformat und Rahmentermine

Übergeordnete Zielsetzung der Sportligen ist, ihr Gesamtprodukt Ligawettbewerb hinsichtlich Wettbewerbsformat und Terminplan so zu gestalten, dass insbesondere Spannung und Emotionalität vom ersten bis zum letzten Spieltag gewährleistet sind. Dabei soll die Ermittlung von Siegern und Meistern für das Publikum möglichst eindeutig und nachvollziehbar sein. Die generelle Struktur der Ligawettbewerbe basiert dabei seit jeher auf hierarchisch aufgebauten (Bundes-)Ligen, typischerweise mit zweiten und dritten Ligen sowie weiteren Amateurspielklassen. Auf Basis der konstitutiven Rahmenbedingungen (vgl. Kap. 3.1.1) ergeben sich für das Management mehr oder weniger Gestaltungsspielräume.

Wettbewerbsformat

Das Wettbewerbsformat der Ligawettbewerbe wird von der Anzahl der lizenzierten Teams und den Regelungen der darauf aufbauenden sportlichen Wettbewerbe entscheidend geprägt.

> Ligaorganisation L hat sich zum Ziel gesetzt, ihren Ligawettbewerb mittelfristig gegenüber Fans, Sponsoren und Massenmedien noch besser zu vermarkten. Vor diesem Hintergrund ist eine entsprechende Positionierung zu finden, die den Erwartungen dieser Bezugsgruppen bestmöglich entspricht. Angesichts des harten Konkurrenzkampfs mit anderen Sportarten sollen im Rahmen verschiedener Zukunftsworkshops mit den Bundesligisten und relevanten Partnern aus Wirtschaft und Massenmedien grundlegende Reformen diskutiert werden. Unter anderem wird überlegt, ob die Anzahl der Bundesligisten verändert, bisherige Regelungen von Auf- und Abstieg abgeschafft und im Anschluss an die bisherige Hauptrunde Playoff-Spiele eingeführt werden sollen.
> 1. Welche Wettbewerbsformate der Sportligen sind generell denkbar?
> 2. Welche Vor-/Nachteile sind damit jeweils verbunden?

Für die sportlichen Wettbewerbe von Sportligen stehen grundsätzlich zwei Formate zur Wahl, die auch miteinander kombinierbar sind. Ein Wettbewerbsformat besteht in einem *paarweisen Leistungsvergleich* zwischen allen Bundesligisten (Round Robin-System) nach einem zu Saisonbeginn festgelegten Spielplan. Bei jeder Spielpaarung erzielte Punkte – für einen Sieg und ein Unentschieden – werden über die gesamte Spielzeit für jeden Klub aufaddiert, sodass am Ende der Saison derjenige Meister wird, der die meisten Punkte aufweist. Ein weiteres Wettbewerbsformat besteht in einer *Meisterschaftsrunde* in Form eines K.O.-Systems (Elimination Tournament), aus der Mannschaften bei einer entsprechenden Anzahl von Niederlagen ausscheiden. Eine Kombination der beiden Formate führt typischerweise zu einer paarweisen Hauptrunde, an die eine Meisterschaftsrunde der besten Klubs anschließt (vgl. Daumann, 2012, S. 11–12).

Insbesondere in Sportarten wie Fußball und Handball, die ihren Meister ausschließlich über paarweise Leistungsvergleiche in Form einer Hin- und Rückrunde ermitteln, bestehen Vorbehalte gegenüber Meisterschaftsrunden. Dabei wird argumentiert, die Meisterschaftsfrage solle nicht von der Tagesform in einem Finale abhängen und der nach Abschluss der Hauptrunde führende Klub habe sich meist im Laufe der Saison bereits als „verdienter" Meister erwiesen. Befürworter von Playoff-Spielen einer Meisterschaftsrunde sehen darin allerdings große mediale und wirtschaftliche Potenziale, da „die einzelnen Spiele im Elimination Tournament eine höhere Bedeutung als im Round Robin-System [haben; M. F.], was sich nachfragesteigernd auswirken dürfte" (Daumann, 2012, S. 12). Bei diesem Wettbewerbsformat kann sich kein Klub bereits mehrere Spieltage vor Saisonende den Meistertitel sichern, was Spannung bis zum letzten (Final-)Spieltag garantiert. Außerdem führt eine Kombination von Hauptrunde und Playoffs – allerdings nur für die leistungsstarken Klubs – zu insgesamt mehr Spielen, was sich positiv auf Stadionauslastung und Ticketerlöse auswirkt. Dass die Hauptrunde insgesamt an Bedeutung verliert, wenn die Meisterschaft erst in den Playoffs ausgespielt wird, kann allerdings auch negative Effekte für die Attraktivität der Hauptrundenspiele und die Ticketnachfrage haben – was wiederum vor allem die leistungsschwächeren Klubs trifft, die sich nicht für die Playoffs qualifizieren können (vgl. Daumann, 2012, S. 12). Schließlich ist nicht ausgeschlossen, dass leistungsstarke Klubs aufgrund einer strategischen Trainings- und Belastungssteuerung gerade ihrer Topspieler während der Hauptrunde auch Niederlagen in Kauf nehmen, um ihre Leistungsträger für die entscheidenden Playoffs zu schonen. Dies kann wiederum unerwünschte Effekte für den sportlichen Wettbewerb und insbesondere für den Kampf gegen den Abstieg haben. In der Saison 2013/14 basieren die Ligawettbewerbe auf folgenden Formaten:

- Die Meisterschaft der *Fußball-Bundesliga* wird in Form einer Hin- und Rückrunde der 18 Bundesligisten ausgetragen (34 Spieltage). Darüber hinaus gibt es zwischen dem Tabellensechzehnten der Bundesliga und dem Drittplatzierten der 2. Bundesliga eine Relegation (Hin-/Rückspiel) zur Klärung von Auf- und Abstieg.
- Die Meisterschaft der *Handball-Bundesliga* wird in Form einer Hin- und Rückrunde der 18 Bundesligisten ausgetragen (34 Spieltage). Der Tabellensechzehnte, -siebzehnte und -achtzehnte steigen in die 2. Bundesliga ab.
- Die Meisterschaft der *Basketball-Bundesliga* wird in Form einer Hin- und Rückrunde der 18 Bundesligisten ausgetragen (34 Spieltage), an die sich nach dem Modus „best of five" ausgetragene Playoff-Spiele – Viertelfinale, Halbfinale und Finale – anschließen.
- Die Meisterschaft der *Volleyball-Bundesliga* wird in Form einer Hin- und Rückrunde der 11 Bundesligisten ausgetragen (20 Spieltage), an die sich Playoff-Spiele der besten acht Mannschaften anschließen. Die ersten sechs Teams der Hauptrunde sind hierfür direkt qualifiziert, die Teams der Plätze 7 bis 10 spielen in Pre-Playoffs (Modus „best of three") die zwei freien Plätze aus. Die elftplatzierte Mannschaft steigt in die 2. Bundesliga ab. In den Playoffs wird das Viertelfinale im Modus „best of three", Halbfinale und Finale dagegen im Modus „best of five" gespielt.
- Die Meisterschaft der *Eishockey-Bundesliga* wird in Form einer Hauptrunde der 14 Bundesligisten ausgetragen, wobei jedes Team viermal gegen die anderen Teams spielt (52 Spieltage). Darauf folgen Playoff-Spiele der ersten zehn Teams, wobei die ersten sechs Teams für das Viertelfinale gesetzt sind und die Teams der Plätze 7 bis 10 in einer Qualifikationsrunde die um die beiden vakanten Viertelfinalplätze kämpfen (Modus „best of seven").

Rahmentermine
Aufbauend auf der Anzahl der an den Ligawettbewerben teilnehmenden Teams und dem generellen Spielformat ist ein Rahmenterminkalender zu entwickeln, der möglichst für die Zuschauer vor Ort in den Stadien und für Rezipienten massenmedialer Teamsportprodukte angemessen ist (vgl. auch Kap. 4.2.1).

3.1 Konstitution und Rahmenbedingungen

> Ligaorganisation L will ihren Ligawettbewerb mittelfristig besser positionieren und öffentlich sichtbarer machen. Vor allem für die Massenmedien und die Fans im Stadion soll die Attraktivität gesteigert werden. Nach langwierigen Diskussionen und Abstimmungen über das generelle Wettbewerbsformat steht L vor der Planung des Rahmenterminkalenders. In den aktuell laufenden Verhandlungen mit potenziellen Fernsehpartnern wird deutlich, dass nicht alle – aus der Liga- und Fan-Perspektive – attraktiven Spielzeiten realisierbar sein werden.
> 1. Welche Aspekte sind bei der Planung des Rahmenterminkalenders von Bedeutung, insbesondere mit Blick auf Stadionzuschauer und Fernsehübertragungen?
> 2. Welche Konflikte mit dem internationalen Wettkampfkalender können bei der Terminabstimmung entstehen?

Bei der Festlegung des Rahmenterminkalenders ist zunächst zu beachten, dass sich die Termine der Ligaspiele möglichst nicht mit anderen Sportereignissen überschneiden, um ein möglichst großes Publikum ansprechen zu können. Auch ist nach Möglichkeit eine *terminliche Überschneidungsfreiheit* mit anderen massenattraktiven Unterhaltungsangeboten zu gewährleisten, z. B. publikumsstarke TV-Shows. Für die Stadionzuschauer vor Ort sind Spielansetzungen an Wochenenden und Feiertagen grundsätzlich attraktiv, weil dann berufliche Verpflichtungen und Reisezeiten zu den Spielorten besser in Einklang gebracht werden können (vgl. Meier, 2012, S. 77).

Sowohl mit Blick auf die Zuschauer in den Stadien als auch mit Blick auf das Publikum der Massenmedien ist die zeitlich möglichst kompakte Durchführung eines Spieltags sowie vor allem der *serielle Charakter des Spielplans* bedeutsam, z. B. in Form gleich bleibender Spiel- und Sendezeiten an immer gleichen Wochentagen. Auf diese Weise können auf Seiten des Publikums Routinen der Freizeitgestaltung und Sehgewohnheiten entstehen, die für die *Zuschauerbindung* unabdingbar sind. Spieltage der BBL sind meist Samstag und Sonntag. Häufige Spieltage der DEL sind Freitag und Sonntag, ergänzend wird auch an Dienstagen sowie am Vorabend nationaler oder regionaler Feiertage gespielt. Differenzierte Beispiele für Rahmentermine sind bei der

- *Fußball-Bundesliga* Anstoßzeiten am Freitag (20:30 Uhr), Samstag (15:30 Uhr; 18:30 Uhr), Sonntag (15:30 Uhr; 17:30 Uhr).
- *Handball-Bundesliga* Anwurfzeiten am Dienstag, Mittwoch und Donnerstag (19:00 Uhr; 20:15 Uhr), am Freitag (19:45 Uhr), am Samstag (15:00 Uhr; 19:00 Uhr, 20:15 Uhr) sowie am Sonntag (15:00 Uhr; 17:15 Uhr).

Häufig werden zuschauerattraktive Zeitfenster gerade auch von den internationalen Sportverbänden für Spielansetzungen ihrer Klubwettbewerbe – Pokalwettbewerbe, Champions- und Europa League – genutzt. Gerade wenn nationale und internationale Spieltage prinzipiell an gleichen Wochentagen angesetzt sind, kommt es in Folge sportlichen Erfolgs von Bundesligisten und deren Qualifikation für weitere Spiele in internationalen Klubwettbewerben mitunter zu kurzfristigen Terminüberschneidungen. Dies hat meist Verschiebungen von Spielpaarungen der nationalen Ligawettbewerbe zur Folge – mit negativen Effekten für das Heim- und Fernsehpublikum und für potenzielle Medienpartner. Lediglich dem Fußball ist es weitgehend gelungen, nationale und internationale Rahmenterminkalender zu harmonisieren. In den anderen Teamsportarten wird diese Managementaufgabe auf internationaler Ebene offensichtlich (noch) zu stark von Eigeninteressen der Sportverbände und Ligaorganisationen bestimmt.

Wettbewerbsformate von Ligawettbewerben bestehen entweder aus einem paarweisen Leistungsvergleich zwischen allen Bundesligisten, aus einer Meisterschaftsrunde in Form eines K.O.-Systems oder aus einer Kombination der beiden Formate mit einer paarweisen Hauptrunde und anschließender Meisterschaftsrunde der besten Klubs. Aufbauend auf der Anzahl der Teams und dem generellen Wettbewerbsformat ergibt sich ein Rahmenterminkalender, der nach Möglichkeit keine terminlichen Überschneidungen mit anderen Sportereignissen und massenattraktiven Unterhaltungsangeboten aufweist. Für die Zuschauerbindung ist dabei insbesondere der serielle Charakter des Spielplans von Bedeutung.

3.2 Integrität und Attraktivität des Wettbewerbs

Um der Gefahr von Rechtsformverfehlungen der als nicht wirtschaftliche Vereine konstituierten Sportverbände und Sportvereine zu begegnen, wurde Ende der 1990er Jahre ein paradigmatischer Wechsel vollzogen – indem kapitalgesellschaftlich verfasste Spielbetriebsgesellschaften Lizenznehmer der Sportligen werden konnten (vgl. Kap. 2.2). Auf diesem Weg wurde die Einbindung (sport-)externer Investoren möglich, was die Kapitalbasis des Profiteamsports vergrößerte. Mit dieser tief greifenden Strukturänderung verbunden war allerdings das grundsätzliche Problem, dass Investoren durch den Erwerb von Anteilen an Spielbetriebsgesellschaften auch Einfluss auf deren Geschäftsführung erhielten. Die Integrität des sportlichen Wettbewerbs – eines fairen, chancengleichen Wettkampfs mit unsicherem Ausgang – ist jedoch eines der höchsten Güter des Teamsports, nicht zuletzt aufgrund der hiermit verbundenen Spannungsmomente. Um die Integrität des sportlichen Wettkampfs zu schützen, haben die Sportligen deshalb die Beteiligungs- und Einflussmöglichkeiten von Investoren reguliert (vgl. Kap. 2.2.2). Zur Attraktivitätssteigerung der Gesamtwettbewerbe streben die Ligaorganisationen außerdem eine wirtschaftlich möglichst ausgeglichene Konkurrenz an. Gleichwohl zeigen zahlreiche Beispiele der Managementpraxis, dass diesbezügliche Instrumente der Sportligen an Grenzen stoßen.

Die Auseinandersetzung mit Fragen der Regulierung von Einflussnahmen Dritter auf Teamsportorganisationen knüpft an die in Kapitel 3.5 der „Grundlagen des Sportmanagements" beschriebenen Kernthemen an (vgl. Fahrner, 2014, S. 148–154).

Lernziele des Kapitels

Die Leser erkennen, welche Einflussmöglichkeiten Anteilseigner von Spielbetriebsgesellschaften haben.
Sie reflektieren, inwiefern diese Einflussmöglichkeiten für die Ligawettbewerbe problematisch sind und von den Ligaorganisationen reguliert werden können.
Sie setzen sich damit auseinander, inwiefern Mehrfachbeteiligungen an Spielbetriebsgesellschaften für Ligawettbewerbe problematisch sind und reflektieren diesbezügliche Regelungen der Sportligen.

3.2.1 Einflussnahme von Investoren/Anteilseignern

Kapitalgesellschaften sind von ihrem Wesen her auf die Akquise von Kapital angelegt. Im Gegenzug erhalten Investoren Gegenwerte in Form von Gesellschaftsanteilen oder Aktien, die sie zu späteren Zeitpunkten weiter veräußern können. Typischerweise sind mit dem Erwerb von Kapital-/Gesellschaftsanteilen außerdem Mitsprache- und Entscheidungsbefugnisse verbunden, etwa in der Gesellschafter- oder Hauptversammlung. Meist gehen mit größeren Kapital-/Gesellschaftsanteilen auch mehr Mitsprache- und Einflussrechte einher (vgl. Kapitel 2.2.2). Für den Spitzensport bleibt dies solange unproblematisch, wie angenommen werden kann, dass Investoren keinen wesentlichen Einfluss auf den sportlichen Wettbewerb nehmen. Denn für das Sportpublikum – und damit auch für die ökonomische Werthaltigkeit des Gesamtprodukts – ist die Annahme, dass sportliche Wettbewerbe unter Bedingungen der Chancengleichheit fair und ergebnisoffen ausgetragen werden, ausgesprochen bedeutsam.

Formal-rechtliche vs. faktische Einflussmöglichkeiten
Aus der Natur kapitalgesellschaftlicher Rechtsformen – GmbH, AG, GmbH & Co. KG – ergeben sich für Gesellschafter und Aktionäre jeweils spezifische formal-rechtliche Einflussmöglichkeiten. Diese werden von den Sportligen allerdings z. T. deutlich eingeschränkt (vgl. Kap. 2.2.2).

> Sportverein S hat seinen Profispielbetrieb in die Spielbetriebs-AG A ausgegliedert, insbesondere um an „frisches" Kapital für dringend notwendige Investitionen in neue Spieler zu gelangen. Nach langen Verhandlungen ist es A gelungen, den wirtschaftlich potenten Investor I zu finden, der ein umfangreiches Aktienpaket von A erwirbt. Unter Beachtung der Ligavorgaben behält S jedoch die Stimmenmehrheit in den relevanten Gremien von A. Allerdings entstehen schon nach kurzer Zeit Konflikte, etwa bei der Finanzierung von Spielertransfers oder der Vertragsverlängerung von Trainer und Sportdirektor. Die Geschäftsführung von A verweist dabei auf ihre fachliche Expertise, S pocht auf seine Stimmenmehrheit und für I steht außer Frage, dass er angesichts seines finanziellen Investments bei solchen Fragen mitbestimmt. Eine erste große Zerreißprobe steht an, als I ohne Beteiligung der sportlichen Leitung einen wichtigen Führungsspieler an Ligakonkurrent K verkauft.
> 1. Inwiefern besteht aus Sicht der Ligaorganisationen ein berechtigtes Regulierungsinteresse der Einflussmöglichkeiten von Investoren?
> 2. Inwiefern stoßen die Regelungen der Sportligen in der Managementpraxis an Grenzen?

Mit der Einbindung von Investoren in den Profiteamsport ist grundsätzlich eine breitere Kapitalbasis zur Steigerung von Qualität und Professionalität des Gesamtprodukts Ligawettbewerb verbunden. Dabei ist aus Investorensicht verständlich, dass entsprechende finanzielle Investments aktiv begleitet und mit Einflussmöglichkeiten auf das Klubmanagement verknüpft werden. Für das Sportpublikum bleibt dies unerheblich, solange nicht der Eindruck entsteht, der sportliche Wettbewerb zwischen den Bundesligisten würde von Investoreninteressen und wirtschaftlicher Konkurrenz überlagert. Denn in der öffentlichen Wahrnehmung kann dies zur Abwendung relevanter Zielgruppen führen. Dem generellen Interesse an Kapital steht folglich ein spezifisches Regulierungsinteresse der Sportligen hinsichtlich des Einflusses von Investoren gegenüber.

Mit ihren Lizenzierungsvorschriften haben die Ligaorganisationen z. T. weitgehende Regulierungen der Beteiligungs- und Einflussmöglichkeiten von Investoren bei Spielbetriebsgesellschaften verankert (vgl. Kap. 2.2.2), um die *Integrität* ihrer Ligawettbewerbe zu schützen. Insbesondere die 50+1-Regel im Fußball steht hierfür sinnbildlich in der Diskussion. Allerdings beziehen sich die Regelungen der Sportligen explizit nur auf die *Stimm*verhältnisse in den relevanten Gremien der Spielbetriebsgesellschaften – und berücksichtigen gerade nicht die wirtschaftlichen Verhältnisse und Abhängigkeiten zwischen den Beteiligten. Investoren können jedoch unter bestimmten Bedingungen auch ohne formale Stimmenmehrheiten in der Lage sein, *umfassenden Einfluss* auf die Geschäftsführung von Spielbetriebsgesellschaften zu nehmen – etwa wenn sich der Mutterverein in einer *wirtschaftlichen Abhängigkeit* des Investors befindet und daraus für den Investor faktische Machtpositionen erwachsen. Dies führt prinzipiell zu Einflussmöglichkeiten, die weder formal durch Stimmrechte abgedeckt sind, noch strukturell abgesichert kontrolliert werden können. Eine Kontrolle wäre nur mit Regelungen denkbar, die nicht Stimmrechte sondern *Kapitalanteile* limitieren – was wirtschaftsrechtlich jedoch grundsätzlich problematisch wäre. Hinzu kommt, dass bereits 25%-Stimmanteile als Sperrminorität relevanten Einfluss auf Managemententscheidungen absichern, z. B. bei Satzungsänderungen (vgl. Heermann, 2011, S. 340–342).

Unabhängig von den Stimmanteilen stellt sich auch die Frage nach der Integrität potenzieller Investoren: „Wer die süsse Frucht des Kapitalmarkts kosten möchte, muss selbst dafür Sorge tragen, dass er kein unreifes oder verfaultes Obst erntet" (Heermann, 2007, S. 428). Ungeachtet der nachvollziehbaren Motive der Ligaorganisationen, Möglichkeiten der Einflussnahme von Investoren auf Spielbetriebsgesellschaften zu beschränken, sind diesbezügliche Regelungen – insbesondere die 50+1 Regel im Fußball (vgl. Kap. 2.2.2) – rechtlich umstritten. Angesichts des bedeutenden Eingriffs der 50+1-Regel in die wirtschaftliche Handlungsfreiheit von Klubs und Investoren wird sie durchaus als unverhältnismäßige Wettbewerbsbeschränkung verstanden (vgl. Klees, 2008, S. 393–394). Aus kartellrechtlicher Sicht ist die 50+1-Regel folglich „wegen der Verletzung des Art. 101 Abs. 1 AEUV ... gem. Art. 101 Abs. 2 AEUV nichtig, so dass entgegen der weit verbreiteten Meinung schon jetzt keine Beteiligungsbeschränkung im deutschen Profifußball existiert" (Burkhardt, 2013, S. 146). Zumal „die offensichtliche Furcht vor Geldwäschern oder aus anderen Gründen unliebsamen Investoren ... keineswegs eine generelle Aussperrung sämtlicher potentieller Mehrheitsanteilseigner rechtfertigen" (Heermann, 2007, S. 428) kann.

Wirtschaftliche Ungleichgewichte – verzerrter sportlicher Wettbewerb
Die Unsicherheit über den Ausgang sportlicher Wettbewerbe und damit verbundene Spannungsmomente sind wesentliche Charakteristika des Teamsports, die insbesondere auch mit Blick auf seine mediale und werbliche Verwertung bedeutsam sind. Wirtschaftliche Ungleichgewichte innerhalb einer Liga, etwa in Folge substanzieller Investitionen durch Dritte in einzelne Klubs, beeinflussen allerdings (mittelbar) den sportlichen Wettbewerb und erhöhen das Risiko eines verzerrten – vermeintlich weniger attraktiven – sportlichen Wettbewerbs.

3.2 Integrität und Attraktivität des Wettbewerbs

> Ligaorganisation L beobachtet schon seit einiger Zeit, dass die regelmäßig an internationalen Klubwettbewerben teilnehmenden Bundesligisten infolge damit einhergehender zusätzlicher Erlöse ihre finanziellen Möglichkeiten deutlich ausgeweitet haben. Bis dato etablierte wirtschaftliche und sportliche Gleichgewichte zwischen den Klubs werden in jüngerer Zeit jedoch vor allem von Investoren durcheinander gebracht, die die wirtschaftliche Leistungsfähigkeit der von ihnen unterstützten Klubs massiv verbessern. L beobachtet dies mit Sorge, denn sie befürchtet, diese „neureichen" Klubs könnten den Rest der Liga wirtschaftlich und sportlich dominieren und daraus resultierende Langeweile die Attraktivität des Gesamtprodukts Ligawettbewerb gefährden. Vertreter der Top-Klubs wiegeln jedoch ab: Sie spielten immer in vollen Stadien und würden mit ihren starken Klubmarken als Publikumsmagneten ganz wesentlich den Wert des Ligawettbewerbs steigern. Gerade auch mit Blick auf ihre internationale Wettbewerbsfähigkeit dürften sie von L nicht künstlich geschwächt werden.
> 1. Inwiefern ist Wettbewerbsintensität für die Attraktivität des Gesamtprodukts Ligawettbewerb von Bedeutung und welches Spannungsfeld ergibt sich hieraus für den Umgang der Ligaorganisationen mit Investoren?
> 2. Über welche Instrumente verfügen Sportligen zur Regulierung der Wettbewerbsintensität und welche Vor-/Nachteile sind hiermit jeweils verbunden?

Typischerweise wird davon ausgegangen, dass sich sportlich und wirtschaftlich ausgeglichener Wettbewerb infolge hoher Wettbewerbsintensität positiv auf die Spannung auswirkt und damit die Attraktivität des Ligawettbewerbs für das Publikum steigert. Substanzielle finanzielle Unterstützung wirtschaftlich potenter Investoren zugunsten einzelner Klubs birgt für die Sportligen folglich grundsätzliche Gefahren. Wirtschaftliche Ungleichgewichte innerhalb der Liga können den sportlichen Wettbewerb maßgeblich beeinflussen, da wenigen Klubs substanzielle Investitionen in leistungsstarke Spieler, kompetente Trainer oder umfangreiche Trainings- und Nachwuchszentren ermöglicht werden (vgl. Peeters & Szymanski, 2013, S. 14). Außerdem ist die Nachhaltigkeit von Investitionen sportexterner Dritter fraglich. Beispielsweise ist nicht auszuschließen, dass Investoren nach einer gewissen Zeit ihr Investment gewinnbringend beenden, etwa indem sie Gesellschaftsanteile verkaufen oder werthaltige Immobilien, Spieler und Werberechte des Klubs veräußern. Daraus könnte eine wirtschaftliche prekäre Situation zu Lasten des Klubs folgen und dessen sportliche Leistungsfähigkeit enorm eingeschränkt werden – mit eventuell negativen Folgewirkungen auf das Gesamtprodukt Ligawettbewerb.

Wirtschaftliche Ungleichgewichte resultieren aber auch dann, wenn Bundesligisten mit ihrer Teilnahme an internationalen Klubwettbewerben hohe Zusatzerlöse erwirtschaften, wie dies beispielsweise im Fußball mit der Champions League der Fall ist. In der Spielzeit 2012/2013 erhielten die drei an der Champions League teilnehmenden Bundesligisten über die von der UEFA zentral vermarkteten medialen und werblichen Rechte: 27,98 Mio. Euro (Schalke 04), 55,05 Mio. Euro (FC Bayern München) und 54,16 Mio. Euro (Borussia Dortmund) (vgl. UEFA, 2013, o. S.). Hinzu kommen jeweils noch Ticketeinnahmen aus den Heimspielen. Gerade wenn Bundesligisten regelmäßig in wirtschaftlich attraktiven internationalen Wettbewerben erfolgreich sind, können diese Zusatzerlöse ihnen über die Zeit finanzielle Vorteile verschaffen. Aus Ligaperspektive erscheint dies jedoch meist weniger problematisch, weil entsprechende wirtschaftliche Vorteile direkt mit der sportlichen Leistungsfähigkeit der Klubs verknüpft sind und in gewissem Sinne als „generisch" verstanden werden. Für die Ausgeglichenheit der Ligawettbewerbe bleibt dies gleichwohl problematisch.

Die Wettbewerbsintensität ist für die Attraktivität des sportlichen Ligawettbewerbs insofern von Bedeutung, als bei hoher Wettbewerbsintensität, d. h., ausgeglichenem Wettbewerb, die Ungewissheit über den Ausgang der sportlichen Auseinandersetzungen groß ist und damit einhergehende Spannungsmomente für das Publikum attraktivitätssteigernd wirken. Für die Bestimmung der Wettbewerbsintensität stehen verschiedene Kriterien zur Verfügung (vgl. Pawlowski, Breuer & Hovemann, 2010, S. 189–191), wobei die langfristige Spannungsdimension u. a. über das Competitive Balance Ratio (CBR)[12] ermitteln werden kann. „Das CBR nimmt Werte zwischen Null und Eins an und ist umso größer, je ausgeglichener der Wettbewerb ist" (Pawlowski, 2013a, S. 153). Mit Blick auf die Fußball-Bundesliga zeigt sich, dass die Wettbewerbsintensität von 1991 bis 2001 höher war als nach der Jahrtausendwende (2001 bis 2011). Gleichzeitig verdoppelte sich in diesem Zeitraum jedoch die durchschnittliche Anzahl der Stadionzuschauer beinahe (vgl. Abb. 14).

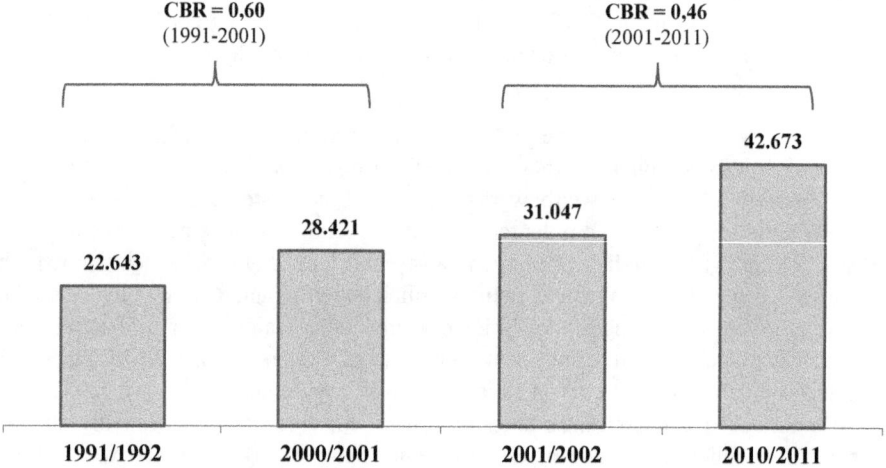

Abb.14: Langfristige Wettbewerbsintensität (Competitive Balance Ratio, CBR) und durchschnittliche Zuschauerzahlen pro Spieltag der Fußball-Bundesliga von 1991 bis 2011 (vgl. Pawlowski, Breuer & Hovemann, 2010, S. 198; Deutscher Fußball-Bund, 2014, o. S.).

Gerade mit Blick auf einzelne Spielpaarungen zeigen sich allerdings auch „negative Korrelationen zwischen der kurzfristigen Spannung und der Anzahl an Stadionbesuchen" (Pawlowski, 2013a, S. 156). Offensichtlich beeinflussen Spannungsaspekte für viele Zuschauer also kaum ihr Interesse an einzelnen Ligaspielen oder am Ligawettbewerb insgesamt (vgl. Pawlowski, 2013b, S. 98). Folglich sind weitere Aspekte für die Zuschauerattraktivität relevant. Insbesondere wirken international erfolgreiche Top-Klubs und bekannte Stars (Spieler, Trainer) als her-

---

[12] Das Competitive Balance Ratio (CBR) errechnet sich aus dem Verhältnis von (a) durchschnittlicher Standardabweichung der Punkteausbeute der Teams von ihrer jeweils durchschnittlichen Punkteausbeute während eines bestimmten Zeitraums und (b) durchschnittlicher Standardabweichung der prozentualen Gewinnhäufigkeit der Teams einer Spielzeit. Höhere CBR-Werte deuten auf höhere Wettbewerbsintensität hin (vgl. Pawlowski, 2013b, S. 61–62).

3.2 Integrität und Attraktivität des Wettbewerbs

ausragende Identifikationsobjekte, was ihnen häufig Fans im gesamten Bundesgebiet (und darüber hinaus) verschafft. Diese wollen ihre Stars – unabhängig von Gegner und Spielausgang – live im Stadion sehen und unterstützen. „Identifikations- und Selbstdarstellungsmotive, insbesondere das ‚Sonnen im Ruhm' eines erfolgreichen Sportlers oder einer erfolgreichen Mannschaft ... [spielen; M. F.] eine zentrale Rolle für den Konsum von Sportunterhaltung" (Meier, 2012, S. 79). Gleichzeitig rufen ungleiche Leistungsvoraussetzungen zwischen Top-Klubs und weniger leistungsstarken Bundesligisten bei deren Fans meist emotional aufgeladene Ablehnungshaltungen hervor. Sie hoffen deshalb auf einen überraschenden Spielausgang, also einen Heimsieg gegen die favorisierte Gastmannschaft. Dies macht die besondere Attraktivität von David-Goliath-Konstellationen aus (vgl. Pawlowski & Anders, 2012; Meier, 2012, S. 79).

Aus Sicht der Ligaorganisationen besteht im Umgang mit Investoren folglich ein sportpolitisches Spannungsfeld: Einerseits fürchten sie eine Verzerrung des sportlichen Wettbewerbs durch wirtschaftliche Ungleichgewichte zwischen den Bundesligisten. Andererseits erhöhen sportliche Erfolge und international herausragende Stars (Spieler, Trainer) – deren hohe Gehälter finanziert werden müssen – das Publikumsinteresse und wirken aufgrund ihres hohen Aufmerksamkeits- und Identifikationspotenzials als „Zuschauermagnete" für den gesamten Ligawettbewerb. Gleichwohl setzen die Sportligen verschiedene Instrumente zur *Beeinflussung der Wettbewerbsintensität* ein:

- Ein wesentliches Regulierungsinstrument ist die Umverteilung zentraler Vermarktungserlöse, insbesondere der medialen Verwertungsrechte. Die Möglichkeit eines solchen *wirtschaftlichen Ausgleichs* zwischen den Bundesligisten ergibt sich aus der Zentralvermarktung von Rechten durch die Sportligen (vgl. Kap. 4.2.1). Zentral erwirtschaftete Erlöse werden dabei zwischen den Bundesligisten nach einem jeweils spezifischen Verteilungsschlüssel aufgeteilt, der die sportliche Leistung der Klubs honoriert. Im Fußball ergibt sich dieser Schlüssel beispielsweise aus den Endplatzierungen der vergangenen fünf Spielzeiten, wobei die zuletzt gespielte Saison mit Faktor 5, die vorangegangene Saison mit Faktor 4 und so weiter gewichtet werden (vgl. Deutsche Fußball Liga, 2014c, o. S.). Meist sind hier die Erlöse aus europäischen Klubwettbewerben jedoch nicht integriert – eine wesentliche Bedingung der international erfolgreichen Top-Klubs, sich auf die Zentralvermarktung der Rechte durch die Liga einzulassen.
- Eine weitere Möglichkeit zur Beeinflussung des wirtschaftlichen Wettbewerbs ist die Kontrolle der Klub-Geschäftsmodelle mittels strafbewehrter Monitoringverfahren, wie es z. B. die UEFA im europäischen Fußball mit ihrem Financial Fairplay seit 2010 praktiziert. Hierbei wird mittels verschiedener Indikatoren und Kennzahlen die wirtschaftliche Tragfähigkeit der Klub-Geschäftsmodelle überprüft. Zentrales Element ist dabei die *Break-even-Vorschrift*, nach der die Klubs über eine *dreijährige Monitoring-Periode* zwischen ihren relevanten Einnahmen und ihren relevanten Ausgaben eine maximale Differenz von fünf Mio. Euro ausweisen dürfen (vgl. Artikel 61, UEFA-Reglement). Als *relevante Einnahmen* gelten dabei vor allem Einnahmen aus Eintrittsgeldern, Übertragungsrechten, Sponsoring und Werbung. *Relevante Ausgaben* sind u. a. Material- und Personalaufwendungen sowie sonstige Aufwendungen, z. B. Kosten für den Erwerb von Spielerregistrierungen, Finanzaufwand und Dividenden (vgl. Artikel 58, UEFA-Reglement). Die Klubs sollen auf diese Weise daran gehindert werden, Überinvestitionen in den Spielbetrieb zu tätigen und daraus resultierende Defizite von Investoren ausgleichen zu lassen – um keine finanziellen Vorteile gegenüber den Klubs ohne Investoren zu erhalten. Die Finanzierung von Stadien, Trainingsgeländen und Nachwuchszentren bleibt gleichwohl zulässig (vgl.

Franck, 2014, S. 3–4). Dieses Instrument zielt vor allem auf die wirtschaftliche Tragfähigkeit und Stabilität der Klubs. Durchaus vorhandene wettbewerbsrechtliche Bedenken und Vorbehalte gegenüber diesen Regelungen warten allerdings – für den Fall entsprechender Klagen – noch auf eine Überprüfung durch Europäische Gerichte (vgl. Peeters & Szymanski, 2013, S. 30–31).

- Zur Beeinflussung der Wettbewerbsintensität sind gerade in den US-amerikanischen Sportligen *Gehaltsobergrenzen für Spielerkader*, die Spielergehälter auf etwa 50% der Liga-Erlöse limitieren, gängige Regulierungsinstrumente. In Europa ist dieses Instrument kaum existent. Insbesondere mit Blick auf die europäischen Klubwettbewerbe, deren Teilnehmer sich jeweils über sportliche Erfolge in ihren nationalen Ligen qualifizieren, müsste eine entsprechende Gehaltsobergrenze sowohl für die europäischen als auch für die verschiedenen nationalen Wirtschafts- und Wettbewerbsbedingungen der Klubs angemessen hoch sein – ein weitgehend aussichtsloses Unterfangen (vgl. Franck, 2014, S. 23–26). Hinzu kommt z. B. auch in Deutschland, dass arbeitsrechtliche Bestimmungen einer verbindlichen Einführung von Gehaltsobergrenzen entgegenstehen (vgl. Rüth, 2003, S. 137–141).

> Die Integrität des sportlichen Wettbewerbs ist eines der höchsten Güter des Teamsports. Aus Sicht der Sportligen bleibt die Einbindung von Investoren in Spielbetriebsgesellschaften solange unproblematisch, wie angenommen werden kann, dass daraus kein wesentlicher Einfluss auf den sportlichen Wettbewerb resultiert. Dem generellen Interesse an Kapital steht folglich ein spezifisches Regulierungsinteresse der Sportligen hinsichtlich des Einflusses von Investoren gegenüber. Die typischerweise festgeschriebene Beschränkung von Stimmrechten an Spielbetriebsgesellschaften greift allerdings zu kurz, denn Investoren können unter bestimmten Bedingungen auch ohne formale Stimmenmehrheit in der Lage sein, umfassenden Einfluss auf die Geschäftsführung von Spielbetriebsgesellschaften zu nehmen. Ferner steht einer befürchteten Verringerung der Wettbewerbsintensität in Folge wirtschaftlicher Ungleichgewichte meist ein hohes Aufmerksamkeits- und Identifikationspotenzial vermeintlich „neureicher" Top-Klubs gegenüber. Gleichwohl nutzen die Sportligen wirtschaftliche Ausgleichsmechanismen zur Regulierung des wirtschaftlichen Wettbewerbs zwischen den Klubs.

3.2.2 Einflussnahme durch Mehrfachbeteiligungen

Der Investoreneinfluss auf Entscheidungen von Spielbetriebsgesellschaften ist ein problematischer Aspekt der Öffnung des Ligaspielbetriebs für Kapitalgesellschaften. Eine weitere Problematik liegt in der Möglichkeit von Mehrfachbeteiligungen von Investoren. Grundsätzlich ist es denkbar, dass Investoren nicht nur an einer Spielbetriebsgesellschaft beteiligt sind, sondern *gleichzeitig bei mehreren* Spielbetriebsgesellschaften der gleichen Sportart als Anteilseigner oder Gesellschafter fungieren. Insbesondere für Medienorganisationen, Sportartikelhersteller oder Vermarktungsgesellschaften können solche Beteiligungen von Interesse sein, um sich in ihren originären Geschäftsfeldern strategische Vorteile zu verschaffen (vgl. Weiler, 2006, S. 334). Dem begegnen die Sportligen typischerweise mit kartellrechtlich motivierten Lizenzierungsregeln, die eine Mehrfachbeteiligung von Investoren an mehreren Spielbetrieben des gleichen Ligawettbewerbs verhindern sollen.

Mehrfachbeteiligungen von Anteilseignern/Gesellschaftern

Beteiligt sich ein Investor gleichzeitig an mehreren Spielbetrieben eines Ligawettbewerbs, gehen damit deutlich umfassendere Einfluss- und Manipulationsmöglichkeiten einher, als beispielsweise bei Mehrheitsbeteiligungen an einer einzelnen Spielbetriebsgesellschaft.

> Investor I ist als Gesellschafter sowohl an Bundesligist B als auch am bisherigen Zweitligisten Z beteiligt, die beide ihren Spielbetrieb auf eine GmbH ausgegliedert haben. Kurz vor Saisonende ist Z in großer Abstiegsgefahr, als am vorletzten Spieltag die Mannschaft von B – schon sicher für die internationalen Wettbewerbe qualifiziert – zum Heimspiel bei Z antritt. Als das Team von B wider Erwarten verliert, macht Z entscheidenden Boden für den Klassenerhalt gut. Trotz aller Beteuerungen der Beteiligten reißen vor allem in den sozialen Medien heftig diskutierte Gerüchte nicht ab, hier hätten wirtschaftliche Interessen Einfluss auf den Spielausgang gehabt. Ligaorganisation L ist über eine intensive Öffentlichkeitsarbeit bemüht, bei Fans und Sponsoren aufkommende Zweifel an der sportlichen Integrität zu zerstreuen, um einen Imageschaden abzuwenden. Für die Zukunft will L über Regelungen im Lizenzierungsverfahren sicherstellen, dass sich eine solche problematische Situation nicht wiederholen kann.
> 1. Inwiefern besteht aus Sicht der Sportligen ein berechtigtes Regulierungsinteresse von Mehrfachbeteiligungen?
> 2. Welche Instrumente stehen den Sportligen zur Begrenzung von Mehrfachbeteiligungen zur Verfügung und inwiefern sind ihnen dabei Grenzen gesetzt?

Mehrfachbeteiligungen an Spielbetriebsgesellschaften einer Liga können den Kapitalgebern Gelegenheiten eröffnen, eines „ihrer" Teams im sportlichen Wettstreit zu begünstigen, z. B. über Einflussnahmen auf Spielertransfers zwischen den „eigenen" Spielbetriebsgesellschaften oder über wechselseitige Absprachen von Spielergebnissen zugunsten der für den Investor ökonomisch relevanteren Mannschaft. „Bei einem Aufeinandertreffen der jeweiligen Teams [könnte; M. F.] in der öffentlichen Wahrnehmung der Eindruck entstehen, dass der Wettbewerb kein neutraler, unbeeinflusster Test der bestmöglichen athletischen, technischen sowie der Trainings- und Führungsfähigkeiten der beiden Gegner mehr ist und sich die Entscheidungen der Manager, Trainer und Spieler an anderen Zielen als dem des sportlichen Erfolgs orientieren" (Burkhardt, 2013, S. 143). Auf diese Weise würde aber der sportliche Wettkampf durch wirtschaftliche Überlegungen und Interessen korrumpiert – und damit auch Integrität und Glaubwürdigkeit der Ligawettbewerbe insgesamt gefährdet (vgl. Weiler, 2006, S. 28). Fraglich ist dabei, welche *Konstellationen* bei Mehrfachbeteiligungen als problematisch anzusehen sind. Nach Weiler (vgl. 2006, S. 332) sind wesentliche Einflussmöglichkeiten von Investoren anzunehmen, wenn

- eine Spielbetriebsgesellschaft der gleichen Liga mehr als 5% der Kapital-/Stimmrechtsanteile eines Ligakonkurrenten hält, oder weitere gesellschaftsvertragliche Sonderrechte oder Treuhandverträge vorliegen, die entsprechende Einflussmöglichkeiten eröffnen.
- ein Investor mehr als 25% der Kapital-/Stimmrechtsanteile von Spielbetriebsgesellschaften der gleichen Sportart/Liga hält, oder weitere gesellschaftsvertragliche Sonderrechte oder Treuhandverträge vorliegen, die entsprechende Einflussmöglichkeiten eröffnen.

Die Ligaorganisationen müssen folglich solche Interessenkollisionen möglichst verhindern und das Bild eines von wirtschaftlichen Interessen unbeeinflussten sportlichen Wettbewerbs aufrechterhalten. Insofern bedarf es einer Beschränkung von Mehrfachbeteiligungen mittels expliziter Regelungen, „die es einem Investor verbieten, bei mehr als einem am selben Wettbewerb teilnehmenden Sportunternehmen eine *wesentliche Einflussmöglichkeit* zu besitzen" (Weiler, 2006, S. 336; Hervorhebungen im Original). Aktuell praktizierte Regelungen der Sportligen zur Beschränkung von Mehrfachbeteiligungen sind in die Lizenzierungsverfahren integriert:

- Im *Fußball* dürfen Lizenzvereine und Kapitalgesellschaften „weder unmittelbar noch mittelbar an anderen Kapitalgesellschaften der Lizenzligen beteiligt sein" (§ 8, Satzung Ligaverband). Auch „dürfen Mitglieder von Geschäftsführungs- oder Kontrollorganen eines anderen Lizenznehmers keine Funktionen in Organen des Lizenznehmers übernehmen" (§ 4 Nr. 4, DFL-Lizenzierungsordnung).
- In der *BBL* müssen Kapitalgesellschaften mit ihrem Lizenzantrag darlegen, „wer mit welchen Beteiligungen an dem Träger des Spielbetriebes beteiligt ist. Liegen Beteiligungen vor, die sowohl beim Antragsteller als auch bei anderen Antragstellern einen bestimmenden Einfluss auf deren Geschäftstätigkeit ermöglichen, kann die Lizenz verweigert werden" (§ 9, BBL-Lizenzstatut).
- In der *HBL* ist im Rahmen des Lizenzverfahrens „eine rechtsverbindliche schriftliche Erklärung vorzulegen, in der sich der Lizenzbewerber verpflichtet, eine Darstellung über die Beteiligung an ihm selbst und über seine Beteiligungen an anderen Gesellschaften, insbesondere Vermarktungsgesellschaften, einzureichen. In diesem Zusammenhang sind Auskünfte über die Beteiligungsverhältnisse zu erteilen und auf Verlangen der Lizenzierungskommission, die entsprechenden Gesellschaftsverträge oder Satzungen vorzulegen" (§ 4 Nr. 6.5, HBL-Lizenzierungsrichtlinien).

Diesen Regelungen sind gleichwohl Grenzen gesetzt, insbesondere wenn die Beteiligungen eines Investors über rechtlich eigenständige Tochtergesellschaften oder Mittelspersonen erfolgen, die die tatsächlichen Verhältnisse weitgehend verschleiern können (vgl. Heermann, 2007, S. 435).

Mehrfachbeteiligungen (wirtschaftlich) relevanter Geschäftspartner
Neben den skizzierten Konstellationen von Mehrfachbeteiligungen, bei denen Investoren direkt oder indirekt als Gesellschafter/Anteilseigner agieren, sind in der Managementpraxis weitere problematische Konstellationen in Form „unechter" Mehrfachbeteiligungen zu beobachten.

Sportagentur S vermarktet drei Bundesligisten (B_1, B_2 und B_3) des Ligawettbewerbs L. Die Vermarktungsverträge sind erfolgsabhängig gestaltet, wobei jeweils eine unterschiedliche prozentuale Aufteilung von Mehrerlösen vereinbart ist. Im Pokal-Halbfinale stehen sich nun B_1 und B_2 gegenüber. Beide Mannschaften sind im Ligawettbewerb nur im Mittelfeld platziert und haben mit dem Erreichen des Pokalfinals die Chance, sich für einen internationalen Klubwettbewerb zu qualifizieren. Mit der Aussicht auf entsprechende Zusatzerlöse von mindestens zehn Mio. Euro kalkuliert S, dass sie bei einer Qualifikation von B_1 aufgrund der vereinbarten Erfolgsbeteiligung 12% der zusätzlichen Vermarktungserlöse erwarten könnte,

3.2 Integrität und Attraktivität des Wettbewerbs

> während es bei einer Qualifikation von B_2 nur 7% wären. Entsprechend versucht S „hinter den Kulissen", auf das für sie wirtschaftlich attraktivere Ergebnis hinzuwirken.
> 1. Inwiefern besteht aus Sicht der Sportligen ein berechtigtes Regulierungsinteresse solcher Einflussmöglichkeiten?
> 2. Welche Instrumente stehen den Sportligen diesbezüglich zur Verfügung und inwiefern sind ihnen dabei Grenzen gesetzt?

Das Regelungsinteresse der Sportligen ist in diesen Fällen identisch mit den oben skizzierten Mehrfachbeteiligungen von Anteilseignern/Gesellschaftern. Allerdings existieren diesbezüglich nur im Fußball explizite Regelungen: Lizenznehmer im *Fußball* haben sicherzustellen, „dass Mitarbeiter oder Mitglieder von Organen von Unternehmen, die zu mehreren Lizenznehmern/Muttervereinen oder mit diesen verbundenen Unternehmen in wirtschaftlich erheblichem Umfang in vertraglichen Beziehungen im Bereich der Vermarktung, einschließlich des Sponsorings, oder des Spielbetriebs stehen und/oder an ihnen bedeutend beteiligt sind, nicht Mitglied in Kontroll-, Geschäftsführungs- und Vertretungsorganen des Lizenznehmers sein dürfen" (§ 4 Nr. 4, DFL-Lizenzierungsordnung), dies gilt z. B. für Führungskräfte von Agenturen, die für mehrere Bundesligisten parallel die Rechtevermarktung übernehmen. Dabei muss auch zu jeder Beteiligung, die einem Bundesligisten mehr als 10% der Stimmrechte an einer Gesellschaft sichern, Auskunft gegeben werden über „a) Organe des Beteiligungsunternehmens und deren Zusammensetzung, b) Personenidentität zwischen den Organen des Bewerbers und Organen des Beteiligungsunternehmens, c) Wirtschaftliche Beziehungen zwischen Bewerber und Beteiligungsunternehmen" (§ 4 Nr. 11, DFL-Lizenzierungsordnung).

Möglichkeiten der Einflussnahme und Gefährdung der Integrität des sportlichen Wettbewerbs sind in solchen Konstellationen geringer als bei Mehrfachbeteiligungen von Anteilseignern/Gesellschaftern. Insbesondere sind sie jedoch weniger offensichtlich und für die Sportligen wie für die Öffentlichkeit kaum nachvollziehbar. Ungeachtet der in Lizenzierungsverfahren geforderten Transparenz sind Identifikation und Kontrolle problematischer Konstellationen aufgrund der Vertraulichkeit vertraglicher Regelungen, gerade hinsichtlich der Vergütung, extrem schwierig. Hinzu kommt, dass sich mündliche Absprachen unter persönlich Anwesenden „hinter den Kulissen" weitgehend einer Nachverfolgung entziehen.

> Mehrfachbeteiligungen von Investoren an Spielbetriebsgesellschaften einer Liga können den Kapitalgebern Gelegenheiten eröffnen, eines „ihrer" Teams im sportlichen Wettstreit zu begünstigen. Damit einher geht die Gefahr einer Korrumpierung des sportlichen Wettkampfs durch wirtschaftliche Überlegungen und Interessen, was Integrität und Glaubwürdigkeit der Ligawettbewerbe insgesamt gefährdet. Diesem Problem begegnen die Ligen mit kartellrechtlich motivierten Lizenzierungsregeln, die eine Mehrfachbeteiligung von Investoren an mehreren Spielbetrieben der gleichen Liga verhindern sollen. Darüber hinaus kann die Zusammenarbeit Dritter (meist Vermarktungsagenturen) mit mehreren Klubs einer Liga ebenfalls Einflussmöglichkeiten eröffnen. Diese gefährden die Integrität des sportlichen Wettbewerbs gleichermaßen, wenn auch weniger offensichtlich.

4 Mediale und werbliche Verwertung von Teamsport

Zur Finanzierung ihrer umfangreichen Aufgaben und Tätigkeitsbereiche benötigen Sportverbände, Ligaorganisationen, Sportvereine und Spielbetriebsgesellschaften enorme sachlich-personelle, zeitliche und finanzielle Ressourcen. Beispielsweise sind Trainings- und Wettkampfstätten, Sportler, Trainer und Betreuer zu finanzieren. Erlöse aus der Verwertung medialer und werblicher Rechte sind dabei von besonderer Bedeutung. Insbesondere im Fußball liefern mediale ebenso wie werbliche Rechte einen substanziellen Beitrag zur Finanzierung der Ligawettbewerbe. Für die anderen Sportarten und ihre Ligen ist es enorm schwer, sich neben dem Fußball medial zu behaupten. Insofern fallen hier die Erlöse viel geringer aus (vgl. Abb. 15).

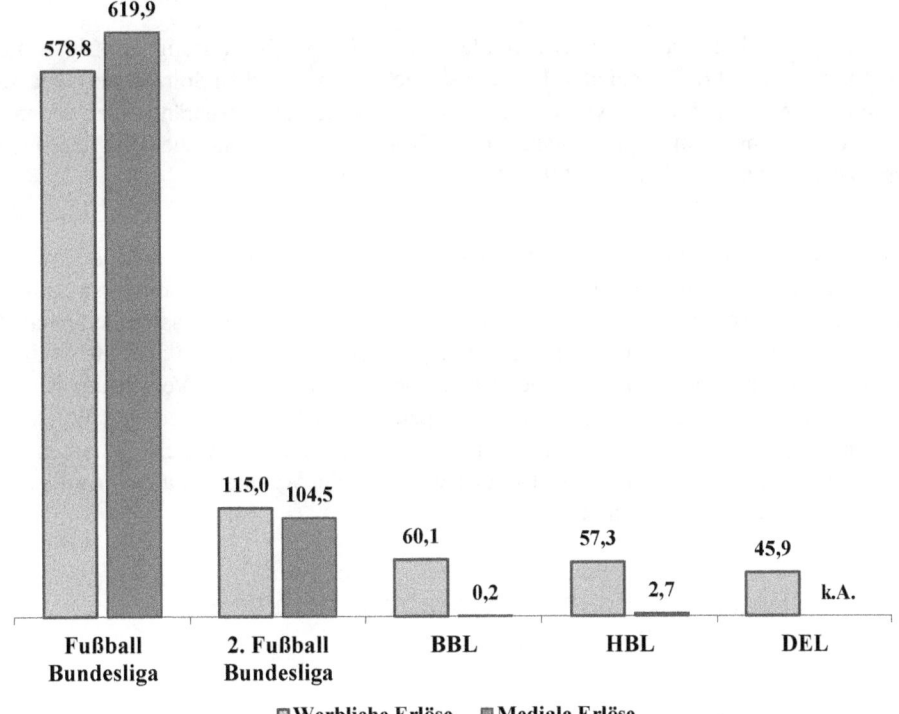

Abb.15: Erlöse aus der Verwertung medialer und werblicher Rechte der Sportligen 2012/2013; Angaben in Mio. Euro (vgl. Deloitte Sport Business Gruppe, 2013, S. 9; Deutsche Fußball Liga, 2014a, S. 8, 13).

Eine mediale Rechteverwertung ist dennoch in allen Teamsportarten bedeutsam, weil ungeachtet der (geringen) direkten Rechteerlöse eine massenmedial vermittelte *Öffentlichkeit* positive Folgeeffekte auf die Werthaltigkeit werblicher Rechte hat. Mit Blick auf die prozentualen Anteile der medialen und werblichen Rechteverwertung verdeutlicht Tabelle 10 die substanziellen Größenordnungen medialer Rechte im Profiteamsport. Gleichzeitig wird für BBL, HBL und DEL die starke wirtschaftliche Abhängigkeit von einer erfolgreichen Verwertung werblicher Rechte offensichtlich.

Tab. 10: Erlöse aus der Verwertung medialer und werblicher Rechte der Profiligen 2011/2012 und 2012/2013, Angaben in Mio. Euro und in Prozent der Gesamterlöse (vgl. Deutsche Fußball Liga, 2013, S. 22, 32; 2014a, S. 8, 13; Deloitte Sport Business Gruppe, 2013, S. 9).

	Erlöse aus medialen Rechten		Erlöse aus werblichen Rechten	
	2011/2012	2012/2013	2011/2012	2012/2013
Fußball Bundesliga	546,2 (26,2%)	619,9 (28,5%)	553,2 (26,6%)	578,8 (26,6%)
2. Fußball Bundesliga	107,6 (28,0%)	104,5 (24,9%)	109,5 (28,5%)	115,0 (27,4%)
BBL	0,2 (0,4%)	0,2 (0,4%)	54,1 (70,4%)	60,1 (69,4%)
HBL	2,6 (4,3%)	2,7 (4,7%)	61,1 (71,0%)	57,3 (68,5%)
DEL	k. A.	k. A.	43,3 (50,3%)	45,9 (49,9%)

> Bedingungen und Mechanismen der medialen und werblichen Verwertung von Ligawettbewerben basieren auf differenzierten Leistungsbeziehungen zwischen Spitzensport, Massenmedien und Wirtschaft. Deren Voraussetzungen, wechselseitige Verschränkungen und praktische Ausprägungen finden sich ausführlich in Kapitel 5 der „Grundlagen des Sportmanagements" (vgl. Fahrner, 2014, S. 199–259).

Die Verwertung medialer Rechte basiert grundsätzlich auf einem Leistungsaustausch zwischen Teamsport- und Medienorganisationen. Mit ihrer umfangreichen Sportberichterstattung, insbesondere in Fernsehen, Internet, Mobil- und Hörfunk, fungieren die Massenmedien als Generatoren gesellschaftlicher Aufmerksamkeit für den Teamsport und als zentrale Mittler im Austauschverhältnis mit der werbetreibenden Wirtschaft. Die werbliche Verwertung der Ligawettbewerbe erfolgt hingegen über Sponsoringbeziehungen von Teamsport- mit Wirtschaftsorganisationen. Diese sichern dem Spitzensport sachliche und finanzielle Ressourcen sowie hohe gesellschaftliche Aufmerksamkeit – auch außerhalb der Wettkampfstätten und über seine originären Adressatengruppen hinaus.

4.1 Eigen- vs. Fremdvermarktung medialer und werblicher Rechte

Die Verwertung medialer und werblicher Rechte setzt einen intersystemischen Leistungsaustausch von Spitzensport, Massenmedien und Wirtschaft voraus, der in der Managementpraxis nicht ohne weiteres gelingt. Die originären Rechteinhaber – Spitzenathleten, Trainer, Funktionäre, Sportvereine, Sportverbände und Spielbetriebsgesellschaften mit ihren Mannschaften und Sportereignissen – sind dabei jeweils auf ihre sportfachlichen Aufgaben- und Problemstellungen fokussiert, z. B. das Training zur Leistungssteigerung, die Überwachung von Statuten oder die Bekämpfung von Doping. Medienorganisationen wiederum haben ihre spezifische Expertise in der Erstellung und Vermarktung von Medienprodukten, Wirtschaftsunternehmen zeichnen sich durch Fachkompetenz zur Erstellung und Vermarktung von Dienstleistungen oder Produkten aus. Damit ist das Eingehen systemübergreifender Leistungsbeziehungen sehr voraussetzungsvoll, denn typischerweise fehlt auf Seiten aller Beteiligten notwendige Expertise für eine Vermarktung medialer und werblicher Rechte. Häufig sind deshalb in Anbahnung, Vorbereitung und Umsetzung medialer wie werblicher Verwertungen des Teamsports Agenturen und Berater als Vermittler eingebunden.

Die Auseinandersetzung mit Fragen der Eigen-/Fremdvermarktung medialer und werblicher Rechte knüpft an die in Kapitel 5.4 der „Grundlagen des Sportmanagements" beschriebene Funktionalität von „Vermittlern" im Rahmen der Rechteverwertung an (vgl. Fahrner, 2014, S. 244–250).

Lernziele des Kapitels
Die Leser setzen sich mit der Eigenvermarktung medialer und werblicher Rechte auseinander und reflektieren deren Vor- und Nachteile.
Sie lernen Geschäftsmodelle der Fremdvermarktung medialer und werblicher Rechte kennen und reflektieren deren Vor- und Nachteile.

Spezifische Expertise für die Verwertung medialer und werblicher Rechte gehört in Spitzensportorganisationen ebenso wie in Medienorganisationen und in Wirtschaftsunternehmen selten zu den Kernkompetenzen. Diese ist jedoch erforderlich, um z. B. für eine angemessene Preisgestaltung die wirtschaftliche Werthaltigkeit von Rechten einschätzen, konzeptionell-strategische Planungen erarbeiten, sie als Angebote der Rechteverwertung verhandlungsfähig machen und neueste technische Entwicklungen hinsichtlich damit verbundener Verwertungspotenziale analysieren zu können.

4.1.1 Eigenvermarktung medialer und werblicher Rechte

Eine mögliche strategische Option für die Verwertung medialer und werblicher Rechte ist die Vermarktung in Eigenregie, d. h., durch die originären Rechteinhaber des Teamsports selbst – also durch Sportvereine, Sportverbände, Spielbetriebsgesellschaften (vgl. Kap. 2).

Einschätzung der wirtschaftlichen Werthaltigkeit von Rechten
Die Vermarktung medialer und werblicher Rechte in Eigenregie erfordert auf Seiten der originären Rechteinhaber eigene, vermarktungsspezifische Expertise. Diese ist angesichts ihrer sportspezifischen Kernaufgaben und -kompetenzen nicht ohne weiteres gegeben. Entsprechender personeller und finanzieller Aufwand wird meist zugunsten von Investitionen in den Spielbetrieb gescheut.

> Sportverband S verfügt mit dem Ligapokal seiner Sportart über eine attraktive Veranstaltung, deren mediale und werbliche Rechte er selbst in Eigenregie vermarkten will. Mehrere etablierte Fernsehsender zeigen sich interessiert, alle medialen Verwertungsrechte für die nächste anstehende Meisterschaft zu erwerben. Darüber hinaus haben sich weitere, S bislang unbekannte Unternehmen der New Economy gemeldet, die insbesondere Interesse an den Internetrechten und weiteren Verwertungen in sozialen Medien haben. In ersten Gesprächen haben sie vielversprechende Verwertungsmodelle präsentiert, deren Tragfähigkeit aber noch fraglich scheint. Nun ist S unter Druck. Entgegen seiner ursprünglichen Strategie scheint es überlegenswert, die Rechte nicht komplett an einen der etablierten Sender zu vergeben. Für S bleibt jedoch unklar, mit welcher Paketebildung und Preisgestaltung das Ganze für ihn wirtschaftlich am rentabelsten wäre. In jedem Fall will S verhindern, dass er die Rechte unter Wert veräußert.
> 1. Welche wirtschaftlichen Vorteile ergeben sich für originäre Rechteinhaber aus der Eigenvermarktung medialer und werblicher Rechte?
> 2. Welche strategischen Schwierigkeiten sind für originäre Rechteinhaber mit der Eigenvermarktung medialer und werblicher Rechte verbunden?

Die Eigenvermarktung medialer und werblicher Rechte ist für originäre Rechteinhaber vor allem deshalb vorteilhaft, weil sie ihnen eine umfassende strategische und operative *Kontrolle* der Verwertungsketten ermöglicht, ohne hierfür Absprachen mit Dritten treffen zu müssen. Interne Informationen, z. B. über Verhandlungs- oder Preisstrategien, können vor Dritten leicht geheim gehalten werden. Außerdem fließen ihnen *Verwertungserlöse* direkt und ausschließlich zu.

Für die originären Rechteinhaber können dabei jedoch in verschiedener Hinsicht strategische Schwierigkeiten verbunden sein: Um Klarheit für das Vergabeverfahren erhalten zu können, sind zunächst insbesondere der jeweilige Umfang potenzieller Rechtekategorien und die Zusammenstellung etwaiger Rechtepakete abzustimmen (vgl. Duvinage, 2012, S. 575–576). Hierfür müssen u. a. die Interessen potenzieller Rechteverwerter antizipiert und erkundet werden sowie attraktive – stark nachgefragte – Rechte mit weniger attraktiven Rechten kombiniert werden (vgl. Kap. 4.2.2). Mit der Paketebildung muss außerdem die *Werthaltigkeit* der jeweiligen Rechte(-pakete) eingeschätzt werden, d. h., es gilt, eine interessengerechte Preisgestaltung vorzunehmen. In einem letzten Schritt müssen schließlich die von Interessenten vorgelegten Verwertungsmodelle auf ihre Tragfähigkeit hin überprüft werden. Hierfür sind auf Seiten der originären Rechteinhaber jeweils spezifische, etwa fachlich-strategische, soziale und sprachliche Kompetenzen notwendig. Ebenso braucht es ausreichend Zeit für die Vorbereitung und Durchführung entsprechender Verhandlungen.

Stichtag Lizenzierungsverfahren
Insbesondere mit Blick auf die Lizenzierungsverfahren der Ligaorganisationen, aber auch hinsichtlich der eigenen strategischen Saisonplanungen, können bei der Eigenvermarktung medialer und werblicher Rechte zeitliche Aspekte besondere Relevanz erhalten.

4.1 Eigen- vs. Fremdvermarktung medialer und werblicher Rechte

> Nachdem der bisherige Hauptsponsor zum Saisonende seinen Ausstieg angekündigt hat, verhandelt Bundesligist B in Eigenregie mit zwei potenziellen Sponsoren für die nächste Saison. Die Gespräche verlaufen aussichtsreich, erweisen sich jedoch als sehr zeitaufwändig. Nach einigen Monaten gelingt es B, mit einem der Unternehmen einen unterschriftsreifen Vertrag aufzusetzen. Nachdem dessen Unternehmenszahlen zum Jahresabschluss jedoch nicht erwartungsgemäß ausfallen, will der Vorstand zunächst die ersten Quartalzahlen abwarten und erst dann – möglicherweise – den Vertrag unterzeichnen. Damit sieht sich B in mehrfacher Hinsicht mit Problemen konfrontiert: Die Ligaorganisation fordert mit dem Lizenzantrag zum fixierten Stichtag den Nachweis vertraglich abgesicherter Budgets. Außerdem will der eigene Sportdirektor samt Trainerstab die Kaderplanung für die nächste Saison operativ angehen und mehrere neue Spieler verpflichten.
> 1. Welche Risiken können mit der Eigenvermarktung werblicher Rechte für originäre Rechteinhaber verbunden sein?

Um zu verhindern, dass wirtschaftliche Insolvenzen von Bundesligisten während einer Spielzeit beispielsweise zum Zwangsabstieg führen und damit sportliche Wettbewerbe verzerrt oder außer Kraft gesetzt werden, fordern Ligaorganisationen von den Klubs Nachweise ihrer Zahlungsfähigkeit. Typischerweise müssen hierfür Dokumente zur Beurteilung der wirtschaftlichen Gesamtsituation, insbesondere Vermarktungsverträge, vorgelegt werden. Alle Sportligen haben hierfür spezifische Stichtage definiert, zu denen die Klubs entsprechende rechtsverbindliche Nachweise der relevanten Budget-Positionen vorlegen müssen (vgl. Kap. 3.1.1). Dies stellt das Management der Bundesligisten mitunter vor besondere Herausforderungen, z. B. in Vertragsverhandlungen mit potenziellen Sponsoren. Teilweise entsteht durch die – allen Beteiligten bekannten – Termine der Lizenzierungsverfahren ein enormer *Erwartungsdruck* in Vertragsverhandlungen, den potenzielle Sponsoren/Vertragspartner auch zu ihren Gunsten ausnutzen können, beispielsweise indem sie im Gegenzug für eine termingerechte Vertragsunterzeichnung eine geringere Vergütung durchsetzen. Mit fehlenden vertraglichen und finanziellen Sicherheiten riskiert das Management eine Lizenzverweigerung durch die Ligaorganisation. Unter Umständen kommt es auch zu einer Lizenzerteilung mit der Auflage, bis zu späteren Zeitpunkten entsprechende Nachweise einzureichen.

Doch nicht nur mit Blick auf die Lizenzierungsverfahren sind fehlende vertragliche und finanzielle Sicherheiten in der Rechteverwertung für das Klubmanagement riskant. Vielmehr ist hiervon meist auch die strategische Planung des Spielerkaders für die nächste Saison erschwert, z. B. wenn verfügbare finanzielle Mittel erst feststehen, wenn umworbene Spieler bereits bei anderen Klubs unterschrieben haben.

Auslandsverwertung
Typischerweise erfolgt die Rechteverwertung für Ligawettbewerbe im Bundesgebiet, also dem nationalen Hoheitsbereich der Bundesligen. Jedoch besteht durchaus auch in anderen Ländern der Welt ein (mehr oder weniger) ausgeprägtes Interesse an Teamsportarten, weshalb grundsätzlich auch eine Auslandsverwertung von Rechten denkbar ist.

> Ligaorganisation L hat sich zum Ziel gesetzt, die im Inland bislang eher mäßig erfolgreiche mediale Verwertung ihres Ligawettbewerbs möglichst erlössteigernd auch im Ausland zu

verfolgen. L strebt dabei eine internationale Rechteverwertung insbesondere in solchen Ländern an, in denen großes öffentliches Interesse für ihre Sportart besteht. Je konkreter L dies allerdings verfolgt, umso schwieriger wird der Überblick über die relevanten Fernsehsender in den betreffenden Ländern – ganz abgesehen davon, Programmstrategien und Ansprechpartner zu identifizieren. Noch unübersichtlicher erweist sich die Situation im Bereich der zahlreichen „neuen" Onlinemedienunternehmen, sodass L ihre Vorgehensweise grundsätzlich überdenken muss.

1. Welche wirtschaftlichen Vorteile ergeben sich für originäre Rechteinhaber aus der Auslandsvermarktung medialer Rechte?
2. Mit welchen Schwierigkeiten müssen originäre Rechteinhaber bei der Eigenvermarktung medialer Rechte im Ausland umgehen?

Eine Auslandsvermarktung medialer Rechte ermöglicht den Sportligen eine Vergrößerung der mit ihren sportlichen Wettbewerben erreichbaren Öffentlichkeit und damit größere gesellschaftliche Reichweite und Relevanz. Ferner eröffnen sich durch finanzielle Vergütungen der Rechteverwerter auch neue *Erlöspotenziale* – vorausgesetzt, für die Verwertungsrechte finden sich zahlungsbereite Medienunternehmen. Über diese mit der medialen Verwertung direkt verbundenen Vorteile hinaus können sich weitere, indirekte Vorteile für die originären Rechteinhaber ergeben. Möglicherweise werden die Sportligen mit ihren Ligawettbewerben infolge einer massenmedialen Präsenz in den jeweiligen Ländern für potenzielle neue Sponsoren interessant, etwa wenn Unternehmen dort ihren Heimatmarkt haben, neu in diesen Markt eintreten oder mit neuen Produkten dort expandieren wollen. Dies könnte wiederum auch die Erlöse aus der Verwertung werblicher Rechte steigern (vgl. Kap. 4.3.1 und 4.3.2).

Die Auslandsvermarktung medialer Rechte bringt allerdings für die originären Rechteinhaber vielfältige Schwierigkeiten mit sich, die in der Managementpraxis meist nur über die Einbindung von Vermittlern (Beratern, Agenturen) bewältigt werden können: Zum einen fehlt originären Rechteinhabern für potenzielle ausländische Medienmärkte der *Überblick* über Seh- und Mediennutzungsgewohnheiten relevanter Zielgruppen, über relevante Medienunternehmen, deren Programmstrategien sowie verantwortliche Mitarbeiter und Ansprechpartner. Auch die wirtschaftlichen Möglichkeiten und finanziellen Spielräume der Medienunternehmen sind häufig unbekannt, was Preisgestaltungen und -verhandlungen ausgesprochen erschwert. Zum anderen sind länderspezifische kulturelle und *Sprachkompetenzen* in Wort und Schrift für Recherchen, Analysen und Vertragsverhandlungen erforderlich.

Die Eigenvermarktung medialer und werblicher Rechte erweist sich für originäre Rechteinhaber in verschiedenen Hinsichten als vorteilhaft, insbesondere da sie ihnen umfassende strategische und operative Kontrolle der Verwertung ermöglicht. Außerdem fließen ihnen Verwertungserlöse direkt und ausschließlich zu. Allerdings ist Eigenvermarktung in der Managementpraxis lediglich für große und wirtschaftlich potente Teamsportorganisationen realisierbar – insbesondere vor dem Hintergrund der damit verbundenen Anforderungen an eigene Fachexpertise, d. h., die Finanzierung und Fortbildung entsprechend qualifizierten Personals. Aber auch Unsicherheiten hinsichtlich des mittelfristig verfügbaren Budgets und damit einhergehende Schwierigkeiten in der sportlichen Planung können sich als nachteilig erweisen.

4.2 Mediale Verwertung von Teamsport

> **Lernziele des Kapitels**
>
> Die Leser erfahren, welche Vor- und Nachteile die Zentralvermarktung medialer Rechte durch die Sportligen mit sich bringt und welche Aspekte bei der Vermarktung medialer Rechte von Bedeutung sind.
>
> Sie erkennen, welche strategischen Überlegungen Ligaorganisationen bei der Ausschreibung medialer Sportrechte anstellen müssen.
>
> Sie setzen sich mit Möglichkeiten und Grenzen der (Nach-)Verwertung medialer Rechte durch Bundesligisten auseinander.

Für die mediale Sportrechteverwertung sind insbesondere Rechte für *Live-Übertragungen*, also zeitgleiche und lineare Übertragungen von Sportereignissen in voller Länge, von Bedeutung. Attraktivität und Werthaltigkeit dieser Rechte basieren in besonderer Weise auf sportspezifischen Spannungsmomenten. Nach der Beendigung sportlicher Wettkämpfe ergeben sich jeweils vielfältige Möglichkeiten für weitere Verwertungen, etwa in Form von Highlights. Üblich ist dabei die Unterscheidung in eine *Erstverwertung* von Rechten, also die erstmalige Ausstrahlung von Spielszenen sowie weitere *Zweit-, Dritt- oder Nachverwertungen* (vgl. Elter, 2003, S. 25; Duvinage, 2006, S. 32; Summerer, 2007b, S. 352–353; Kuhn, 2012, S. 151).

Eine nach wie vor dominante Rolle in der Verwertung medialer Rechte nimmt das Fernsehen ein, wobei Übertragungen der öffentlich-rechtlichen Sender (ARD, ZDF, Dritte Programme) und der werbetreibenden Privatsender für Rezipienten frei zugänglich und ohne Zusatzkosten – zum Rundfunkbeitrag und zur Grundgebühr für den Kabelanschluss – verfügbar sind (*Free TV*). Daneben existieren *Pay TV*-Angebote, deren Nutzung den Abschluss expliziter Nutzungsverträge voraussetzt, um die verschlüsselten Signale der Programmanbieter mittels Dekoder nutzen zu können. Um ihre mit z. T. erheblichen Zusatzkosten verbundenen Angebote für potenzielle Nutzer attraktiv machen zu können, sind Pay TV-Sender insbesondere auf exklusive (Live-)Rechte angewiesen.

Das Programmvolumen von Sportsendungen im Fernsehen (ohne den Pay-TV-Sender Sky) nahm dabei von 2002 bis 2012 um 15% ab, von 12.618 Sendestunden auf 10.750 Sendestunden. Dabei hatten Live-Berichterstattungen generell herausragende Bedeutung. Gerade in den letzten Jahren legte diese Form der Sportberichterstattung enorm zu auf 53,6% (2011) und 58,3% (2012). Aufgrund des Erwerbs umfangreicher Übertragungsrechte durch den Pay-TV-Sender Sky reduzierte sich in den letzten Jahren der Anteil von Fußball am Free-TV-Sportangebot von rund 25% (2002) auf rund 16% (2012) (vgl. Rühle, 2013, S. 424, 426).

Neben das Fernsehen sind mittlerweile „weitere Verwertungsformen für Sportrechte getreten, die aufgrund der technischen Entwicklung immer mehr an Bedeutung gewinnen. Dies sind vor allem das Internet, Breitband und ‚Mobile Devices'. Die einzelnen Verwertungsformen verschwimmen, wie beispielsweise die Entwicklung von ‚Mobil-TV' zeigt" (Duvinage, 2006, S. 32). Auch im *Internet* haben sich heute Live- sowie Zweit- und Nachverwertungen von Sportrechten etabliert, die je nach Sportart und Sportereignis als unentgeltliche sowie als entgeltliche Angebote existieren. Interessant ist dabei, dass der Internetkonsum seit Jahren ansteigt: 77,2 Prozent der Deutschen über 14 Jahre sind mindestens gelegentlich online. Neben den mit jeweils 55% am häufigsten genutzten Onlineinhalten „aktuelle Nachrichten" und „aktuelle Serviceinformationen" stellen „Sportinformationen" mit 36% häufiger/gelegentlicher Nutzung ebenfalls wichtige Onlineinhalte dar (vgl. van Eimeren & Frees, 2013, S. 360, 365).

4.2.1 Zentralvermarktung medialer Rechte durch Ligaorganisationen

Die Verwertung medialer Rechte ist für den Profiteamsport finanziell sehr bedeutsam. Hinzu kommen die mit einer massenmedialen Verbreitung verbundene öffentliche Aufwertung und damit einhergehende gesellschaftliche Aufmerksamkeit. Ein Blick in die Managementpraxis der Vereine und Kapitalgesellschaften zeigt jedoch, dass dieses Thema nur bei wenigen Verantwortlichen auf der Agenda steht. Wesentliche Ursache hierfür ist die *Zentralvermarktung* medialer Rechte. Mit Ausnahme weniger Nachverwertungs- und New Media-Rechte werden in den großen Teamsportarten praktisch alle medialen Rechte von den jeweiligen Ligaorganisationen zentral vermarktet. Im Fußball vermarktet außerdem der DFB die medialen Rechte am DFB-Pokal zentral, während die UEFA praktisch alle medialen Rechte an der Europa League, der Champions League und mittlerweile auch der Euro-Qualifikationsspiele zentral vermarktet. Fragen der medialen Rechteverwertung sind folglich vor allem für die Ligaverantwortlichen und die Zuständigen der Dachverbände (DFB, UEFA etc.) von hoher praktischer Relevanz.

Zentralvermarktung – zulässige Wettbewerbsbeschränkung
Zentralvermarktung stellt eine monopolartige und damit grundsätzlich unzulässige Wettbewerbsbeschränkung dar. Unter bestimmten Bedingungen wird diese jedoch von den Kartellbehörden als zulässig angesehen.

Eine Gruppe von Ökonomen ist sich in ihren wettbewerbsrechtlichen Bedenken gegenüber jeder Form von Monopolen einig. Sie fordern deshalb ein Einschreiten der Kartellbehörden gegen die Zentralvermarktung medialer Rechte durch die Sportligen und prüfen eine entsprechende Klage vor Gericht. Bei manchen Verantwortlichen der publikumsstarken Bundesligisten stoßen sie damit auf offene Ohren. Diese erhoffen sich durch eine Rechtevermarktung in Eigenregie höhere Erlöse, die sie im Wettbewerb mit der europäischen Konkurrenz gut gebrauchen könnten. Die Mehrzahl der Bundesligisten stützt allerdings die Linie der Liga, an der Zentralvermarktung festzuhalten. Sie fürchten einen enormen Schaden für das Gesamtprodukt Ligawettbewerb und argumentieren, gerade dank Zentralvermarktung könnten die Vermarktungserlöse in ihrer Höhe insgesamt gesichert werden. Gerade auch die Fans würden von der aktuellen Regelung profitieren.

1. Welche wettbewerbsrechtlichen Bedenken bestehen gegenüber der Zentralvermarktung werblicher Rechte durch die Sportligen?
2. Welche Folgen wären bei dezentraler Vermarktung medialer Rechte in Eigenregie der Klubs wahrscheinlich und welche wirtschaftlichen Folgen hätte dies für die Bundesligisten, den Gesamtwettbewerb Bundesliga und die Medienkonsumenten/Fans?
3. Welche Bedingungen müssen die Sportligen erfüllen, um an der Zentralvermarktung medialer Rechte festhalten zu dürfen?

Indem Sportligen die medialen Rechte ihrer Ligawettbewerbe zentral – und nicht jeder Bundesligist in Eigenregie dezentral – vermarkten, kommt es zu einem Vermarktungsmonopol. Zentralvermarktung schränkt also den wirtschaftspolitisch prinzipiell erwünschten Preis- und Konditionenwettbewerb ein und stellt folglich eine *wettbewerbsbeschränkende* Vereinbarung dar. Damit sind vermeintlich gravierende Nachteile für die Medienkonsumenten/Fans verbun-

4.2 Mediale Verwertung von Teamsport

den, denn Monopole führen grundsätzlich zu höheren Preisen. Allerdings ist aufgrund der Besonderheiten des Produkts „Ligawettbewerb" anzunehmen, dass eine dezentrale Vermarktung medialer Rechte in Eigenregie der Klubs für den Gesamtwettbewerb Bundesliga und damit letztlich auch für die Medienkonsumenten/Fans gravierende negative Folgen hätte (vgl. Duvinage, 2006, S. 34; 2012, S. 574–575; Elter, 2003, S. 59–64):

- Zunächst ermöglicht die Zentralvermarktung medialer Rechte eine *koordinierte Terminplanung* durch die Sportligen, was den Fans einen Überblick über den aktuellen Stand des sportlichen Wettbewerbs erleichtert und aufgrund einheitlicher Spielansetzungen auch die Ausbildung von Sehgewohnheiten/Routinen beim (Medien-)Publikum begünstigt.
- Mit der Terminkoordination geht auch die Möglichkeit einer *einheitlichen Präsentation* des Ligawettbewerbs als Gesamtprodukt einher, z. B. indem mittels Konferenzschaltungen oder zusammenfassenden Highlight-Berichten über die Liga als Ganzes berichtet wird. Dies ist insofern von Bedeutung, als Relevanz und Attraktivität der einzelnen Spiele gerade durch deren Einbindung in den Gesamtkontext Ligawettbewerb gesteigert werden. Kann dieser nicht in der skizzierten Form öffentlich dargestellt werden, reduziert sich letztlich auch der wirtschaftliche Wert der medialen Rechte. „Es wird also durch den Ligakontext ein Mehrwert geschaffen, der nur bei zentraler Vermarktung auch tatsächlich realisiert werden kann" (Duvinage, 2012, S. 574).
- Vorteilhaft ist die Zentralvermarktung medialer Rechte insbesondere auch für kleinere, finanzschwache Klubs. Diese profitieren davon, dass die zentral erwirtschafteten Mittel über ein *wirtschaftliches Ausgleichsverfahren* zwischen den Klubs aufgeteilt werden. Die Sportligen zielen damit auf einen langfristig ausgeglichenen Wettbewerb, was sich positiv auf die Spannung und damit auch auf die wirtschaftliche Werthaltigkeit des Gesamtwettbewerbs auswirken soll (vgl. Kap. 3.1.1).

Bei dezentraler Einzelvermarktung der medialen Rechte könnten hingegen lediglich die publikumsstarken Top-Klubs ihre Spiele zu attraktiven Konditionen vermarkten. Dabei wären *konkurrierende Sportsendungen* mit jeweils nur wenigen Spielpaarungen nicht ausgeschlossen. Denn z. B. benötigte ein Pay-TV-Sender lediglich die Rechte einiger sportlich erfolgreicher und publikumsstarker Klubs, um seinen Abonnenten ein attraktives Medienangebot unterbreiten zu können. Gleichzeitig wäre es wahrscheinlich, dass die Sender „ihre" Spiele in Konkurrenz zueinander auf zuschauerattraktiven Sendeplätzen präsentieren würden – was sich letztlich negativ auf die Zuschauerzahlen auswirken und die *wirtschaftliche Tragfähigkeit* der Verwertungsmodelle sehr stark einschränken würde. Es „wäre denkbar und sogar wahrscheinlich, dass Live-Spiele im Free-TV gegen Live-Spiele im Pay-TV programmiert würden. Wirtschaftlich gesehen, wäre damit weder Pay-TV noch Pay-per-View möglich" (Duvinage, 2006, S. 34).

Letztlich könnten Fans bei dezentraler Vermarktung der medialen Rechte also zwar (einzelne) Spiele des Ligawettbewerbs zu niedrigeren Preisen konsumieren – allerdings wäre nicht ausgeschlossen, dass ausgerechnet der von ihnen präferierte Klub nur für eine Auswahl seiner Spiele eine TV-Übertragung realisieren kann. Schließlich könnten die Fans auch gezwungen sein, mehrere Pay-TV-Abonnements abzuschließen und u. U. mehrere Decoder zuhause aufzustellen, um die Spiele ihrer präferierten Klubs sehen zu können. Für die Medienrezipienten könnte dies sogar höhere Kosten verursachen als entsprechende „Paketpreise" eines Monopolisten.

Vor diesem Hintergrund werden von den Kartellbehörden Ausnahmen vom Monopolverbot gewährt, wenn die Sportligen über diskriminierungsfreie und transparente *Vergabeverfahren* dazu beitragen, die Marktzutrittsbarrieren für potenzielle Rechteverwerter und negative Monopoleffekte möglichst gering zu halten. Die Vermarktung medialer Rechte in Form von Rechtepaketen hat deshalb auf dem Weg öffentlicher Ausschreibungen zu erfolgen (vgl. Kap. 4.2.2), die Verträge mit Rechteverwertern dürfen eine maximale Laufzeit von drei Jahren nicht überschreiten und nicht vermarktete Rechte müssen an die Klubs zurückfallen, um von ihnen dezentral vermarktet werden zu können (vgl. EU-Kommission, 2007, S. 55).

Free-TV vs. Pay-TV
Mit der Zentralvermarktung der medialen Rechte ihrer Ligawettbewerbe zielen die Sportligen darauf ab, möglichst hohe Erlöse zu erzielen und an die Bundesligisten zu verteilen (vgl. Kap. 3.2.1). Für die Sportligen sind jedoch noch weitere Aspekte von Bedeutung, etwa der Zugang zu möglichst großen Zuschauer-/Rezipientengruppen.

In jüngster Zeit wird Ligaorganisation L von den Bundesligisten enorm unter Druck gesetzt, mit der Vermarktung medialer Rechte höhere Erlöse zu erzielen, um entsprechend mehr Geld an die Klubs ausschütten zu können. Für die nächsten Spielzeiten strebt L deshalb eine deutliche Steigerung der Vermarktungserlöse aus den medialen Rechten ihrer Ligawettbewerbe an. Schnell wird deutlich, dass eine substanzielle Steigerung der Erlöse nur über eine exklusive Verwertung durch Pay-TV zu erwarten ist. Neben Exklusivität fordern die Sender, eine Highlight-Berichterstattung im Free-TV erst nach Ablauf eines zeitlichen Embargos von 24 Stunden zuzulassen. L ist skeptisch, ob ein solches Verwertungsszenario für ihren Gesamtwettbewerb strategisch sinnvoll und auch im Interesse der Klubs ist.
1. Welche Vor- und Nachteile sind für die Sportligen und ihre Bundesligisten mit einer exklusiven medialen Präsenz im Pay-TV verbunden?
2. Wie können Ligaorganisationen diesem „Dilemma Pay-TV" strategisch begegnen?

Um ihre Attraktivität für Abonnenten steigern und ihr Senderimage positiv beeinflussen zu können, sind Pay-TV-Sender auf massenattraktive, exklusive Medieninhalte angewiesen. Typische Vorteile einer exklusiven Zusammenarbeit mit Pay-TV-Sendern ergeben sich für Sportligen folglich aus vergleichsweise hohen finanziellen Vergütungen, die Pay-TV-Anbieter für entsprechende Sportrechte zu zahlen bereit sind. Dem gegenüber steht allerdings meist eine reduzierte öffentliche Sichtbarkeit des Programms. Aufgrund der kostenpflichtigen Abonnements ist die Zahl potenzieller Medienkonsumenten gegenüber frei empfangbaren TV-Programmen deutlich kleiner. Beispielsweise verzeichnet die ARD mit ihrer Highlight-Berichterstattung zur Fußball-Bundesliga in der Sportschau am Samstagabend *durchschnittlich* mehr als fünf Mio. Zuschauer, was einem Marktanteil beim Gesamtpublikum von fast 25% entspricht. Sky, der exklusive Pay-TV-Partner der Fußball-Bundesliga, weist hingegen 2013 für das *Spitzenspiel* der Liga zwischen dem Bayern München und Borussia Dortmund 1,86 Mio. Zuschauer als Rekordzahl aus. Inklusive der Zuschauer in Kneipen und der Nutzer von Sky-Go sahen dieses Spiel bei Sky rund 2,7 Mio. Fans (vgl. ohne Autor, 2014, o. S.).

Für die Sportligen stellt dies ein Dilemma dar, da sie einerseits an möglichsten hohen Erlösen aus der Vermarktung medialer Rechte interessiert sind und damit tendenziell Interesse an einer Zusammenarbeit mit Pay-TV-Sendern haben. Andererseits zielen sie auch auf ein möglichst breites Publikum und hohe Zuschauerzahlen. Denn ein großes Publikum ist u. a. für die Werbepartner und (Trikot-)Sponsoren der Bundesligisten vorteilhaft, da sie am Zugriff auf zahlreiche potenzielle Kunden interessiert sind. Mit der Größe des (medialen) Publikums steigt

4.2 Mediale Verwertung von Teamsport

folglich auch die Werthaltigkeit der Sponsorships, was sich wiederum in höheren werblichen Erlösen der Klubs niederschlägt (vgl. Kap. 4.3.2).

Der strategische Umgang mit diesem Dilemma ergibt sich situationsspezifisch aus den jeweiligen Gegebenheiten, wobei insbesondere der Fußball in Verhandlungen mit potenziellen Rechteverwertern eine starke Position innehat. Grundsätzlich geht es vor allem darum, über geschickte, den Erwartungen möglichst aller potenziellen Rechteverwerter entsprechende Paketebildungen (vgl. Kap. 4.2.2) für Pay- wie für Free-TV attraktive Angebote zu unterbreiten. Dabei kann es unter Abwägung aller Argumente auch Sinn machen, auf maximale Erlöse durch Pay-TV zu verzichten, um über eine zeitnahe Highlight-Berichterstattung im Free-TV den Gesamtwettbewerb Bundesliga einem möglichst großen Publikum nahe zu bringen. Denkbar wäre jedoch auch, dass sich der exklusive Pay-TV-Partner verpflichtet, eine bestimmte Anzahl Spiele unverschlüsselt und frei empfangbar auszustrahlen. Tabelle 11 zeigt die TV-Partnerschaften der Ligawettbewerbe für die Spielzeit 2013/2014.

Tab. 11: TV-Partnerschaften der Ligawettbewerbe (Spielzeit 2013/2014).

	Free-TV	Pay-TV
Fußball Bundesliga	ARD, ZDF, Dritte Programme (Highlights) Sport 1 (Highlights)	Sky (Live)
2. Fußball Bundesliga	ARD, ZDF, Dritte Programme (Highlights) Sport 1 (Live, Highlights)	Sky (Live)
Deutsche Eishockey Liga	Servus TV (Live, Highlights) ARD, ZDF (Highlights)	Sky (Live)
Handball-Bundesliga	Sport 1 (Live, Highlights) ARD, ZDF, Dritte Programme (Highlights)	--
Basketball Bundesliga	Sport 1 (Live, Highlights) ARD, ZDF, Dritte Programme (Highlights)	--
Deutsche Volleyball Liga	ARD, ZDF, Dritte Programme (Highlights)	--

Alle Spiele von *Fußball*-Bundesliga und 2. Bundesliga werden vom Pay-TV-Sender Sky live gezeigt. Hinzu kommt samstags eine Highlight-Berichterstattung in der ARD-Sportschau ab 18:30 Uhr sowie im ZDF-Sportstudio ab 23:00 Uhr. In der Sportschau muss dabei jedes Spiel in einem Mindestumfang von zwölf Minuten abgebildet werden. Über die Sonntagsspiele der Fußball-Bundesliga berichtet sonntags ab 21:45 Uhr eine gemeinsame Sportschau der Dritten Programme, die im Anschluss ihre regionale Sportberichterstattung fortsetzen. Das Topspiel der 2. Bundesliga wiederum zeigt der Sportspartensender Sport1 montags ab 20:15 Uhr live. Darüber hinaus gibt es auf Sport1 auch eine Highlight-Berichterstattung zur Bundesliga und zur 2. Bundesliga. Von der *DEL*-Hauptrunde zeigt Servus TV sonntags das Top-Spiel des jeweiligen Spieltags live, gleiches gilt für die Playoffs. In spannenden Phasen während der Playoffs zeigt Servus TV auch mehrere Begegnungen in einer Live-Konferenz. Von der Finalserie berichtet Servus TV über alle Spiele live. Sport1 wiederum zeigt mindestens 60 Spiele der *HBL* live, hauptsächlich auf den regelmäßigen Sendeplätzen mittwochs ab 20:15 Uhr und sonntags ab 17:15 Uhr. Auch von mindestens 40 Spielen der *BBL* berichtet Sport1 exklusiv live. ARD, ZDF und die Dritten Programme zeigen schließlich auch Highlights von Spielen der HBL, der BBL sowie der DVL.

Ausstrahlungsgarantien

Mit der Vermarktung medialer Rechte verfolgen die Sportligen einerseits das Ziel, möglichst hohe Erlöse zu generieren. Andererseits sind sie aber auch an einer möglichst großen Öffentlichkeit und einer attraktiven Präsentationsform interessiert.

> Angesichts massiver Konkurrenz durch den Fußball und vor dem Hintergrund einer insgesamt schwachen wirtschaftlichen Lage vieler TV-Sender erweisen sich die Rechteverhandlungen für Ligaorganisation L als enorm schwierig. Dennoch steht L kurz vor dem Abschluss wichtiger medialer Verwertungsverträge mit dem öffentlich-rechtlichen TV-Sender S. Die Höhe der Vergütung ist dabei weniger strittig als Art und Umfang der von S geplanten Sendungen: S sagt Live-Übertragungen der Ligaspiele und wöchentliche Highlight-Berichterstattungen zu. L besteht hingegen auf einer garantierten Mindestanzahl von Live-Übertragungen pro Saison und einer garantierten Kurzzusammenfassung aller Partien von jeweils mindestens sechs Minuten Länge.
> 1. Welche Bedeutung haben Ausstrahlungsgarantien für die Sportligen und ihre Klubs?
> 2. Welche Nachteile ergeben sich für die Sportligen, wenn TV-Sender keine oder nur eine bestimmte Anzahl von Live-Übertragungen garantieren und wie können die Sportligen damit strategisch umgehen?

Ausstrahlungsgarantien sind für Sportligen und Klubs von großer Bedeutung, um wirklich sicher gehen zu können, dass eine gewisse öffentliche Sichtbarkeit in der Berichterstattung auch tatsächlich gewährleistet ist – und es beispielsweise nicht zu kurzfristigen Programmänderungen kommen darf. Dies ist nicht nur für die massenmediale Präsenz an sich und eine damit verbundene gesamtgesellschaftliche Aufmerksamkeit, sondern vor allem auch mit Blick auf die Werthaltigkeit von (Trikot-)Sponsorships der Klubs relevant. Denn garantierte Sendeplätze und Sendeumfänge sind für Sponsoren insofern bedeutsam, als sie typischerweise auf eine massenmedial vermittelte Öffentlichkeit zur Steigerung ihrer Bekanntheitsgrade abzielen (vgl. Kap. 4.3.2). Deshalb stellen Ausstrahlungsgarantien grundsätzlich den „Dreh- und Angelpunkt jeder Lizenzvereinbarung" (Duvinage, 2012, S. 580) dar.

Mit Ausnahme des Fußballs gelang es in Deutschland zuletzt keiner Teamsportart, für *alle* Bundesligaspiele eine garantierte Live-Berichterstattung durchzusetzen.[13] Hingegen wird typischerweise eine Mindestanzahl an Live-Übertragungen vereinbart, wobei in der Praxis tendenziell vor allem über Top-Spiele publikumsstarker Klubs live berichtet wird – kleinere, weniger leistungsstarke Bundesligisten sind also meist dann live im Fernsehen zu sehen, wenn sie gegen einen der Top-Klubs antreten müssen. Gelingt es den Sportligen nicht, einen Mindestumfang der Berichterstattung für jede Spielpaarung zu vereinbaren, werden von den Top-Spielen meist deutlich längere Zusammenfassungen gezeigt. Gerade für Handball oder Basketball ist es ohnehin schwierig, in kurzer Zeit das gesamte Spielgeschehen angemessen abbilden zu können, da z. B. sehr viel mehr Tore/Punkte erzielt werden als beim Fußball.

---

[13] Für die Spielzeiten ab 2014/15 werden alle 306 Spiele der BBL-Hauptrunde, alle Playoff-Begegnungen, die Pokal-Endrunde, der BBL Allstar Day und der BBL Champions Cup auf den Plattformen der Deutschen Telekom live ausgestrahlt (vgl. Basketball-Bundesliga, 2014, o. S.).

4.2 Mediale Verwertung von Teamsport

Eine Möglichkeit des strategischen Umgangs mit dieser Problematik besteht darin, ungenutzte Rechte den Klubs zur massenmedialen (Nach-)Verwertung via Regional-TV oder Internet-Streaming zuzusprechen (vgl. Kap. 4.2.3).

Liga-eigener TV-Sender

Eine attraktive massenmediale Darstellung hat für die Ligawettbewerbe enorme Bedeutung. Aus den unterschiedlichen Interessenlagen der Medienunternehmen und der Ligaorganisationen resultieren allerdings Spannungsfelder, die nicht ohne weiteres aufgelöst werden können. Vor diesem Hintergrund haben Sportligen und Klubs ein berechtigtes strategisches Interesse, Bewegtbilder ihrer Ligawettbewerbe in Eigenregie zu produzieren und zu vermarkten.

> Ligaorganisation L hat die medialen Rechte ihres Ligawettbewerbs bislang von wechselnden Free- und Pay-TV-Anbietern verwerten lassen. Damit verbunden waren jeweils intensive Verhandlungen, die L nicht immer in allen Punkten zu ihren Gunsten entscheiden konnte. Zuletzt war L auch mit den ausgestrahlten Inhalten nicht immer zufrieden, u. a. haben sich einige Top-Sponsoren über zu wenig Präsenz während der Übertragungen beschwert. Vor diesem Hintergrund stellt L strategische Überlegungen an, die Bewegtbilder ihres Ligawettbewerbs zukünftig selbst zu produzieren und diese langfristig auch über direkte Kundenbeziehungen zu ihren Fans zu vermarkten. Die mit der Gründung ihres „Liga-TV-Kanals" verbundenen Kosten und unternehmerischen Risiken scheinen L tragbar, weil sie auf diesem Weg auch neue Abnehmergruppen – etwa im Bereich sozialer Medien – erschließen kann, die bislang als potenzielle Rechteverwerter ausgeschieden waren.
> 1. Inwiefern sind die eigenständige Produktion von Bewegtbildern und deren direkter Vertrieb in Form eines „Liga-TV-Kanals" für die Ligaorganisationen vorteilhaft?
> 2. Welche (wirtschaftlichen) Risiken sind für die Ligaorganisationen mit einer solchen Strategie verbunden?

Die eigenständige Produktion von Bewegtbildern verschafft den Ligaorganisationen eine unmittelbare Kontrolle über die öffentliche Darstellung ihrer Ligawettbewerbe. „Eigenproduktion ermöglicht es den originären Sportrechteinhabern, der Öffentlichkeit ihre Veranstaltung in dem von ihnen gewünschten positiven Licht zu präsentieren und die Gesamtkontrolle über die mediale Verwertung zu behalten. Neben den Rechten verkauft der Lizenzgeber in diesem Fall den Rechteverwertern dann auch das Bildmaterial seiner Veranstaltung, und zwar zumeist mit einem Aufschlag" (Duvinage, 2012, S. 580). Auf diese Weise können einerseits attraktive (sportliche) Ereignisse oder Sponsoren in den Blickpunkt gerückt werden, andererseits lassen sich negative Bilder, etwa Fan-Ausschreitungen, weitgehend ausblenden. Außerdem fördert die Eigenproduktion von Bewegtbildern die Unabhängigkeit der Ligaorganisationen von Fernsehsendern, wenn „fertig produzierte Live-Sendungen, Highlight-Programme und sonstige redaktionelle Beiträge von in- und ausländischen Rechteverwertern übernommen werden können bzw. müssen" (Duvinage, 2012, S. 580). Mittelfristig können die Ligaorganisation auf diese Weise auch für multimediale Plattformen und Bewegtbildanbieter anschlussfähig werden und neben Fernsehsendern auch Kabelgesellschaften oder Internetportale (u. a. YouTube, Facebook) als Abnehmer ihres Bewegtbildmaterials gewinnen.

Mittel- und langfristig kann eine eigenständige Bewegtbildproduktion der Sportligen in Eigenregie sogar durch direkte Kundenbeziehungen zum Endkonsumenten, also Fans und Medienrezipienten, ergänzt werden. Doch „ob und wann diese Entwicklung eintritt, ist heute ... nur schwer absehbar, zumal ein eigener Ligakanal für die betreffende Liga mit ganz erheblichen finanziellen Unwägbarkeiten verbunden ist" (Duvinage, 2012, S. 578). Beispielsweise braucht es Kamera- und Übertragungstechnik, Studios, Satelliten- und Übertragungskapazitäten, Kameraleute, Regisseure, Moderatoren, eine Redaktion, Programmplanung und Sendeleitung sowie Öffentlichkeitsarbeit und Marketing. Da ein umfassendes attraktives Programmangebot nicht ausschließlich mit der Berichterstattung über die eigenen Ligawettbewerbe gewährleistet werden kann, müssen alternative Programmangebote (Programmstunden) zugekauft werden – was entsprechende Zusatzkosten verursacht (vgl. Holtmann, 2008, S. 193–195). Im Fußball hat bislang allein die DFL mit ihrem Tochterunternehmen Sportcast die Produktion von Bewegtbildern in Eigenregie übernommen, allerdings ohne diese redaktionell zu bearbeiten. Die Trennung von Inhalt (Produktion) und Vertrieb wird also auch im Fußball nach wie vor praktiziert.

Die Zentralvermarktung medialer Rechte durch die Sportligen verstößt zwar gegen wettbewerbsrechtliche Grundregeln und ist deshalb prinzipiell unzulässig. Unter bestimmten Bedingungen wird sie jedoch von den Kartellbehörden akzeptiert. Dabei wird insbesondere dem Umstand Rechnung getragen, dass die Ligawettbewerbe bei dezentraler Vermarktung an Attraktivität einbüßen und sich auch für die Fans keine Vorteile ergeben – solange sie nicht ausschließlich an einem einzigen Top-Klub interessiert sind. Die zentrale Herausforderung für die Ligaorganisationen besteht vor allem darin, aus der Zusammenarbeit mit Medienunternehmen möglichst hohe Erlöse zu generieren, diese über ein wirtschaftliches Ausgleichsverfahren zwischen den Klubs aufzuteilen und gleichzeitig für eine garantierte Ausstrahlung einer attraktiven Berichterstattung zu sorgen. Für die Zukunft der medialen Rechteverwertung ist die Gründung Liga-eigener Fernsehsender denkbar, die Bewegtbildangebote nicht nur in Eigenregie produzieren, sondern diese redaktionell bearbeiten und über direkte Kundenbeziehungen zu den Fans auch selbst vermarkten.

4.2.2 Ausschreibung medialer Rechte durch Ligaorganisationen

Die wettbewerbsbeschränkenden Charakteristika der Zentralvermarktung medialer Sportrechte und die mehrjährigen Vertragslaufzeiten der Verwertungsverträge wirken gegenüber potenziellen neuen Rechteverwertern als Marktzutrittsbarrieren. Deshalb ist die Zentralvermarktung medialer Rechte als wettbewerbsbeschränkendes Monopol grundsätzlich unzulässig. Unter bestimmten Bedingungen wird sie von den Kartellbehörden dennoch akzeptiert, insbesondere wenn allen potenziellen Interessenten über öffentliche Wettbewerbsverfahren ein Marktzugang ermöglicht wird. Solche Ausschreibungen formulieren jene „Bedingungen, zu denen ein Vertragsangebot erwartet wird … dargestellt mit der Aufforderung an Interessenten, sich durch Vorlage von Offerten zu bewerben" (Elter, 2003, S. 52). Vor Beginn öffentlicher Ausschreibungen bietet es sich für die originären Rechteinhaber – Sportligen oder Sportverbände – an, eine Abstimmung mit den Kartellbehörden zu suchen. Um Klarheit für das spätere Wettbewerbsverfahren erhalten zu können, sind insbesondere der jeweilige Umfang potenzieller Rechtekategorien und etwaiger Rechtepakete zu diskutieren sowie alternative Vergabeschemata abzustimmen (vgl. Duvinage, 2012, S. 575–576).

4.2 Mediale Verwertung von Teamsport

Rechteumfang
Im Vorfeld jeder Rechtevermarktung muss der Rechteinhaber klären, welche Rechte bezogen auf welche (Serie von) Veranstaltungen ausgeschrieben und verhandelt werden sollen. Es gilt, den Gegenstand etwaiger vertraglicher Vereinbarungen möglichst differenziert festzulegen.

> Ligaorganisation L steckt mitten in den Vorbereitungen zur Ausschreibung der medialen Rechte ihres Ligawettbewerbs für die kommenden drei Spielzeiten. In der Vergangenheit hat L diese Rechte immer „en block" an einen Fernsehpartner vergeben. Angesichts der technischen Entwicklungen im Bereich des mobilen Internets und damit einhergehenden geänderten Mediennutzungsgewohnheiten der Rezipienten will L diese Rechte nun allerdings differenzieren. Sie erhofft sich dadurch neben höheren Erlösen auch eine noch bessere massenmediale Abdeckung bei ihren Zielgruppen. In einem ersten Entwurf versucht L, die Rechte aufzuschlüsseln – stößt dabei jedoch schon bei der Abgrenzung von Fernsehen und Internet an Grenzen.
> 1. Nach welchen Aspekten lässt sich der Umfang medialer Rechte differenzieren?
> 2. Welche Abgrenzungsschwierigkeiten treten hierbei auf und wie können diese (weitgehend) umgangen werden?

Der Umfang medialer Rechte kann zunächst nach *zeitlichen Aspekten* differenziert werden. Hierbei ist festzulegen, ob der Rechteverwerter das Sportereignis live oder nur zeitversetzt verwerten darf. Im Fall einer zeitversetzten Verwertung muss wiederum zwischen Erst-, Zweit- oder Nachverwertung unterschieden werden. Dabei ist zu klären, mit welchem zeitlichen Embargo im Anschluss an eine etwaige Live-Übertragung eine Highlight-Berichterstattung erfolgen darf. Ein weiterer Aspekt ist der *Zugang* der Medienrezipienten *zu dem Medium*, über das die Rechte verwertet werden. Entscheidend ist dabei, ob dieses Medium frei (Free-Verwertung) oder nur gegen Entgelt (Pay-Verwertung) zugänglich ist (vgl. Duvinage, 2012, S. 579). Als drittes ist die *Übertragungs-/Verbreitungstechnik*, die der Rechteverwerter nutzen darf, abzugrenzen. Diese Abgrenzung ist aufgrund der vielfältigen technischen Möglichkeiten enorm wichtig. Beispielsweise unterscheiden sich Live-Übertragungen im Internet und im Fernsehen kaum, „da einzig der Übertragungsweg ein anderer ist, das Bild als solches und seine Relevanz für die Meinungsbildung aber identisch" (Eilers, 2006, S. 226) sind. Es kommt folglich nicht (mehr) auf das jeweilige Ausgabemedium (z. B. Fernseher, Computer) an. „Stattdessen wird ... nach den heutigen gebräuchlichen Übertragungstechnologien (Terrestrik, Satellit, Kabel, Internet-Protokoll, d. h., Web-TV und IP-TV, sowie Mobilfunk) unterschieden" (Duvinage, 2012, S. 579).

Rahmenterminkalender/Spielplan
Über das Wettbewerbsformat (vgl. Kap. 3.1.2) werden zentrale Charakteristika der Ligawettbewerbe – etwa die Anzahl der teilnehmenden Mannschaften, die Anzahl der Spieltage, die Unterscheidung von Hauptrunde und Playoffs – vorab festgelegt. Dies hat unmittelbare Konsequenzen für die medialen Verwertungsmöglichkeiten. Gestaltungsspielräume ergeben sich für die Sportligen vor allem in der Konkretisierung des Wettbewerbs-/Spielkalenders.

> Ligaorganisation L führt ihren Ligawettbewerb ab der übernächsten Spielzeit in einem neuen Format durch – erst kürzlich wurde die Einführung von Playoffs im Anschluss an die bisherige Hauptrunde beschlossen. Angesichts der ab Juni jeweils terminierten Welt- und Europameisterschaften steht für die gesamte Saison allerdings nicht mehr Zeit zur Verfügung als bislang. Vor diesem Hintergrund muss L einen komplett neuen Spielplan entwerfen, der den Interessen aller Beteiligten gerecht wird. Dabei zeichnen sich mehrere Konfliktfelder ab: Die Spieler sind bereits im bisherigen Spielmodus an ihre Belastungsgrenzen gestoßen, die Klubs wollen mit Blick auf die Zuschauerzahlen in ihren Hallen möglichst wenige Spielansetzungen unter der Woche, die potenziell interessierten Fernsehsender müssen eine etwaige Berichterstattung mit ihren etablierten Sendeschemata in Einklang bringen. Vor diesem Hintergrund gestaltet sich die Erarbeitung des Spielplans als extrem schwierig.
> 1. Welche Überlegungen spielen bei der Gestaltung von Rahmenterminkalendern der Ligawettbewerbe eine wichtige Rolle, insbesondere mit Blick auf deren mediale Verwertung?
> 2. Mit welchen Schwierigkeiten sind alle Ligawettbewerbe – mit Ausnahme des Fußballs – bei der Abstimmung ihrer Rahmentermine mit potenziellen TV-Partnern konfrontiert?

Bei der Gestaltung der Rahmenterminkalender von Ligawettbewerben ist ein wichtiger Aspekt, die Spielansetzungen *zeitlich* möglichst *kompakt* zu terminieren und einzelne Spieltage nicht über zu viele Tage hinweg zu zergliedern. Mit engen Zeitplänen einhergehende parallele Spielansetzungen und zeitgleiche Live-Berichterstattungen der Spiele schränken zwar einerseits die Anzahl von Medienrezipienten je Spiel ein. Andererseits erleichtert dies allen relevanten Bezugsgruppen, den jeweils aktuellen Stand des sportlichen Wettbewerbs zu überblicken, da alle Teams mit der gleichen Anzahl von Spielen in der Tabelle gelistet sind. Des Weiteren ist es erstrebenswert, unter der Woche und am Wochenende feste Spieltage und Anstoß-/Anwurfzeiten einzuhalten. Ein solcher *serieller Charakter* der Ligawettbewerbe ist für die Ausbildung von Sehgewohnheiten des Medienpublikums und von Routinen der Freizeitgestaltung der Zuschauer bedeutsam. Zu beachten sind hierbei u. a. Reisezeiten der Fans, die insbesondere wochentags oder sonntagabends im zeitlichen Konflikt zu anderen privaten oder beruflichen Verpflichtungen stehen können, etwa bei langen An-/Abreisewegen zu Auswärtsspielen. Darüber hinaus sind die Spielansetzungen mit dem *internationalen Rahmenterminkalender* der jeweiligen Sportart abzustimmen, insbesondere mit Blick auf die europäischen Klubwettbewerbe. Sind deren Spielpaarungen in gleichen Zeitfenstern angesetzt, entstehen vor allem dann Probleme, wenn sich ein Bundesligist im internationalen Klubwettbewerb (unerwartet) durchsetzt und seine Ligaspiele aufgrund weiterer internationaler Einsätze kurzfristig abgesetzt und auf alternative Termine verlegt werden müssen.

Über diese sportspezifischen Überlegungen hinaus ist bei der Planung von Rahmenterminkalendern insbesondere zu prüfen, an welchen Wochentagen und zu welchen Tageszeiten bei potenziellen Rechteverwertern *publikumsattraktive Sendeplätze* existieren, die für Live- oder Highlight-Berichterstattungen verfügbar und nicht bereits traditionell von anderen Programminhalten belegt sind. Außer dem Fußball sind alle Teamsportarten mit dem Problem konfrontiert, dass auf attraktiven TV-Sendeplätzen publikumsstarke *Fußball-Übertragungen* platziert sind: Montags abends das Topspiel der 2. Bundesliga, dienstags/mittwochs abends Champions League, donnerstags abends Europa League, freitags abends Bundesliga, samstags/sonntags

4.2 Mediale Verwertung von Teamsport

Bundesliga und 2. Bundesliga. Dies erschwert eine für die massenmediale Verwertung passfähige Terminplanung der Ligawettbewerbe anderer Teamsportarten enorm.

Rechtepakete
Mit der Analyse von Erwartungen relevanter Bezugsgruppen konkretisieren originäre Rechteinhaber im weiteren Fortgang ihre Medienangebote, indem sie verschiedene Rechte zu sog. Paketen zusammenfassen. Dabei gilt es, den Rahmenterminkalender ebenso zu berücksichtigen wie den Umfang der jeweiligen Rechte.

Im Vorfeld der Ausschreibung medialer Rechte für die kommenden drei Spielzeiten hat Ligaorganisation L bereits ausführliche Vorgespräche mit interessierten Medienunternehmen geführt. Unter Berücksichtigung der hierbei geäußerten Sendererwartungen arbeitet L verschiedene Verwertungsszenarien aus, die möglichst in Deckung zu den Interessen der potenziellen Rechteverwerter stehen – und L gleichzeitig maximale Öffentlichkeit und Erlöse versprechen. In ihren konzeptionellen Überlegungen erarbeitet L mehrere Rechtepakete für Live-Übertragungen und zusammenfassende Highlight-Berichterstattungen. L ist jedoch klar, dass diese Unterscheidung allein nicht ausreichend ist.
1. Welche Aspekte sind für eine möglichst trennscharfe Abgrenzung von Rechtepaketen der medialen Verwertung von Bedeutung?
2. In welcher Form lassen sich strategische Bündelungen medialer Rechte vornehmen?

Die Kopplung einzelner Rechte zu Rechtepaketen muss jeweils vor dem Hintergrund der Erwartungen potenzieller Rechteverwerter erfolgen. Da jedes Medienunternehmen Interesse am Erwerb exklusiver Verwertungsrechte hat, ist bei der Paketebildung insbesondere auf eine trennscharfe Abgrenzung hinsichtlich der *zeitlichen* Aspekte, der *Übertragungswege* und des *Medienzugangs* achten (vgl. Rechteumfang oben in diesem Teilkapitel). Beispielsweise unterschied der Fußball Ligaverband 2011 in seiner Ausschreibung medialer Rechte mehrere Rechtepakete für Live- sowie Highlight-Berichterstattungen, die entweder ausschließlich als *Bezahlangebote* oder ausschließlich als *Free-Angebote* ausgeschrieben waren. Darüber hinaus wurden die Rechtepakete hinsichtlich der jeweils zulässigen Übertragungswege differenziert, wobei *drei Verbreitungswege* unterschieden wurden: (a) *Broadcast*, d. h. Kabel, Satellit, Terrestrik, (b) *Netcast I*, d. h. IP-TV und (c) *Netcast II*, d. h. Web-TV und Mobile-TV (vgl. Deutsche Fußball Liga & Ligaverband, 2011, S. 4–11). Für die *Live-Berichterstattung* gab es insgesamt sechs Rechtepakete, u. a. das

- *Paket A* (Goldpaket) mit dem Recht zur Live-Übertragung mehrerer Spiele der Bundesliga je Spieltag in voller Länge und dem Recht, alle Parallelspiele eines Spieltags ausschnittsweise als Live-Konferenz zu zeigen (je Spielzeit ca. 200 Spiele).
- *Paket B* (Silberpaket) mit dem Recht zur Live-Übertragung mehrerer Spiele der Bundesliga je Spieltag in voller Länge (je Spielzeit ca. 70 Spiele).
- *Paket C* (Bronzepaket) mit dem Recht zur Live-Übertragung von einem Spiel der Bundesliga je Spieltag sowie von einem weiteren Spiel an Spieltagen ohne Spiel am Samstagabend in voller Länge (je Spielzeit ca. 36 Spiele).

Alle Pakete (A, B, C) wurden auch in drei eigenständigen Teilpaketen angeboten, eines für den Verbreitungsweg Broadcast, eines für den Verbreitungsweg Netcast I und eines für den Verbreitungsweg Netcast II (vgl. Deutsche Fußball Liga & Ligaverband, 2011, S. 5). In Kombination mit diesen Live-Rechtepaketen differenzierte der Ligaverband weitere Rechtepakete für die Highlight-Berichterstattung. Dabei unterschied er zunächst zwei Verwertungsszenarien:

- *Szenario I/Klassik*, mit einer Free-Verwertung vor 20:00 Uhr über *Broadcast*. Hierfür waren fünf Teilpakete zur Free-Verwertung ausgeschrieben (vgl. Deutsche Fußball Liga & Ligaverband, 2011, S. 7–9).
- *Szenario II/Neue Medien*, mit einer Free-Verwertung vor 20:00 Uhr über *Netcast II*. Hier waren vier Teilpakete zur Free-Verwertung ausgeschrieben:
  - *Paket II/1* umfasst das Recht zur linearen Highlight-Berichterstattung mittels Netcast II über die Spiele der Bundesliga am Freitag und Samstagnachmittag sowie über die Spiele der 2. Bundesliga am Samstagnachmittag mit einem Auswertungszeitraum samstags ab 19:00 Uhr. „Darüber hinaus umfasst dieses Paket das Recht zur Highlight-Berichterstattung On-Demand von allen Spielen der Bundesliga und der 2. Bundesliga. Eine Pay-Verwertung ist ab ca. eine Stunde nach Spielende zulässig, eine Free-Verwertung ab 0:00 Uhr des Tages nach der erstmaligen Free-Verwertung des jeweiligen Spiels im Rahmen der Highlight-Berichterstattung" (Deutsche Fußball Liga & Ligaverband, 2011, S. 9).
  - *Paket II/2* „umfasst das Recht zur Highlight-Berichterstattung über die am Freitag und Samstag ausgetragenen Spiele der Bundesliga und der am Samstagnachmittag ausgetragenen Spiele der 2. Bundesliga mit einem Auswertungszeitraum samstags jeweils ab 21:45 Uhr. Bestandteil des Pakets II/2 sind die medialen Verwertungsrechte für die genannte Highlight-Berichterstattung für die Verbreitungsart ‚Broadcast' sowie als ‚Simulcast' der linearen Sendung für die Verbreitungsarten ‚Netcast I' und für ‚Netcast II', jedoch keine On-Demand-Angebote" (Deutsche Fußball Liga & Ligaverband, 2011, S. 9–10).
  - *Paket II/3* „umfasst das Recht zur Highlight-Berichterstattung über sämtliche am Freitag und Samstag ausgetragenen Spiele der Bundesliga und der 2. Bundesliga am Sonntagvormittag. Bestandteil des Pakets II/3 sind die medialen Verwertungsrechte für die genannte Highlight-Berichterstattung für die Verbreitungsart ‚Broadcast' sowie als ‚Simulcast' der linearen Sendung für die Verbreitungsarten ‚Netcast I' und für ‚Netcast II', jedoch keine On-Demand-Angebote" (Deutsche Fußball Liga & Ligaverband, 2011, S. 10).
  - *Paket II/4* „umfasst das Recht zur Highlight-Berichterstattung über sämtliche Spiele der Bundesliga vom Sonntag. Es wird für zwei optionale Auswertungszeiträume ausgeschrieben, wobei nur eine Option den Zuschlag erhalten wird. Die erste Option umfasst den Auswertungszeitraum am Sonntag ab 19:00 Uhr und die 2. Option den Auswertungszeitraum am Sonntag ab 21:15 Uhr. Bestandteil des Pakets II/4 sind die medialen Verwertungsrechte für die genannte Highlight-Berichterstattung für die Verbreitungsart ‚Broadcast' sowie als ‚Simulcast' der linearen Sendung für die Verbreitungsarten ‚Netcast I' und für ‚Netcast II', jedoch keine On-Demand-Angebote" (Deutsche Fußball Liga & Ligaverband, 2011, S. 10).

Für beide Szenarien waren zwei weitere Rechtepakete für die Highlight-Berichterstattung als Bezahlangebot ausgeschrieben:

- *Paket Pay 1* „umfasst das Recht zur Highlight-Berichterstattung über die am Freitag und Samstag ausgetragenen Spiele der Bundesliga mit einem Auswertungszeitraum am Samstag ab 17:30 Uhr. Bestandteil des Pakets Pay 1 sind die medialen Verwertungsrechte für die genannte Highlight-Berichterstattung für sämtliche Verbreitungsarten, ... jedoch ausschließlich als lineare Sendung und nicht als On-Demand-Angebote" (Deutsche Fußball Liga & Ligaverband, 2011, S. 11).

- *Paket Pay 2* „umfasst das Recht zur Highlight-Berichterstattung über sämtliche an einem Spieltag ausgetragenen Spiele der Bundesliga mit einem Auswertungszeitraum am Sonntag ab 19:00 Uhr. Bestandteil des Pakets Pay 2 sind die medialen Verwertungsrechte für die genannte Highlight-Berichterstattung für sämtliche Verbreitungsarten, ... jedoch ausschließlich als lineare Sendung und nicht als On-Demand-Angebote" (Deutsche Fußball Liga & Ligaverband, 2011, S. 11).

Die öffentliche Ausschreibung medialer Rechte ist notwendige Bedingung, dass die Kartellbehörden eine Zentralvermarktung akzeptieren. Damit verbunden sind aufwändige Ausschreibungen und Vergabeverfahren, u. a. müssen Interessen potenzieller Rechteverwerter evaluiert, passgenaue Rechtepakete geschnürt und möglichst hohe Vergütungen generiert werden. Typischerweise kommen dabei nur wenige Rechteverwerter und Produktionsfirmen in Betracht, weshalb Erfahrung und Kontakte besonders wertvoll sind. Außerdem sind im Rahmen der komplexen Ausschreibungsverfahren „so viele Dinge tatsächlicher und rechtlicher Natur zu beachten, dass sich ... die Einschaltung hochspezialisierter Berater aus der Medienszene sowie von Sportrechts- und Kartellrechtsanwälten dringend empfiehlt" (Duvinage, 2012, S. 576).

4.2.3 (Nach-)Verwertung medialer Rechte durch Bundesligisten

Aus der Zentralvermarktung medialer Rechte durch die Ligaorganisationen folgt, dass die Bundesligisten nur wenige mediale Rechte in Eigenregie (dezentral) verwerten dürfen. In aller Regel geht es vor allem um eine (Nach-)Verwertung von Bewegtbildern über das Internet, z. B. auf der Klub-Homepage oder auf anderen Onlineportalen. Auf Basis der Breitbandtechnologie ist die Übertragungsqualität bewegter Bilder im Internet mittlerweile dem Fernsehen meist ebenbürtig. Gleichwohl hängt die Werthaltigkeit solcher Rechte auch am Zugang potenzieller Nutzer und nicht zuletzt an der Frage der *Mediennutzungsgewohnheiten*. Die tägliche Internetnutzung von durchschnittlich 169 Minuten ist dabei mittlerweile bemerkenswert hoch. Diejenigen, die auch über mobile Endgeräte online sind, z. B. mit Smartphones oder Tablet PC, nutzen das Internet täglich sogar 208 Minuten. Dies ist insofern bedeutsam, als 70% der Deutschen einen stationären PC für ihren Internetzugang nutzen, während 45% ein Smartphone und 16% einen Tablet PC verwenden. Mittlerweile sind sogar 12% über ihren Fernseher online (vgl. van Eimeren, 2013, S. 386–387). Abbildung 16 verdeutlicht darüber hinaus altersspezifische Unterschiede, etwa dass insbesondere jüngere Altersgruppen mobil online sind. Zentrale Motoren der mobilen Internetnutzung sind neben attraktiver Hardware (Smartphones) insbesondere sog. Apps, die den mobilen Zugang zum Internet stark vereinfachen. „44 Prozent der deutschen Onlinenutzer verwenden inzwischen solche Apps" (van Eimeren, 2013, S. 388). Wichtigste mobile Onlineanwendung war 2013 die Kommunikation via E-Mail oder sozialen Medien (77%). Die Rezeption von Sportseiten ist mit 8% der mobilen Nutzung (bislang) eher nachrangig (vgl. van Eimeren, 2013, S. 390).

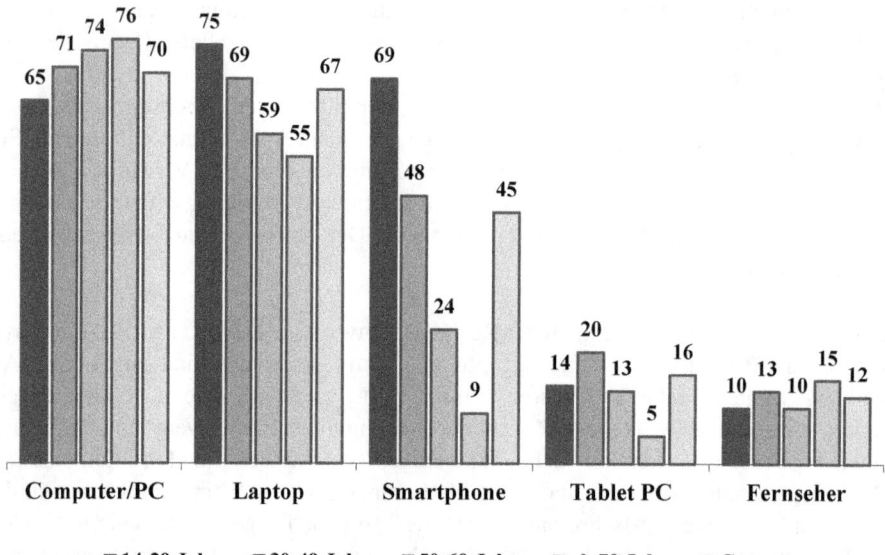

Abb.16: Genutzter Internetzugang deutschsprachiger Internetnutzer 2013, Angaben in Prozent (vgl. van Eimeren, 2013, S. 387).

Für die (Nach-)Verwertung von Bewegtbildern der Ligawettbewerbe ist vor allem relevant, welche Onlineanwendungen häufig genutzt werden. Nach der Verwendung von Suchmaschinen und der Kommunikation via E-Mail oder sozialen Medien/Communities ist die Nutzung von Bewegtbildangeboten besonders häufig. Videoportale rangieren dabei vor zeitversetztem Fernsehen, Live-Fernsehen und Video-Streamings auf Abruf. Insbesondere bei der Nutzung von Bewegtbildangeboten im Internet zeigen sich wiederum deutliche altersspezifische Unterschiede (vgl. Tab. 12).

Tab. 12: Ausgewählte, mindestens einmal wöchentlich genutzte Onlineanwendungen deutschsprachiger Internetnutzer 2013, Angaben in Prozent (vgl. van Eimeren & Frees, 2013, S. 363).

	Gesamt	14–29 Jahre	30–49 Jahre	50–69 Jahre	ab 70 Jahre
Suchmaschinen	83	90	87	76	61
E-Mails	79	80	85	73	64
Onlinecommunities	39	76	38	13	7
Videoportale	32	65	28	11	7
Video/TV zeitversetzt	13	24	11	11	4
Mediatheken TV-Sender	9	15	7	6	4
Live Fernsehen	8	13	7	6	2
Videopodcasts	4	10	2	1	0
Video-Streamings auf Abruf	4	6	4	1	0

4.2 Mediale Verwertung von Teamsport

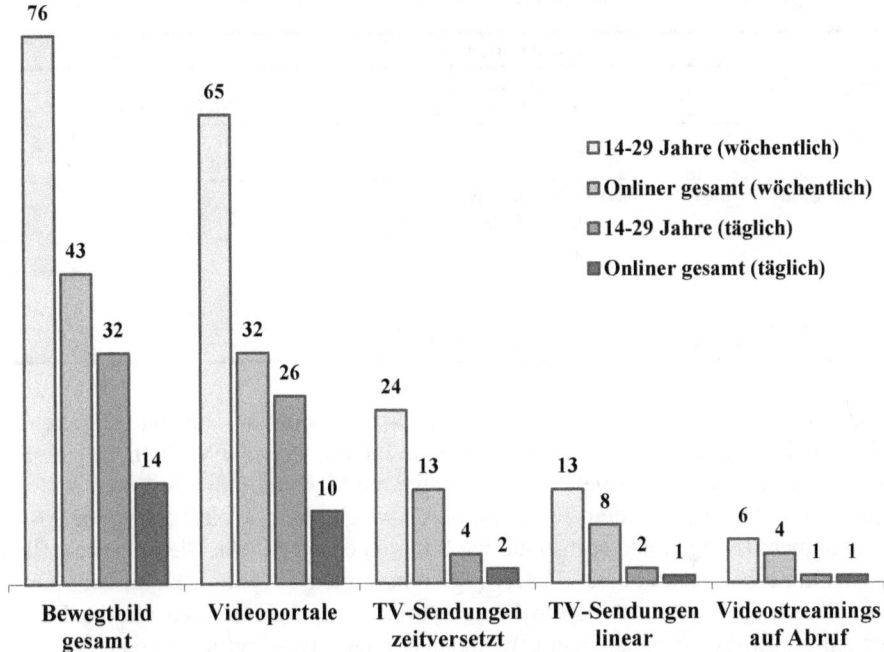

Abb.17: Online-Nutzung von Bewegtbildangeboten deutschsprachiger Internetnutzer 2013, Angaben in Prozent (vgl. Frees & van Eimeren, 2013, S. 379).

Ein differenzierter Blick auf die besonders internetaffinen Altersgruppen bis 29 Jahre hinsichtlich ihrer Onlinenutzung von Bewegtbildangeboten verdeutlicht die hohe Attraktivität von Videoportalen. Diese werden von zwei Dritteln der 14–29-Jährigen wöchentlich und von einem Viertel täglich genutzt. Ein ähnliches Bild, allerdings mit geringeren Nutzungshäufigkeiten, zeigt sich hinsichtlich der zeitversetzten Betrachtung von TV-Sendungen. Lineares (zeitgleiches) Internetfernsehen ebenso wie Videostreamings auf Abruf werden hingegen deutlich seltener genutzt (vgl. Abb. 17).

Vergleiche zu Vorjahren unter Bezugnahme auf ältere Nutzungsdaten zeigen, dass die Attraktivität von Fernsehinhalten im Internet deutlich zugenommen hat – „unabhängig davon, ob diese in die Websites der Sender eingebunden, über die Mediatheken ausgespielt oder über Videoportale wie YouTube abgerufen werden" (van Eimeren & Frees, 2013, S. 371). Die Nutzer profitieren dabei von einer verbesserten Bildqualität und können parallel von vielfältigen Möglichkeiten netzbasierter Interaktion mit anderen Nutzern profitieren oder auf zusätzliche Text- und Bildinformationen, etwa Statistiken, zugreifen (vgl. Eilers, 2006, S. 222–223). Eine besondere Herausforderung für die Anbieter markiert dabei nach wie vor „die Frage, wie sie die Aufmerksamkeit der Nutzer in der nahezu unüberschaubaren Flut von Bewegtbildangeboten auf sich ziehen" (van Eimeren & Frees, 2013, S. 366). Tabelle 13 zeigt für die Spielzeit 2013/2014 die Abbildung der Ligawettbewerbe im Internet.

Tab. 13: Ligawettbewerbe im Internet (Spielzeit 2013/2014).

	Internetstream (Free)	Internetstream (Pay)
Fußball Bundesliga	ARD/ZDF-Mediathek (Live, Auftaktspiele Hin-/Rückrunde)	Sky Go (Live) Bild Plus (Highlights)
2. Fußball Bundesliga	--	Sky Go (Live) Bild Plus (Highlights)
Deutsche Eishockey Liga	ServusTV.com (Live, Highlights) laola1.tv (Live, Highlights)	--
Handball-Bundesliga	Sport1.de (Live, Highlights)	--
Basketball Bundesliga	Sport1.de (Live, Highlights) Beko-bbl.tv (Live, Highlights)	--
Deutsche Volleyball Liga	Dvl-live.tv (Live, Highlights)	--

Die von ARD/ZDF im Fernsehen übertragenen Auftaktspiele von Hin- und Rückrunde der *Fußball*-Bundesliga werden jeweils parallel live im Internet über die Mediatheken der Sender gezeigt. Ansonsten sind alle Spiele von Bundesliga und 2. Bundesliga im Internet live über Sky Go zu empfangen. Außerdem zeigt Bild plus etwa eine Stunde nach Spielende 90-sekündige Zusammenfassungen und sechsminütige Reportagen der Spiele. Dieser kostenpflichtige Dienst hat Ende 2013 etwa 50.000 Nutzer (vgl. ohne Autor, 2014, o. S.). Auf der Homepage „ServusTV.com/DEL" des exklusiven Fernsehpartners der *DEL* werden alle im Fernsehen übertragenen DEL-Spiele parallel per Livestream gezeigt. Live-Übertragungen und Highlights von DEL-Spielen sind auch über das Sportportal „laola1.tv" zu sehen. Der Großteil der von Sport1 im Fernsehen übertragenen *HBL*-Spiele wird parallel auf „Sport1.de" im Livestream gezeigt, ebenso die 25-minütigen Highlight-Zusammenfassungen der Top-Partien jedes Spieltags. Von Sport1 übertragene *BBL*-Spiele sind auch über „Sport1.de" und die Plattform „beko-bbl-tv" im Livestream erreichbar. Außerdem erfolgt dort eine Nachverwertung in Form von Highlight-Berichten. Die *DVL* schließlich verfügt über keinen exklusiven Fernsehpartner. Stattdessen überträgt sie in Zusammenarbeit mit einem Medienunternehmen auf „dvl-live.tv" über 100 Spiele der Volleyball-Bundesliga. Neben der Live-Berichterstattung finden sich auf „www.dvl-live.tv" zudem Highlight-Berichte lizenzierter Regionalsender.

(Nach-)Verwertung von Bewegtbildern in Eigenregie der Klubs – Fußball
Die Zentralvermarktung medialer Rechte durch die Ligaorganisationen führt u. a. dazu, dass die Bundesligisten typischerweise nur über wenige Rechte zur Nachverwertung verfügen. Gleichwohl ergeben sich für die Klubs Möglichkeiten der Verwertung von Bewegtbildern, z. B. über regionale Fernsehsender, Onlineplattformen oder die Klub-Homepage.

> Fußball-Bundesligist F sucht seit Jahren den Anschluss an die internationalen Wettbewerbe. Als leistungsstarker Klub im oberen Mittelfeld der Tabelle profitiert F seit jeher vom wirtschaftlichen Ausgleichsverfahren der Liga bei der Verteilung zentral erwirtschafteter Erlöse der medialen Vermarktung. Gleichwohl stellt F immer wieder Überlegungen an, inwiefern eine Nachverwertung medialer Rechte in Eigenregie ihm u. a. weitere Erlöse verschaffen könnte – die zur Stärkung seiner Mannschaft sehr willkommen wären.

4.2 Mediale Verwertung von Teamsport

1. Welche Rechte stehen Fußball-Bundesligisten für eine (Nach-)Verwertung in Eigenregie zur Verfügung?
2. Welche Möglichkeiten und Grenzen ergeben sich hieraus für die Rechteverwertung durch die Klubs?

Der Fußball hat für *alle Spiele* von Bundesliga und 2. Bundesliga eine *Live-Berichterstattung* über Pay-TV sowie vielfältige Highlight-Verwertungen im Free-TV und im Internet realisiert. Wesentliche Bedingung für das Gelingen einer solchen umfassenden medialen Verwertung ist der Schutz dieser exklusiven Rechte. Aus diesem Grund sind die Möglichkeiten der Klubs, mediale Rechte in Eigenregie zu verwerten, stark eingeschränkt. Den Bundesligisten werden lediglich „nicht-exklusive Verwertungsrechte zur zeitversetzten audiovisuellen Verwertung [zugestanden, die; M. F.] ... plattformübergreifend mittels sämtlicher Übertragungstechnologien und Anwendungen ... genutzt werden" (Nr. 1, DFL-Richtlinie zur individuellen Verwertung und Vermarktung medialer Rechte[14]) können.

Exklusiver Produzent des Bewegtbildsignals ist Sportcast, eine Tochtergesellschaft der DFL. Sie stellt den Klubs das Signal „clean/clean mit internationalem Ton und Bundesliga-Wasserzeichen ... zur Verfügung" (Nr. 1.4, DFL-Richtlinie zur individuellen Verwertung und Vermarktung medialer Rechte) – also nur mit Stadion-Ton, ohne Kommentar und werbliche Einblendungen. Eine Sublizenzierung durch die Klubs an Dritte ist dabei nicht zulässig. Außerdem müssen die Klubs „gewährleisten, dass die ihnen zur Verfügung stehenden Verwertungs- und Vermarktungsrechte nicht in einer Weise vergeben werden, dass ein Produkt hergestellt werden kann, das die Bundesliga ... in ihrer Gesamtheit oder zu wesentlichen Teilen repräsentiert" (Nr. 1.5, DFL-Richtlinie zur individuellen Verwertung und Vermarktung medialer Rechte). Typischerweise dürfen maximal zwei Klubs auf derselben Plattform oder demselben Sender verwertet werden (vgl. Nr. 1.5, DFL-Richtlinie zur individuellen Verwertung und Vermarktung medialer Rechte).

In der Praxis erfolgt eine Nachverwertung medialer Rechte in Eigenregie der Klubs typischerweise in Form von *Klub-TV*, das ausschließlich als *Bezahlangebot* über die *Klub-Homepage* zugänglich sein darf. In diesem Zusammenhang sind die Bundesligisten berechtigt, ihre „Spiele unmittelbar nach Spielende bis zur vollen Länge linear und non-linear zu verwerten" (Nr. 2, DFL-Richtlinie zur individuellen Verwertung und Vermarktung medialer Rechte). Die Klubs erhalten von Sportcast jedoch lediglich das Basissignal als „clean feed", müssen also selbst für einen Kommentar sorgen. Über das Bezahlangebot ihres Klub-TV können die Bundesligisten des Weiteren Spielbilder von maximal zehn Spielen aus vorangegangenen Spielzeiten verfügbar machen, allerdings jeden Tag lediglich ein Spiel in voller Länge. In themenbezogenen Beiträgen wie Vorberichten oder Spielerporträts dürfen maximal zehn Minuten Bewegtbilder täglich verwertet werden (vgl. Nr. 1.5, DFL-Richtlinie zur individuellen Verwertung und Vermarktung medialer Rechte).

Eine *kostenlose Free-Verwertung* ihrer Spiele ist den Fußball-Bundesligisten auf ihrer Homepage nur in Form eines Werbeteasers von maximal 30 Sekunden Länge erlaubt, nach Beendigung der Free-TV-Erstverwertung und ohne dass spielprägende Szenen eingebaut sind. Darüber hinaus dürfen sie im Umfang von bis zu 60 Sekunden Ausschnitte des „Spiels des aktuell

---

14 Richtlinie zur individuellen Verwertung und Vermarktung medialer Rechte des Fußball-Ligaverbands in der Fassung vom 01. Juli 2013.

gespielten Spieltags für den Zeitraum von einer Woche ... spätestens ab Mittwoch 0.00 Uhr bei Wochenendspieltagen bzw. ab Freitag, 0.00 Uhr bei Wochentagspieltagen" (Nr. 2, DFL-Richtlinie zur individuellen Verwertung und Vermarktung medialer Rechte) zeigen. Weitere Verwertungsrechte der Klubs betreffen

- *Stadion-TV*: Für diesen Zweck erhalten die Bundesligisten „das nicht-exklusive Recht, vor Spielbeginn bis zu drei Minuten Spielbilder von vergangenen Spielen mit dem jeweils aktuellen Gastclub sowie bis zu drei Minuten Spielbilder von Begegnungen der aktuellen Spielzeit auszustrahlen" (Nr. 5.1, DFL-Richtlinie zur individuellen Verwertung und Vermarktung medialer Rechte).
- *werbliche Maßnahmen*: Die Bundesligisten sind auf nicht-exklusiver Basis berechtigt, Bildmaterial ihrer Spiele „der aktuellen Spielzeit in einer Länge von maximal 30 Sekunden pro Begegnung für eigene werbliche Maßnahmen (z. B. TV-Kinospots, Messeauftritte) zu nutzen. Für werbliche Maßnahmen im Internet kann der Club Spielbilder in einem maximal 30 sekündigen Werbespot nutzen (ein unveränderter Spot pro Woche)" (Nr. 5.3, DFL-Richtlinie zur individuellen Verwertung und Vermarktung medialer Rechte). Dabei gilt allerdings ein zeitliches Embargo bis nach Beendigung des nächsten Spieltags. Jeweils vier Klubsponsoren dürfen in gleichem Umfang Bildmaterial für werbliche Maßnahmen nutzen „allerdings in jedem Medium erst frühestens vier Wochen nach dem jeweiligen Spieltag" (Nr. 5.3, DFL-Richtlinie zur individuellen Verwertung und Vermarktung medialer Rechte).

(Nach-)Verwertung von Bewegtbildern in Eigenregie der Klubs – Handball
Die Zentralvermarktung medialer Rechte durch die Ligaorganisationen führt u. a. dazu, dass die Bundesligisten typischerweise nur über wenige Rechte zur Nachverwertung verfügen. Gleichwohl ergeben sich für die Klubs Möglichkeiten der Verwertung von Bewegtbildern, z. B. über regionale Fernsehsender, Onlineplattformen oder die Klub-Homepage.

> Die Spiele von Handball-Bundesligist H wurden in den vergangenen Spielzeiten lediglich dann im Fernsehen übertragen, wenn H gegen die großen Top-Klubs der Liga antrat. Über diese strategische Auswahl des TV-Partners der Liga beschwerte sich H häufig beim Sender und bei der Ligaorganisation. Denn gerade seine Fans und Sponsoren setzten H immer wieder unter Druck, für eine bessere Fernsehpräsenz zu kämpfen. Mit Beginn der neuen Spielzeit räumt der modifizierte TV-Vertrag den Klubs explizit die Möglichkeit ein, nicht im Fernsehen übertragene Spiele in Eigenregie zu vermarkten. H sieht darin eine große Chance, sich gegenüber seinen relevanten Bezugsgruppen häufiger positiv in Szene setzen zu können.
> 1. Welche Rechte stehen Handball-Bundesligisten für eine (Nach-)Verwertung in Eigenregie zur Verfügung?
> 2. Welche Möglichkeiten und Grenzen ergeben sich hieraus für die Rechteverwertung durch die Klubs?
> 3. Welche Interessen der Ligaorganisation und des Fernsehpartners sind generell bei der Verwertung medialer Rechte in Eigenregie der Klubs tangiert und wie können diese gewahrt bleiben?

Die HBL gesteht ihren Klubs umfangreichere Rechte zur Verwertung in Eigenregie zu, als dies beispielsweise im Fußball der Fall ist (Stand: Saison 2013/14). Dies liegt vor allem darin begründet, dass Sport1 als TV-Partner der HBL nicht alle Ligaspiele live zeigt – vereinbart sind mindestens 60 Spiele live. Allerdings werden dabei bevorzugt die großen, publikumsstarken Top-Klubs berücksichtigt, sodass zahlreiche Bundesligisten nur dann eine live-Präsenz im Fernsehen haben, wenn sie gegen einen der Top-Klubs antreten. Vor diesem Hintergrund dürfen die Klubs, wenn Sport1 ihr Spiel nicht im Fernsehen überträgt, ihre Heimspiele in Eigenregie live verwerten, z. B. via Onlinestreaming über ihre Klub-Homepage oder über lokale TV-Sender und Videoplattformen. Allerdings müssen sie die Bewegtbilder selbst und auf eigene Kosten produzieren (mindestens drei Kamera-Standard) und den Stream über den Player von Sport1 zugänglich machen.

Auf diese Weise werden Bedingungen geschaffen, die Präsenz von Handball-Ligaspielen in der Öffentlichkeit insgesamt zu erhöhen und insbesondere den Klubs, die nicht von der Fernseh-Live-Berichterstattung eines Spieltags erfasst werden, größere mediale Reichweite zu ermöglichen. Grenzen sind den Klubs allerdings insofern gesetzt, als sie die Produktionskosten der Bewegtbilder selber tragen müssen. Allerdings erhöht sich durch die größere massenmediale Öffentlichkeit die Werthaltigkeit der werblichen Klub-Rechte. Darüber hinaus bieten sich im Umfeld des Onlinestreams, etwa auf der Klub-Homepage, neue werbliche Möglichkeiten für die Klub-Sponsoren, z. B. Pre-Rolls oder Banner um den Videoplayer. Auf diesem Weg könnten die Produktionskosten mittelfristig ausgeglichen werden. Über Ihre Homepage und weitere Klub-Plattformen – etwa auf sozialen Netzwerken oder auf YouTube – ist den Klubs auch eine frei zugängliche, nicht-exklusive *Nachverwertung* erlaubt, u. a. bis zu dreiminütige Highlights der eigenen Spiele, jedoch erst nach 24:00 Uhr des jeweiligen Spieltags (vgl. Handball-Bundesliga, 2014, o. S.).

Zu beachten ist, dass potenziell interessierte Zuschauer über die Spielberichterstattung im Internet informiert sein und den Zugang zur Onlineübertragung finden müssen. Einerseits schränkt dies den Rezipientenkreis auf Klub-affine Fans ein, die sich aktiv über das Geschehen „ihres" Klubs informieren oder etwa auf dessen Mailinglisten erfasst sind. Andererseits ermöglicht dies den Klub-Sponsoren oder den Werbepartnern des Onlinestreams einen Zugang zu einer homogenen, klub- und handballaffinen Zielgruppe, was mögliche Streuverluste der Werbebotschaften reduzieren kann.

Lassen die Ligaorganisationen und ihre TV-Partner eine Verwertung medialer Rechte in Eigenregie der Klubs zu, müssen sie gleichwohl ihre jeweiligen Eigeninteressen schützen. Von besonderer Relevanz ist dabei die Festlegung *minimaler Qualitätsstandards* der Produktion, etwa hinsichtlich Anzahl, Art und Leistungsfähigkeit der Kameras. Es muss gewährleistet sein, dass öffentlich zugängliches Bewegtbildmaterial – auch wenn es von den Klubs in Eigenregie produziert und verwertet wird – minimale Qualitätsanforderungen erfüllt. Über den Ligawettbewerb als Gesamtprodukt, also über alle Ligaspiele hinweg, soll auf diese Weise den Ansprüchen eines qualitativ hochwertigen Medienprodukts entsprochen werden.

YouTube
Über das Online-Videoportal YouTube können kostenlos Videoclips hochgeladen und angesehen werden, unter bestimmten Bedingungen mittlerweile auch in HD-Qualität. Die Bundesligisten nutzen diese Plattform deshalb für verschiedene mediale Darstellungen.

> Bundesligist B sieht die Notwendigkeit einer Zentralvermarktung medialer Rechte durch die Liga und profitiert seit jeher von der Verteilung der zentral erwirtschafteten Erlöse. Gleichwohl sucht B nach Möglichkeiten, Bewegtbildangebote in Eigenregie zu produzieren. Diese scheinen ihm ein besonders geeignetes Instrument, den Austausch mit wichtigen Bezugsgruppen, insbesondere seinen Fans, zu fördern und seine öffentliche Sichtbarkeit auch zugunsten seiner Sponsoren zu stärken. Die Einschränkungen in Folge der Zentralvermarktung zwingen B dazu, überschneidungsfreie Inhalte und entsprechende mediale Angebote für Onlineplattformen zu kreieren.
> 1. Mit welchen Bewegtbildangeboten agieren Klubs typischerweise auf Onlineplattformen wie YouTube?
> 2. Inwiefern sind Onlineplattformen wie YouTube für die Sportligen und die etablierten Fernsehsender ein ambivalentes Phänomen?

In Folge der Zentralvermarktung medialer Rechte sind die Bundesligisten in ihren medialen Verwertungsmöglichkeiten eingeschränkt. Ihre Medienangebote dürfen sich nicht mit den exklusiven Rechten der Ligapartner überschneiden. Onlineplattformen wie YouTube bieten den Klubs allerdings Chancen, Bewegtbildangebote für ihre relevanten Ziel-/Bezugsgruppen online zu stellen. Klub-eigene YouTube-Kanäle dienen hierbei als interaktive Kommunikationswege, denn die Nutzer können Videos kommentieren oder sich mit dem Klub sowie untereinander austauschen. Typische *Bewegtbildangebote* der Bundesligisten sind dabei Videosequenzen von

- offiziellen *Pressekonferenzen* vor und nach ihren Bundesligaspielen.
- *Freundschafts-/Vorbereitungsspielen* ihrer Mannschaften.
- *Trainingseinheiten* ihrer Mannschaften.
- *Interviews* mit ihren Spielern, Managern und Führungskräften.
- *Videochats* zwischen ihren Spielern und ausgewählten Fans.
- *Fan-Choreographien* vor ihren (Bundesliga-)Spielen.

Onlineplattformen wie YouTube bieten den Klubs einerseits interessante Möglichkeiten, massenmediale Angebote in Eigenregie zu erstellen und auf diese Weise mit wichtigen Bezugsgruppen in Kontakt zu treten. Der freie Zugang zu diesen Bewegtbildern ermöglicht den Bundesligisten prinzipiell eine große Öffentlichkeit. Hinzu kommt, dass die Eigenproduktion der Videos vielfältige inhaltliche Gestaltungsmöglichkeiten eröffnet, sie mit Blick auf das angestrebte Klubimage auszurichten (vgl. Kap. 4.3.2). Andererseits können auf solchen Onlineplattformen auch illegale Aufnahmen von Sportübertragungen eingestellt werden, die z. T. noch vor Ablauf des zeitlichen Embargos für die Highlight-Berichterstattung online verfügbar sind. Dies gefährdet die Werthaltigkeit der Live-Verwertungsrechte wesentlich, was eine erhöhte Aufmerksamkeit der Sportligen und ihrer exklusiven Rechteverwerter sowie entsprechende Interventionen gegenüber den Plattformen erfordert.

Vor dem Hintergrund der jüngsten technischen Entwicklungen, etwa hinsichtlich der Übertragungsgeschwindigkeit großer Datenmengen und damit gesteigerten Qualitätsstandards können Onlineplattformen und Bewegtbildanbieter wie YouTube zukünftig neben etablierten Fernsehsendern auch als Rechteverwerter medialer Rechte – und damit als Vertragspartner der Sportligen – in Frage kommen (vgl. Kap. 4.2.1). Dies würde insbesondere die etablierten Pay-TV-Anbieter unter Druck setzen, zumal auch Plattformen wie ITunes oder Netflix die notwendige Infrastruktur zur Abwicklung von Bezahlangeboten (On Demand) bereits aufgebaut haben.

Vor dem Hintergrund der Zentralvermarktung medialer Rechte können die Bundesligisten mediale Rechte nur eingeschränkt in Eigenregie verwerten. Meist werden den Klubs lediglich nicht-exklusive Rechte zur zeitversetzten Verwertung zugestanden. In aller Regel geht es dabei vor allem um eine (Nach-)Verwertung von Bewegtbildern über das Internet, z. B. in Form von bezahlpflichtigem Klub-TV oder frei zugänglichen Onlinestreams auf der Klub-Homepage. Online-Videoangebote sind dabei insbesondere bei den 14–29-Jährigen sehr attraktiv, die häufig auch für Werbepartner der Bundesligisten eine interessante Zielgruppe darstellen. Darüber hinaus bieten Plattformen wie YouTube den Klubs interessante Möglichkeiten, wichtigen Ziel-/Bezugsgruppen in Eigenregie erstellte Angebote verfügbar zu machen und dies zur Markenbildung und Fanbindung zu nutzen. Schließlich können Plattformen wie YouTube zukünftig neben etablierten Fernsehsendern auch als Rechteverwerter medialer Rechte in Frage kommen.

4.3 Werbliche Verwertung von Teamsport

Die werbetreibende Wirtschaft fungiert heute als wichtiger Finanzier des Profiteamsports, sei es durch direkte Geldzahlungen z. B. an Sportler, Mannschaften und Sportverbände, oder durch privilegierte Verfügbarkeit von Dienstleistungen und Produkten, etwa zur Durchführung von Sportveranstaltungen. Werbliche Aktivitäten von Wirtschaftsunternehmen bei Teamsportereignissen gehören dabei ebenso zum Alltag wie die Einbindung von Spitzensportpersonal in Werbemaßnahmen und unternehmensbezogene Öffentlichkeitsarbeit. Dies sichert dem Teamsport neben sachlichen und finanziellen Ressourcen hohe gesellschaftliche Aufmerksamkeit – auch außerhalb der Wettkampfstätten und über seine originären Adressatengruppen hinaus.

Die Auseinandersetzung mit Fragen der Verwertung werblicher Rechte basiert auf den in Kapitel 5.3 der „Grundlagen des Sportmanagements" beschriebenen Kernthemen und Zusammenhängen (vgl. Fahrner, 2014, S. 221–244).

> **Lernziele des Kapitels**
> Die Leser erfahren, welche werblichen Rechte die Ligaorganisationen zentral vermarkten und welche Vor-/Nachteile damit verbunden sind.
> Sie erkennen, welche Bedeutung Marken für Bundesligisten haben und wie sich Klubmarken konstruieren lassen.
> Sie setzen sich mit strategisch-konzeptionellen Bedingungen und Mechanismen von Sponsoring im Profiteamsport auseinander und erkennen Kernaspekte der Umsetzung und Evaluation von Sponsoring.

Werbliche Verwertung von Teamsport – Sportsponsoring – basiert auf spezifischen Nutzungsrechten, typischerweise der Nutzung von *Namensrechten*, von *Rechten am Bild des Geförderten* oder von *Markenrechten* – spezifischen Zeichen, Emblemen, Wappen oder Logos mit hoher Unterscheidungs- und Kennzeichnungskraft. Diese Rechte gehören meist konkreten Einzelpersonen, Organisationen oder Veranstaltungen und lassen sich demzufolge als Personen-, Organisations-, Veranstaltungs- und Stadiongeborene Rechte differenzieren. Potenzielle Sponsoringobjekte sind dabei aus Sponsorenperspektive vor allem attraktiv, wenn sie bei relevanten

Ziel-/Bezugsgruppen über hohe Bekanntheit und positive Images verfügen, etwa infolge besonderer sportlicher Erfolge oder anderer Persönlichkeits-/Organisationseigenschaften. Nur unter diesen Bedingungen sind z. B. Bekenntnisse von Testimonials zugunsten eines Sponsors und seiner Produkte, aktive Einbindungen der Gesponserten in Werbemaßnahmen des Sponsors oder thematische Bezugnahmen von Werbeplakaten, Anzeigen und Werbefilmen auf spitzensportliche Ereignisse interessant.

4.3.1 Zentralvermarktung werblicher Rechte durch Ligaorganisationen

Im Gegensatz zu medialen Rechten handelt es sich bei werblichen Rechten um absolute Schutzrechte, die jeweils direkt an Personen, Organisationen, Veranstaltungen oder Sportstadien des Teamsports angelagert sind. Aus diesem Grund werden diese Rechte in der Praxis überwiegend von den jeweiligen Rechteinhabern dezentral vermarktet. Gleichwohl ergeben sich aus dem Ligageschehen als Gesamtprodukt veranstaltungsgeborene Werberechte, die von den Ligaorganisationen zentral vermarktet werden können. Aufgrund ihrer Ausstrahlungskraft über den gesamten Ligakontext beeinflussen sie allerdings meist auch die werblichen Vermarktungspotenziale der Bundesligisten, weshalb hier in der Managementpraxis häufig Konfliktpotenziale bestehen.

Liga-Namensrecht – Titelsponsoring
Ein für Sponsoren attraktives werbliches Recht, das die Ligaorganisationen zentral vermarkten können, ist das Namensrecht ihrer Ligawettbewerbe. Damit verbunden ist typischerweise die Berechtigung des Sponsors, seinen Unternehmens- oder Produktnamen unmittelbar mit dem sportlichen Wettbewerb als Ganzes zu verbinden.

Um ihre Gesamterlöse zu steigern, strebt Ligaorganisation L neben der Zentralvermarktung medialer Rechte auch die Zentralvermarktung von Werberechten an. Als besonders werthaltiges Recht will L das Namensrecht am Ligawettbewerb vermarkten und verhandelt deshalb mit mehreren interessierten Unternehmen, u. a. aus der Automobil-, Telekommunikations- und Finanzbranche. Wesentliche Bedingung der Unternehmen ist jedoch, dass im gesamten Ligabetrieb keine unmittelbaren Konkurrenten ihrer Branche als Werbepartner prominent in Erscheinung treten. Einige der Top-Klubs haben deshalb bereits signalisiert, dass sie einem solchen Vertrag nicht zustimmen wollen.
1. Inwiefern handelt es sich beim Liga-Namensrecht um ein besonders werthaltiges, zentral zu vermarktendes Recht?
2. Inwiefern kann ein Liga-Titelsponsoring negative Effekte für die Vermarktung werblicher Rechte der Bundesligisten haben?

Das Namensrecht am Ligawettbewerb ist originär veranstaltungsgeboren, d. h., es umfasst alle Ligaspiele der am Wettbewerb teilnehmenden Klubs. Typischerweise geht mit einem Titelsponsoring die Berechtigung des Sponsors einher, seinen Unternehmens- oder Produktnamen unmittelbar mit dem gesamten Ligawettbewerb zu verbinden, sodass sich über die gesamte Berichterstattung aller Spiele vielfältige Gelegenheiten der werblichen Kommunikation ergeben. Damit gelingt Titelsponsoren eine umfassende öffentliche Sichtbarkeit, ohne dass sie werbliche Engagements bei einzelnen Klubs eingehen – die mitunter stark polarisieren und bei einzelnen Zielgruppen negativ wahrgenommen werden können. Gleichzeitig profitiert ein Namensrecht-Partner von seiner Präsenz in allen werblichen Maßnahmen und öffentlichen Dokumenten der Ligaorganisation.

Wie generell bei Sponsoring üblich, lassen sich Titelsponsoren für den Geltungsbereich ihrer Namensrechte Branchenexklusivität zusichern, um die Werthaltigkeit der Rechte entsprechend zu fördern (vgl. Kap. 4.3.3). Im Fall eines Liga-Titelsponsorings kann sich allerdings das Problem ergeben, dass unmittelbare Konkurrenten des Titelsponsors bereits als Werbepartner einzelner Bundesligisten agieren – was dem Ziel des Titelsponsors nach branchenexklusiver Präsenz im Ligawettbewerb entgegensteht. Gleichzeitig beeinträchtigt die Präsenz eines Konkurrenzunternehmens als Titelsponsor der Liga aufgrund damit verbundener Ausstrahlungseffekte die öffentliche Wahrnehmung von Klub-Sponsoren – und reduziert damit die werblichen Vermarktungspotenziale der Bundesligisten. Häufig kommen deshalb als Namenspartner der Ligawettbewerbe lediglich Unternehmen aus solchen Wirtschaftsbranchen in Frage, aus denen praktisch keine (relevanten) Sponsoren der Bundesligisten stammen.

Drohen den Klubs durch ein Titelsponsoring des Ligawettbewerbs substanzielle wirtschaftliche Nachteile, bleibt das Namensrecht in der Regel ungenutzt. Zentrale Zusatzerlöse kann alternativ beispielsweise die Einführung „Offizieller Premiumpartner" der Liga einbringen, denen eine werbliche Präsenz, z. B. auf den Trikots aller Bundesligisten, eingeräumt werden kann (vgl. Tab. 14).

Offizielles Spielgerät des Ligawettbewerbs
Ein weiteres, zentral durch die Ligaorganisationen zu vermarktendes werbliches Recht bezieht sich auf das Spielgerät, typischerweise den Spielball.

> Um ihre Gesamterlöse zu steigern, strebt Ligaorganisation L für ihren Ligawettbewerb als Gesamtprodukt die Zentralvermarktung werblicher Rechte an. Nachdem das Titelsponsoring eines interessierten Unternehmens am Veto der großen Top-Klubs gescheitert ist, verhandelt L mit einem Sportartikelhersteller über die Einführung eines „offiziellen Spielballs" für den gesamten Ligawettbewerb.
> 1. Welche Vorteile – neben den Zusatzerlösen – können mit der Einführung eines „offiziellen Spielgeräts" für die Ligawettbewerbe verbunden sein?
> 2. Welche Schwierigkeiten sind mit der Einführung eines „offiziellen Spielgeräts" typischerweise verbunden und wie können die Ligaorganisationen damit umgehen?

Mit dem Recht, das offizielle Spielgerät für den Ligawettbewerb insgesamt zu stellen, verbinden sich wie beim Titelsponsoring wirtschaftliche Vorteile der Ligaorganisationen. Ergänzende Vorteile aus Sicht der Sportligen ergeben sich u. a. aus der Standardisierung der spieltechnischen Rahmenbedingungen des sportlichen Wettbewerbs, z. B. wenn bei allen Spielen der gleiche Ball verwendet wird und nicht Bälle verschiedener Hersteller mit möglicherweise unterschiedlichen Flugeigenschaften zum Einsatz kommen.

Allerdings umfassen die Ausrüsterverträge der Bundesligisten typischerweise auch das jeweilige Spielgerät ihrer Sportart. Die Einführung beispielsweise eines offiziellen Ligaballs reduziert folglich den Umfang und die Werthaltigkeit der Ausrüsterverträge, was für die Klubs geringere Erlöse bedeutet. Eine positive Einstellung der Bundesligisten zur Einführung eines offiziellen Spielgeräts ist folglich immer dann zu erwarten, wenn die Verteilung der Erlöse aus dem Werbevertrag „offizielles Spielgerät" bei den Klubs mögliche finanzielle Einbußen ausgleicht oder übertrifft. Aufgrund der in den Ausrüsterverträgen festgeschriebenen Exklusivität der jeweiligen Ausrüster ist die Einführung etwa eines Ligaballs nur mit einer mehrjährigen Vorlaufzeit realisierbar. Dies erlaubt den Klubs, nach Auslaufen ihrer Ausrüsterverträge entsprechende Anpassungen vorzunehmen. Tabelle 14 zeigt ausgewählte, zentral vermarktete Werberechte der Ligawettbewerbe in der Saison 2013/2014.

Tab. 14: Ausgewählte, zentral vermarktete Werberechte der Ligawettbewerbe in der Saison 2013/2014.

	Titelsponsor	Offizieller Premiumpartner	Offizieller Spielball
Fußball Bundesliga	--	Hermes	Adidas
2. Fußball Bundesliga	--	--	Adidas
Deutsche Eishockey Liga	--	--	--
Handball-Bundesliga	DKB	--	Molten
Basketball Bundesliga	BEKO	--	Spalding
Deutsche Volleyball Liga	--	Mikasa	Mikasa

Im Gegensatz zu den medialen Rechten werden nur wenige werbliche Rechte von den Ligaorganisationen zentral vermarktet. Aufgrund ihrer ligaweiten Ausstrahlungskraft beeinflussen diese Werberechte meist die Vermarktungspotenziale der Bundesligisten, sodass im Einzelfall eine differenzierte Abwägung potenzieller Vor- und Nachteile, insbesondere von Titelsponsorships, notwendig ist.

4.3.2 Markenbildung und -kommunikation von Bundesligisten

Markenbildung und -kommunikation gelten heute in wirtschaftlichen Kontexten als zentrale Erfolgsfaktoren. Markenmanagement ist dabei für Spielbetriebsgesellschaften des Teamsports insbesondere zur Ansprache und Bindung relevanter Ziel-/Bezugsgruppen – vor allem Fans und Sponsoren – von besonderer Bedeutung. Klubmarken sollen Bundesligisten möglichst identifizierbar machen und von anderen Teams abgrenzen sowie für die Ziel-/Bezugsgruppen attraktive Werte und Eigenschaften zeitstabil vermitteln und damit Erwartungssicherheit verschaffen (vgl. Cachay & Thiel, 2004, S. 33, 37). Hierfür ist die spezifische Klubidentität symbolisch-zeichenhaft zu verdichten und über eine Klubmarke zu transportieren.

Funktion von Marken
In wirtschaftlichen Kontexten geben typischerweise Preise Auskunft „über zu erwartende Geldzahlungen ... als Gegenleistung für den Zugriff auf knappe Güter" (Luhmann, 1983, S. 156), etwa wenn hohe Ticketpreise auf die Attraktivität einer Spielpaarung verweisen, oder wenn hohe Zahlungsbereitschaften von Sponsoren auf die Attraktivität werblicher Rechte hindeuten. Allerdings werden Preise von den Beteiligten häufig unterschiedlich eingeschätzt – dem einen erscheinen sie zu hoch, dem anderen zu niedrig – und sie halten außerdem selten alle Informationen bereit, die für Kauf-/Investitionsentscheidungen erforderlich sind. Beispielsweise können Preisdifferenzen auf Qualitätsunterschiede hinweisen, sie spiegeln aber nicht per se die Qualität einer Leistung wider. Bei einer Überlastung des Preismechanismus

4.3 Werbliche Verwertung von Teamsport

treten Marken deshalb an die Seite von Geld und übernehmen komplementäre Funktionen (vgl. Hellmann, 2003, S. 220–228).

> Bundesligist B blickt auf eine rasante sportliche Entwicklung zurück, die ihn während der letzten Jahre von der Dritten Liga bis in die Bundesliga geführt hat. Um ein bundesligataugliches Budget auf die Beine stellen zu können, ist B auf der Suche nach zahlungskräftigen Sponsoren. Bereits die ersten Gespräche mit Unternehmen zeigen, dass der sportliche Erfolg B offensichtlich sehr interessant macht – jedoch ist eine Fortsetzung der sportlichen Erfolgsgeschichte ungewiss. Außerdem beeindruckt die Unternehmen an B der große Zuschauerzuspruch bei Heim- und Auswärtsspielen sowie die intensive Fan-Kultur in seinem Umfeld. Gleichwohl machen die Unternehmen deutlich, dass sie angesichts ihrer werblichen Interessen für eine Zusammenarbeit mit B ein schärferes Klubimage für notwendig erachten. Unter Anleitung externer Berater plant B deshalb erste Schritte, eine tragfähige Klubmarke zu entwickeln.
> 1. Welche Funktion können Marken in wirtschaftlichen Kontexten für Bundesligisten übernehmen?

Für Bundesligisten sind insbesondere Fans und Sponsoren wirtschaftlich bedeutsame Ziel-/Bezugsgruppen. Mit Blick auf die Lenkung von Kauf-/Investitionsentscheidungen zu ihren Gunsten, müssen Bundesligisten Gefühle von Vertrautheit und Erwartungssicherheit vermitteln. Diese Funktion übernehmen Marken, indem sie garantieren, dass die geforderten Preise z. B. für Tickets, Merchandising-Artikel oder Werberechte, auch ihrem tatsächlichen Wert entsprechen (vgl. Hellmann, 2003, S. 85; 221; Hüllemann, 2007, S. 87–88):

- Eine eindeutige Markierung von Klub-Produkten oder -Dienstleistungen z. B. durch Buchstaben (Namen, Logos), Zahlen, Hörzeichen oder Farben (vgl. §§ 4; 14, MarkenG), ermöglicht relevanten Ziel-/Bezugsgruppen die *Unterscheidung* und *Identifikation* und erleichtert damit auch *Orientierung* (vgl. Hüllemann, 2007, S. 116–117; 134–135; 186; Preuß, 2014, S. 12–13), beispielsweise „Schwarz-gelb" für Borussia Dortmund oder „Fohlen-Elf" für Borussia Mönchengladbach.
- Marken offerieren außerdem *zusätzliche Informationen* in Form charakteristischer Botschaften (Claims/Slogans). Gerade wenn Konsumenten konkreten Markenzeichen automatisiert bestimmte Leistungsmerkmale zuschreiben und diese mit Attributen verknüpfen, kann dies bei ausreichendem *Vertrauen* in diese *Qualitäts*versprechen helfen, den Vergleich von Alternativen möglichst abzukürzen und die Entscheidungsfindung zu *entlasten*, z. B. bei der Handball-Bundesliga als der „stärksten Liga der Welt". „Je lebendiger, emotionaler und eigenständiger produktspezifische Assoziationen im Bewusstsein der Konsumenten verankert sind, desto größer ist deren Einfluss auf das Kaufverhalten" (Schlesinger, 2010, S. 9; vgl. Hellmann, 2003, S. 126–130).
- Durch den Erwerb und die Nutzung von Markenprodukten, denen spezifische Eigenschaften zugeschrieben werden, können Konsumenten außerdem *Abgrenzungen* gegenüber anderen Personen und *Zuordnungen* zu eigenen Bezugsgruppen – etwa ihrer Fangemeinde – vornehmen. Auf diese Weise werden ihnen Identitäts- und Prestigebildungen möglich, z. B. durch das Tragen von Klub-Trikots (vgl. Paetow, 2004, S. 472–473; Preuß, 2014, S. 13–15).

Damit haben Marken für Bundesligisten positive Effekte „auf ‚Commitment' und ‚Bindung' von ... [Ziel-/Bezugsgruppen; M. F.] Zudem sind mit gebundenen Anhängern höhere relative

Ausgaben ... assoziiert, so dass eine starke Markenpersönlichkeit einen direkten ökonomischen Effekt mit sich bringt" (Alexa, 2014, S. 186).

Markenbildung
Damit Marken die ihnen zugeschriebenen Funktionen übernehmen können, bedarf es einer entsprechenden Markenbildung der Bundesligisten. Dies setzt die Reflexion und Formulierung ihrer Organisationsidentität voraus: Es gilt zu klären, wer man ist und für welche Kernwerte und Überzeugungen man steht – um dies mittels symbolischer (Marken-)Zeichen verdeutlichen zu können.

> Bundesligist B will gegenüber seinen Fans und Sponsoren (noch) besser erkennbar sein und plant deshalb, sein öffentliches Bild weiter zu schärfen. Über eine entsprechende Klubmarke will B deutlich machen, was ihn ausmacht und für welche Werte er steht. Auf den ersten Blick scheint die Markenbildung eine einfache und überschaubare Aufgabe zu sein, denn Klubfarben und -symbole sind bereits vorhanden. Doch schnell wird B deutlich, dass es allein mit einem traditionsreichen Logo nicht getan ist. Für eine tragfähige Markenkommunikation sind offensichtlich weitere spezifische Anknüpfungspunkte zu entwickeln.
> 1. Welche Dimensionen spielen bei der Markenbildung generell eine Rolle?
> 2. Welche teamsportspezifischen Dimensionen sind für die Gestaltung von Klubmarken bedeutsam?
> 3. Mit welchen Herausforderungen ist das Management bei der Entwicklung einer tragfähigen Klubmarke konfrontiert?

Eine Markenbildung ist generell an *drei Dimensionen* ausgerichtet:
- In der *Sachdimension* geht es Marken darum, Verlässlichkeit und Zuverlässigkeit zu signalisieren. Eine entsprechende, sachlich begründete Markenqualität suggeriert ein geringes Enttäuschungsrisiko, „weil das Nutzenbündel, das mit diesem Produkt verknüpft ist, von keinem anderen Produkt in dieser Weise offeriert wird" (Hellmann, 2003, S. 305), z. B. postuliert die Handball-Bundesliga: „Die beste Liga der Welt".
- Für die *Sozialdimension* von Marken ist das Kriterium Zugehörigkeit relevant. Als Erkennungs- und Zugehörigkeitszeichen eröffnen sie „gewissermaßen den Zutritt zu bestimmten sozialen Kreisen" (Hellmann, 2003, S. 299), wie etwa der FC Bayern München mit „Mia san mia".
- In der *Zeitdimension* geht es Marken schließlich um Kontinuität in der Verwendung bestimmter Symbole und Zeichen sowie langfristig konsistenter Botschaften hinsichtlich der jeweiligen Eigenschaften und Merkmale und Funktionen der angebotenen Leistung (vgl. Hellmann, 2003, S. 288–307).

Sichtbar werden Marken über *Markenzeichen*, die Klubprodukte oder -dienstleistungen eindeutig markieren, z. B. Buchstaben (Namen, Logos), Hörzeichen und charakteristische Farben (vgl. §§ 4; 14, MarkenG). Als zeichenhafte Repräsentationen verdeutlichen sie, was der Klub darstellt, was er Besonderes kann und welches Personal dazu beiträgt – und repräsentieren somit symbolisch dessen charakteristische Eigenheiten (vgl. Preuß, 2014, S. 8–10).

Name und Logo ergeben sich für Bundesligisten meist aus der Anbindung an ihren Sportverein, der typischerweise auf eine längere Vereinsgeschichte zurückblicken kann und infolgedessen bereits typische Charakteristika, z. B. als Arbeiterverein oder als Großstadtklub, entwickelt und entsprechende symbolische Elemente ausgeprägt hat. Weitere Markenzeichen und insbesondere die inhaltliche Gestaltung z. B. des Marken-Claims, der Klub-Hymne oder des Maskottchens, sind hingegen häufig neu zu entwickeln und in entsprechende, den Klub repräsentierende Markenbotschaften einzubetten. Dabei fokussiert eine tragfähige Markenkommunikation auf die wesentlichen Charakteristika des Klubs, d. h., die jeweilige *Organisations-/Klubidentität* (vgl. Abb. 18). Idealtypisch ist diese bereits im Rahmen des organisationalen Setups möglichst unterscheidungsfähig formuliert und in Geschäftsordnungen, Strategiepapieren oder Richtlinien zur (guten) Unternehmensführung festgeschrieben. Zweck und Ziele des Klubs, z. B. das Erreichen bestimmter Tabellenplätze oder die Umsetzung zeitgemäßer Spielsysteme, sind dann ebenso definiert wie spezifische Strategien der Zielerreichung (vgl. Kap. 2.3.1). Diese Festlegungen machen deutlich, was den Bundesligisten im Kern kennzeichnet und auf welche Kernkompetenzen er sich stützt – und können als Anknüpfungspunkte für die gesamte Markenkommunikation dienen. „Die Positionierung einer Marke entsteht durch die Verdichtung der Markenidentität zu einem symbolisch-funktionalen Nutzenbündel und erfordert eine klare Fokussierung auf wenige für den Nachfrager verhaltensrelevante Dimensionen" (Burmann, Ulbricht & Schade, 2014, S. 96). Für die Gestaltung von Klubmarken sind dabei *sportspezifische Markendimensionen* bedeutsam:

- *Sportlicher Erfolg und spielbetriebsbezogenes Klubmanagement*: Zentraler Anknüpfungspunkt der Markenbildung ist die spitzensportliche Leistungsfähigkeit der Mannschaft. Im Spitzensport ist sportlicher (Miss-)Erfolg grundsätzlich identitätsbildend. Dabei kann eine Klubmarke nicht nur errungene Siege widerspiegeln, sondern auch sportartimmanente Spannungsmomente, außergewöhnliche technische Leistungen der Spieler und spielerisch-taktische Qualitäten der Mannschaft reflektieren sowie den Teamgeist aufgreifen. Das Management kann hierauf beispielsweise über die Rekrutierung von leistungsstarken (internationalen Star-)Spielern und kompetenten Trainern/Scouts, über die Vorgabe charakteristischer Spielphilosophien, Taktiken sowie Fördermaßnahmen der Nachwuchsarbeit Einfluss nehmen (vgl. Riedl, 2006, S. 194–207; Biscaia et al., 2013, S. 29). Solche sportspezifischen Markenelemente sind dabei typischerweise für ein sportaffines Fachpublikum attraktiv, das über ausreichende sportspezifische Erfahrungen und Kenntnisse verfügt. Allerdings können Klubs sportliche Erfolgs- und Qualitätsversprechen nur bedingt abgeben, da diese u. a. auch von der Leistung der jeweiligen gegnerischen Teams sowie von Verletzungen und Tagesverfassungen der Spieler abhängen (vgl. Preuß, 2014, S. 13). Aus diesem Grund sind solche spitzensportlichen Markenelemente zu ergänzen.
- *Spielbetriebsnahe Unterhaltung*: Attraktion und Unterhaltung des Spitzensports werden auch von den Rahmenbedingungen beeinflusst, die das „Live-Erlebnis" unabhängig vom Spielgeschehen inszenieren und für die Zuschauer zu etwas Besonderem machen, etwa Unterhaltungs- und Rahmenprogramme, Musik, Lichteffekte und eine attraktive Stadioninfrastruktur. Auf diese Weise kann dem Publikum unabhängig vom Spielgeschehen ein gewisses Maß an Unterhaltung und Erlebnis geboten und garantiert werden, z. B. über gastronomische Angebote, ritualisierte Countdowns vor Spielbeginn oder effektvolle Begrüßungen der Spieler unmittelbar vor Spielbeginn. Solche Inszenierungen sind besonders wirksam, wenn dem Publikum das Gefühl vermittelt wird, selbst aktiver Teil des Geschehens und Mitverursacher der sportlichen Leistung zu sein. Spielbetriebsnahe Unterhaltungselemente sind dabei vor allem für sportartferne Personengruppen wichtig, da ihnen

typischerweise der Zugang zu Kernaspekten des sportlichen Geschehens fehlt (vgl. Riedl, 2006, S. 194 207; Biscaia et al., 2013, S. 30).

- *Spielbetriebsinduziertes Emotionserleben*: Für Sportzuschauer sind mit dem Live-Erlebnis Profiteamsport emotionale Verhaltensweisen wie Aufspringen, Schreien oder Klatschen unmittelbar verknüpft. Jubel oder Trauer können dabei nicht nur auf den Zuschauertribünen offensiv ausgelebt werden, sondern auch in der Markenkommunikation von Klubs thematisiert werden. Dies bietet gerade sportartfremden „Laien" im Publikum relevante Anknüpfungspunkte, da ihnen häufig Fachwissen fehlt, das Geschehen auf dem Spielfeld differenziert nachzuvollziehen. Darüber hinaus kann das Management in der Markenkommunikation auf eine Steuerung der Publikumserwartungen dergestalt hinwirken, dass im Voraus weder Siege noch Niederlagen als Selbstverständlichkeiten verstanden werden – denn gerade dann ist ein intensives Erleben von Freude und Trauer möglich. Dies setzt allerdings auch Identifikation und soziale Nähe des Publikums mit dem Team oder einzelnen Spielern voraus. Je größer die Identifikation der Zuschauer ist, desto größer wird für sie auch die Bedeutung sportlicher Wettkämpfe (vgl. Riedl, 2008, S. 233; Alexa, 2014, S. 186).

- *Identifikation und Gemeinschaft*: Damit ist es für die gesamte Kommunikation der Bundesligisten bedeutsam, auf eine möglichst enge Bindung des Publikums hinzuwirken. Identifikation und Gemeinschaft sind folglich auch weitere Anknüpfungspunkte von Klubmarken. Besonders identitätsbildend ist, wie bereits gezeigt, sportlicher Erfolg. Aufgrund seiner Ungewissheit braucht es jedoch für eine zeitstabile, Identifikation stärkende Markenkommunikation weitere Bezugspunkte, die auch bei Misserfolgen eine fortgesetzte Selbstbindung rechtfertigen und soziale Abgrenzungen ermöglichen. Als solche können u. a. attraktive Persönlichkeitsprofile zentraler Identifikationsobjekte der Klubs dienen, z. B. von Sportlern, Trainern oder Managern. Im Rahmen der Markenkommunikation sind diese entsprechend zu schärfen und es gilt, immer wieder die wechselseitige Loyalität von Mannschaft und Fans herauszustellen und erlebbar zu machen, etwa indem darauf verwiesen wird, wie sehr die Zuschauer mit ihren Anfeuerungsrufen und ihrer Unterstützung zum Erfolg der Mannschaft beitragen. Von Seiten des Managements sind solche Prozesse z. B. über eigene Internetforen zu fördern, um direkte Interaktion zwischen Fans zu ermöglichen. Zugehörigkeit und Gemeinschaft werden ferner durch die kommunikative Bezugnahme auf Traditionen, geografische Nähe oder gemeinsam erlebte Geschichten von Klub und Mannschaft, etwa vom Aufstieg in die Bundesliga oder von legendären Wettkämpfen um die Meisterschaft, gestärkt – inszeniert beispielsweise in Form eines Klub-Museums. Und schließlich gilt es darauf hinzuwirken, dass für die Fans ihre Zuneigung zum Klub ein wichtiger Teil der individuellen Identität ist und z. B. das Tragen von Klub-Trikot oder -Schal sowie die Verwendung von Merchandisingartikeln als besonderes Zeichen sozialer Zugehörigkeit gelten (vgl. Riedl, 2006, S. 155–186; Biscaia et al., 2013, S. 30; Kaiser & Müller, 2014, S. 64; Riedmüller, 2013, S. 158–161; 2014, S. 82).

Die Markenbildung ist folglich eine komplexe Aufgabe, die für das Management eine Reihe von Herausforderungen bereithält. Die Formulierung wesentlicher organisationaler Eigenschaften, d. h., die unterscheidungsfähige Konkretisierung der Klubidentität und deren Verdichtung in typischen Farben, Logos und Claims/Botschaften gelingen nicht ohne weiteres. Denn klubintern existieren hierüber meist unterschiedliche Sichtweisen, Einschätzungen und Bewertungen. Die Entwicklung einer gemeinschaftlichen Sicht auf den Klub und deren symbolische Repräsentation mittels Markenzeichen/-botschaften erfordert vielmehr intensive Aushandlungsprozesse, etwa in Form von Arbeitsgruppen oder Workshops. Dabei sind Bedingungen zu schaffen, die es Management und Mitarbeitern ermöglichen, ihre jeweiligen Perspektiven und Schlussfolgerungen gegenüber zu stellen (vgl. Willke, 2001a, S. 48–49; 2001b, S. 320; Senge, 2003, S. 17; Fahrner, 2012, S. 554–557). Zum anderen sind auch externe Perspektiven relevanter Ziel-/Bezugsgruppen, die sich mitunter ebenfalls voneinander unterscheiden, zu erfassen und im Rahmen der Markenentwicklung zu berücksichtigen.

Aushandlungsprozesse von Klubmarken sind folglich differenziert zu konzipieren und durchzuführen, was entsprechend zeitlichen, personellen und finanziellen Ressourceneinsatz erfordert. Ein Aufgreifen standardisierter „Schablonen" bildet hingegen selten einen tragfähigen Ansatz, der den Besonderheiten von Klubmarken gerecht wird.

Markenkommunikation
Die Markenbildung, d. h., die Formulierung und symbolisch-zeichenhafte Verdichtung einer unterscheidungsfähigen Klubidentität, ist typischerweise Grundlage und zentraler Anknüpfungspunkt einer umfassenden kommunikativen Umsetzung im Rahmen der Öffentlichkeitarbeit. Mit dem massenmedial vermittelten Transport von Markenbotschaften wird bei relevanten Ziel-/Bezugsgruppen die Ausbildung eines aus Klub-Perspektive wünschenswerten Abbilds – des Klubimages – angestrebt.

Vor rund einem Jahr hat Bundesligist B einen intensiven Markenentwicklungsprozess abgeschlossen und seine gesamte Markenkommunikation neu aufgelegt. In diesem Zusammenhang wurde nicht nur das bestehende Klublogo verändert, sondern B formulierte erstmals einen Marken-Claim und entwickelte eine Serie von Geschichten rund um die Klubmarke, die B mittlerweile in allen Formen seiner Öffentlichkeitsarbeit aufgreift. Vor diesem Hintergrund will B überprüfen, inwiefern sich sein angestrebtes Klubimage bereits in der Öffentlichkeit durchgesetzt hat. B beauftragt deshalb eine Agentur mit der Durchführung einer Image-Studie.
1. Mit welchen grundsätzlichen Limitierungen sind Bundesligisten in ihrer Markenkommunikation konfrontiert?
2. Wie lassen sich Markenimages ermitteln und welche methodischen Schwierigkeiten sind damit verbunden?

Marken sind keine statischen Gebilde, sondern müssen immer wieder aktiv erzeugt werden. Der Spielbetrieb als Kernleistung/-produkt der Bundesligisten ist für die Zuschauer in der konkreten Situation der Leistungserbringung – also unmittelbar vor und danach sowie während des eigentlichen Spiels – erlebbar, aber wie für Dienstleistungen typisch, nicht zeitstabil beobachtbar. Eine Markenkommunikation bedarf somit auch des wiederholten massenmedialen Transports von Markenbotschaften, um eine entsprechende Verankerung des aus Klubperspektive wünschenswerten Bilds bei den fokussierten Ziel-/Bezugsgruppen wahrscheinlich zu machen (vgl. Abb. 18). Dies erfordert u. a. einen stimmigen kommunikativen Auftritt, der die Klubidentität symbolisch-zeichenhaft verdichtet und in Form einer tragfähigen Markengeschichte („Narrativ") konstruiert. Für den Transport von Markenbotschaften – also die Mitteilung dessen, was die Klubmarke sein will – stehen alle Instrumente und Formen der Öffentlichkeitsarbeit zur Verfügung (vgl. Kap. 2.3.1).

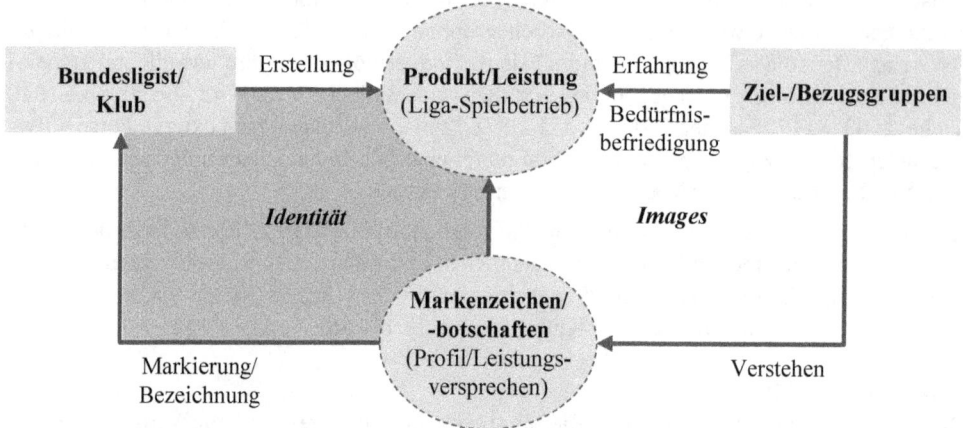

Abb.18: Funktionalität von Klubmarken: Charakteristische Klubidentität vs. beobachterabhängige Klubimages.

Die kommunikative Einheit der Klubmarke wird allerdings erst mit dem *Verstehen* der spezifischen Markenbotschaften *auf Seiten der Ziel-/Bezugsgruppen vervollständigt*, d. h., die Konstruktion des Klubimages erfolgt jeweils beim Beobachter. Folglich hängt die Wirksamkeit der Klubmarke als *Kommunikation* wesentlich von der Verarbeitung entsprechender massenmedial vermittelter Markenaussagen ab – und kann von Seiten des Klubs nicht determiniert, sondern lediglich im Sinne der angestrebten Images akzentuiert werden. Denn was dem Einzelnen jeweils in den Blick gerät und wie er dies interpretiert und beurteilt, hängt z. B. ganz wesentlich von persönlichen Annahmen und Überzeugungen ab (vgl. Kim, 1993, S. 41; Willke, 2001a, S. 48; Senge, 2003, S. 17; Esch, 2010, S. 90–92; Riedmüller, 2014, S. 78). Ziel der Markenkommunikation ist deshalb, dass die individuellen Klubimages der Ziel-/Bezugsgruppen der postulierten Klubidentität möglichst nahe kommen.

Grundsätzlich umfassen Images sowohl „subjektives Wissen über ein Objekt als auch gefühlsmäßige Wertungen, ... [sie besitzen; M. F.] also eine kognitive und eine affektive Komponente" (Schneider, Lauer & Damm, 2011, S. 50). Bei der Ermittlung von Klubimages geht es somit um die mental repräsentierten Vorstellungen relevanter Ziel-/Bezugsgruppen und damit vorrangig um *stereotype Sichtweisen* und *Einstellungen* gegenüber der Klubmarke, die häufig in Form von Assoziationstests erfragt werden (vgl. Esch, 2010, S. 589–591). *Standardisierte* attributbasierte Analysen zielen dabei auf denotative und konnotative Imagedimensionen, wobei die Eigenschaftswörter und deren mögliche Ausprägungsgrade jeweils vorgegeben sind. Vorteile eines solchen Vorgehens liegen neben einem vergleichsweise geringen Erhebungsaufwand u. a. darin, dass sich mit gleichen Eigenschaftswörtern die Images unterschiedlicher Markenobjekte ermitteln und miteinander vergleichen lassen. Beispielsweise können Profilverläufe mehrerer Klubmarken simultan in einem Profil abgebildet werden, was eine indirekte Ähnlichkeitsbeurteilung ermöglicht (vgl. Schneider, Lauer & Damm, 2011, S. 54). Nachteilig ist hingegen, dass standardisierte Verfahren zur Auswahl geeigneter Eigenschaftswörter fehlen und dass mitunter vorgegebene Attribute weder zu den analysierten Markenidentitäten noch zu den subjektiven Markenimages der Befragten passen.

4.3 Werbliche Verwertung von Teamsport

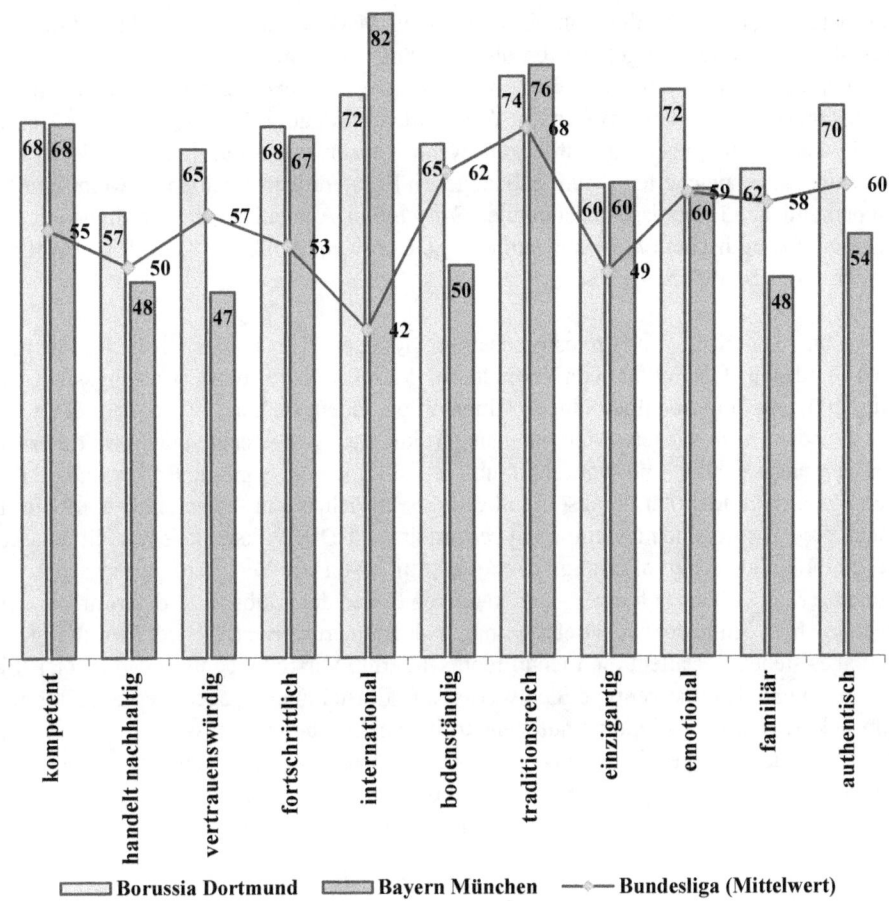

Abb.19: Imageprofile von Borussia Dortmund und Bayern München sowie Mittelwerte aller Fußball-Bundesligisten (vgl. Woisetschläger et al., 2014, S. 14).

Abbildung 19 zeigt beispielhaft Imageprofile von Borussia Dortmund und Bayern München sowie Vergleichszahlen (Mittelwerte) der Fußball-Bundesligisten, basierend auf Ergebnissen einer standardisierten Befragung (vgl. Woisetschläger, 2014, S. 6). Aufgrund der genannten methodischen Schwächen sind solche Rankings vorsichtig zu interpretieren. Im konkreten Beispiel entspricht u. a. keines der analysierten Eigenschaftswörter den von Borussia Dortmund selbst formulierten Attributen der Markenidentität: bedingungslos, leidenschaftlich, besessen, zielstrebig, verantwortungsbewusst, intensiv, ambitioniert, kämpferisch (vgl. Borussia Dortmund, 2014, o. S.).

Hinzu kommt, dass die meisten Eigenschaftswörter bildlich, also eher im übertragenen Sinn zu verstehen sind, weshalb individuellem Auslegen und Verstehen der Ziel-/Bezugspersonen große Bedeutung zukommt. Standardisierte Vorgaben ignorieren individuelle Relevanzkriterien („Beobachtungsbrillen") der Befragten allerdings weitgehend. Dies kann „bei den Probanden oft zu Akzeptanzproblemen führen ..., sodass sie den neutralen Mittelwert ankreuzen" (Schneider, Lauer & Damm, 2011, S. 63). Methodisch kann bei Imageanalysen deshalb auch auf die *Freie Assoziation* zurückgegriffen werden. Dabei nennen die Befragten spontan und ohne größere Vorgaben, was ihnen in Verbindung zur Marke einfällt. Dies reduziert die Defizite des standardisierten Vorgehens, erhöht allerdings den empirischen Aufwand deutlich. Hinzu kommt, dass auch auf diese Weise vor allem *verbalisierbare*, dem Konsumenten *bewusste* Imageaspekte thematisiert werden. Weniger leicht zugängliche, eher implizite Markenaspekte lassen sich hingegen nur aufdecken, wenn Konsumenten von ihren – meist in Form von Geschichten gespeicherten – markenbezogenen Erinnerungen erzählen, etwa im Sinne eines auf persönlichen Erlebnissen basierenden *Storytelling*. Auch dies geht allerdings mit deutlich höherem methodischem Aufwand einher (vgl. Cornwell, 2008, S. 48; Koll, von Wallpach & Kreuzer, 2010, S. 588–589).

Zur Lenkung von Kauf- und Investitionsentscheidungen relevanter Ziel-/Bezugsgruppen müssen Bundesligisten Gefühle von Vertrautheit, Produktkenntnis und Erwartungssicherheit vermitteln. Diese Funktion übernehmen Klubmarken, indem sie garantieren, dass die geforderten Preise z. B. für Tickets, Merchandisingartikel oder Werberechte auch ihrem tatsächlichen Wert entsprechen. Eine Markenbildung setzt folglich die explizite Reflexion und Formulierung der Klubidentität voraus, die über Markenzeichen und -botschaften symbolischzeichenhaft verdichtet und massenmedial vermittelt wird. Die Wirksamkeit von Klubmarken als Kommunikation hängt allerdings ganz wesentlich von der Verarbeitung massenmedial vermittelter Markenbotschaften ab – und kann von Seiten der Klubs nicht determiniert, sondern lediglich im Sinne der angestrebten Images akzentuiert werden. Bei der Ermittlung von Klubimages stehen vor allem die mental repräsentierten Vorstellungen relevanter Ziel-/Bezugsgruppen und damit stereotype Sichtweisen und Einstellungen gegenüber den Klubmarken im Fokus. Häufig wird hierzu auf standardisierte attributbasierte Analysen gesetzt, mit dem Risiko, dass vorgegebene Assoziationen mitunter gar nicht auf das angestrebte Klubimage sowie das individuelle Bild der Beobachter passen. Alternative, nicht standardisierte Verfahren sind allerdings mit deutlich höherem empirischem Aufwand verbunden.

4.3.3 Sponsoring bei Bundesligisten

Werbliche Aktivitäten von Wirtschaftsunternehmen gehören im Profiteamsport ebenso zum Alltag wie die Einbindung von Spitzensportpersonal in Werbemaßnahmen und unternehmensbezogene Öffentlichkeitsarbeit. Dies sichert dem Teamsport neben sachlichen und finanziellen Ressourcen hohe gesellschaftliche Aufmerksamkeit – auch außerhalb der Wettkampfstätten und über seine originären Adressatengruppen hinaus. Die Werthaltigkeit werblicher Rechte ergibt sich vor allem dadurch, dass die Wirtschaft im und mit Profiteamsport Möglichkeiten erhält, ein großes Publikum für ihre Werbebotschaften erreichen und diese zum Konsum ihrer Dienstleistungen oder Produkte – und damit zu Geldzahlungen – motivieren zu können. Gesellschaftlich hoch angesehene und mit Profiteamsport verbundene Werte wie Leistungswille, Zielstrebigkeit oder Spannung bieten der Wirtschaft attraktive thematische Anknüpfungspunkte für werbliche Aktivitäten.

Das Gesamtvolumen von Sportsponsoring in Deutschland zeigt Tab. 15. Neben den eigentlichen werblichen Erlösen aus Sponsoring in Höhe von rund 2,5 Mrd. Euro erfolgten 2010 flankierende Aktivierungsmaßnahmen in Höhe von rund 1,1 Mrd. Euro. Auf die Sponsoren entfielen dabei fast drei Viertel der Aktivierungsinvestitionen, aber auch die Sportligen des Profiteamsports investierten in dieser Hinsicht insgesamt etwa 80 Mio. Euro (vgl. an der Heiden, Meyrahn & Ahlert, 2012, S. 71).

4.3 Werbliche Verwertung von Teamsport

Tab. 15: Gesamtvolumen von Sportsponsoring 2008 und 2010 (ohne Umsatzsteuer); Angaben in Mio. Euro (vgl. an der Heiden, Meyrahn & Ahlert, 2012, S. 71).

	2008	2010
Sponsoring an Sportorganisationen	2.733,9	2.485,4
Aktivierung Sponsoring	1.215,6	1.124,5
> davon Aktivierung Unternehmen/sportbezogene Werbung im Rahmen von Sponsoring	778,8	708,0
> davon Aktivierung Vereine	323,0	286,3
> davon Aktivierung Verbände	41,9	48,6
> davon Aktivierung Profi-Ligen	71,9	81,6

Für die Bundesligisten des Teamsports ist Sponsoring, insbesondere Trikot-/Hauptsponsoring, eine ihrer wichtigsten Erlösquellen (vgl. Abb. 15). Neben Fragen der Eigen- oder Fremdvermarktung (vgl. Kap. 4.1) geht es dabei für das Management vor allem darum, sich gegenüber Wirtschaftsunternehmen als strategisch interessantes Sponsoringobjekt darzustellen und zu verdeutlichen, inwiefern eine werbliche Partnerschaft zur Erreichung kommunikativer Unternehmens-/Sponsoringziele beitragen kann – um letztlich auch eine angemessene Vergütung für die Nutzung werblicher Rechte aushandeln zu können.

Exklusivität der Rechteverwertung
Um das Erreichen der mit Sponsoring verbundenen werblichen Zielsetzungen wahrscheinlicher zu machen, wird zwischen den Vertragsparteien regelmäßig *Exklusivität* vereinbart, d. h., der gesponserte Klub verpflichtet sich, mit keinem Konkurrenten des Sponsors gleichzeitig vergleichbare Vereinbarungen zu treffen.

E, ein traditionsreicher deutscher EDV-Dienstleister, ist seit Jahren als Trikotsponsor bei Bundesligist B engagiert und hat unlängst seine Option zur Vertragsverlängerung für weitere zwei Jahre genutzt. Nachdem B zuletzt sportlich extrem erfolgreich war, sind einige Unternehmen daran interessiert, ebenfalls als Sponsoren mit B zusammenzuarbeiten. B plant, weitere Premiumpartnerschaften einzugehen – u. a. mit einem aufstrebenden Tablet-PC-Hersteller aus Südkorea. B sieht in dieser Zusammenarbeit vor allem große Chancen, seine Fan-Basis auf dem asiatischen Markt zu verstärken. Allerdings legt E mit dem Hinweis auf die ihm zugesicherte Exklusivität sein Veto gegen diese Sponsoringkooperation ein.
1. Warum ist Exklusivität für das Gelingen von Sponsoring und die Werthaltigkeit werblicher Rechte bedeutsam?
2. In welchen Hinsichten lässt sich Exklusivität bestimmen und welche Abgrenzungsschwierigkeiten treten hierbei auf?

Um die mit der Rechteverwertung beabsichtigten Werbeeffekte erzielen zu können, sind werbetreibende Unternehmen an *ausschließlichen*, also *exklusiven* Werbe- und Lizenzrechten interessiert. Denn die Vorteilhaftigkeit eines solchen Engagements ergibt sich für sie gerade auch daraus, dass „Wettbewerber nicht dieselben Rechte ausüben können" (Lentze, 2012, S. 85). In der Managementpraxis wird die exakte Reichweite der Exklusivität jeweils bestimmt nach

- *räumlichen* Gesichtspunkten: Hier ist zu klären, für welches geografische Gebiet die Nutzungsrechte gelten, z. B. Deutschland, Europa oder weltweit.
- *zeitlichen* Aspekten: Meist werden die Nutzungsrechte nur für einen festgelegten Zeitraum gewährt, z. B. angelehnt an eine oder mehrere Spielzeiten der jeweiligen Ligawettbewerbe.
- *sachlichen* Überlegungen: In diesem Zusammenhang erfolgt häufig die Definition expliziter Branchen- oder Produktkategorien, innerhalb derer Exklusivität garantiert wird.

Während räumliche und zeitliche Kriterien für das Management weitgehend unproblematisch sind, kann insbesondere die Abgrenzung von Branchen- oder Produktkategorien „zu erheblichen Definitions- und Abgrenzungsproblemen führen" (Lentze, 2012, S. 85). In der Praxis können Branchen- oder Produktgruppenbezeichnungen Auslegungsspielräume eröffnen oder so weit gefasst sein, dass verschiedene Produktgattungen oder -typen darunter gefasst werden können. Typische Beispiele sind u. a. Computerhardware vs. Computersoftware vs. Datenverarbeitung oder Telekommunikations- vs. Mobilfunkdienstleistungen oder Sportausrüstung vs. Sportbekleidung vs. Sportschuhe vs. Sportgeräte oder Getränke vs. alkoholische/nicht alkoholische Getränke (vgl. Körber, 2012, S. 559). Vor diesem Hintergrund sind entsprechende Exklusivitätsabgrenzungen im Vorfeld differenziert zu durchdenken und mögliche Ein- oder Ausgrenzungen in ihren etwaigen (Neben-)Folgen zu antizipieren. Angesichts der typischerweise gegensätzlichen Interessen von Sponsoren und gesponserten Klubs erweist sich dies durchaus als konfliktanfällig. Denn während Sponsoren an einer möglichst umfassenden Branchen-/Produktabgrenzung interessiert sind, um möglichst viele Konkurrenten vom Klub fernzuhalten, verfolgen die Bundesligisten hingegen eher enge Branchenzuschnitte, um für weitere potenzielle Sponsoren mit ähnlichen Produkten oder Dienstleistungen offen sein zu können.

Sponsoring-Zielsetzung „Bekanntheit"

Eine typische Zielsetzung von Sportsponsoren ist es, ihre Verbindung zum gesponserten Klub einer zielgruppenspezifischen Öffentlichkeit darzustellen, um auf diesem Weg eine Steigerung ihrer Bekanntheitsgrade zu erreichen.

Unternehmen S ist seit einem Jahr Hauptsponsor von Bundesligist B. Dies gibt S Gelegenheit, bei den Heimspielen umfangreiche werbliche Darstellungsmöglichkeiten auf Banden und Camcarpets im Stadion zu nutzen. Außerdem ist S mit seinem Logo in der Mixed-Zone des Stadions, bei Pressekonferenzen und auf allen Medienprodukten von B vertreten. Insbesondere die Zuschauerquoten der Fernsehberichterstattung über Ligaspiele von B sind für S bislang sehr zufriedenstellend. Mit Ablauf der ersten gemeinsamen Spielzeit plant S eine detaillierte Überprüfung seines Sponsorings, insbesondere interessieren ihn mögliche Effekte auf seine Bekanntheit bei relevanten Zielgruppen. Die bekannte Sportagentur A schlägt zur Sponsoringevaluation eine Medienanalyse inklusive einer Berechnung des Tausender-Kontaktpreises vor, was S jedoch nicht ausreichend erscheint.

1. Welche werblichen Rechte der Bundesligisten nutzen Sponsoren zur Werbekommunikation, um ihre Bekanntheitsgrade zu steigern?
2. Welche Größen beeinflussen die Zielerreichung „Bekanntheit" und wie können entsprechende Sponsoringeffekte empirisch überprüft werden?
3. Welche methodischen Schwierigkeiten sind damit typischerweise verbunden?

Eine Steigerung von Bekanntheitsgraden des Sponsors oder seiner Produkte erfordert Zugriff auf ein möglichst großes Publikum, z. B. Stadionzuschauer vor Ort oder Rezipienten von Medienprodukten. Um seine Verbindung zum Klub kenntlich zu machen, erwirbt der Sponsor typischerweise die Berechtigung,

- die *offizielle Bezeichnung* „Haupt-/Topsponsor" zu führen und diese werblich zu nutzen, z. B. unter Einbezug von Namens-, Bild- und Markenrechten des gesponserten Klubs und dessen Protagonisten.
- gemäß den jeweils gültigen Statuten der Ligaorganisation/des Sportverbands sein Markenzeichen/*Logo auf Trikots und Trainingsanzügen* der Mannschaft des gesponserten Klubs zu platzieren und ggf. auch Trikots und Sportkleidung seinem „Look and feel" entsprechend zu gestalten, u. a. über die Farbgebung der Auswärtstrikots.
- eine bestimmte Anzahl fernsehrelevanter *Banden und Camcarpets* neben dem Tor zu nutzen.
- eine *Tribünenseite* im Stadion mit seinem Unternehmens- oder ausgewählten Produktnamen zu benennen.
- werbliche Darstellungsmöglichkeiten in der Mixed-Zone, bei Pressekonferenzen, auf dem Mannschaftsbus und auf Athletenfahrzeugen, am Trainingsgelände, in Printmaterialien (u. a. Plakaten, Eintrittskarten, Stadionzeitungen) sowie auf der Homepage des Gesponserten zu nutzen.
- im Stadion(-umfeld) aufmerksamkeits- und verkaufsfördernde *Aktionen* durchzuführen, z. B. Produktpräsentationen, Gewinnspiele, Wahlen zum Spieler des Tages.
- das Klub-Logo auf seinen *Produkten* zu platzieren und ggf. auch entsprechend markierte *Sondereditionen* seiner Produkte aufzulegen.
- eine bestimmte Anzahl von Spielern der gesponserten Mannschaft bei seinen Werbeaktionen/*PR-Terminen*, etwa Autogrammstunden oder Empfängen einzusetzen.

Die mittels Sponsoring angestrebte Steigerung von Bekanntheitsgraden wird regelmäßig auf hohe Kontaktwahrscheinlichkeiten mit dem Sportpublikum vor Ort oder via Massenmedien zurückgeführt. Entsprechende *Medienanalysen* erfassen z. B. die Anzahl der Sportzuschauer vor Ort, die Reichweiten massenmedialer Übertragungen der Sportereignisse sowie die „Sichtbarkeit" der Sponsoren, z. B. Häufigkeit und Dauer der Einblendung ihrer Stadionbanden. Auf dieser Basis erfolgt typischerweise eine Kontaktwertberechnung bezogen auf Tausender-Kontaktpreise, die – angelehnt an die „klassische" Mediaplanung – über die relativen Kosten informiert, Kontakt zu tausend Personen (Zuschauern, Lesern) erhalten zu können. Gerade bei zahlenmäßig großen Sportpublika sind Tausender-Kontaktpreise im Sportsponsoring verglichen mit anderen betrieblichen Kommunikationsinstrumenten, etwa Werbespots im Fernsehen, eher niedrig.

Bei der Evaluation von Sportsponsoring allein auf die (mediale) Präsenz und damit einhergehende *Kontaktwahrscheinlichkeiten* abzustellen, greift mit Blick auf die Zielsetzung „Bekanntheit" allerdings zu kurz. Denn auf diese Weise lassen sich keine Aussagen treffen, „ob die Zuschauer die entsprechende Sponsorenbotschaft auch wahrgenommen haben" (Breuer, Rumpf & Kurz, 2013, S. 73). Angesichts der zahlreichen akustischen und visuellen Reize während eines Spiels – Klatschen, Jubel, Reporterkommentar, Spieleraktionen, Schiedsrichterentscheidungen etc. – können Zuschauer nicht alle Sponsoringbotschaften wahrnehmen. Vielmehr „erfährt zu einem bestimmten Zeitpunkt nur ein kleiner Teil des Informationsangebots die Aufmerksamkeit des Zuschauers und wird in der Folge für die Verarbeitung auf höheren kognitiven Ebenen relevant" (Breuer, Rumpf & Kurz, 2013, S. 75). Bewusste *Aufmerksamkeit* hat somit eine bedeutsame Filterfunktion bei der Verarbeitung von Sponsoringbotschaften, wobei Größe, Exklusivität und Positionierung der jeweiligen Botschaften wesentliche Einflussgrößen darstellen (vgl. Breuer & Rumpf, 2012, S. 529–530). Animierte Darstellungen und bewegte Bilder, z. B. über LED-Banden, erregen dabei generell mehr Aufmerksamkeit als statische Werbebanden. Der größeren Kontakthäufigkeit von LED-Banden steht allerdings eine tendenziell geringere Kontaktdauer gegenüber (vgl. Numrich & Pagel, 2011, S. 146–155). Dabei kann jedoch auch „eine schnellere Wahrnehmung der Werbebotschaft … Grund für die kurze Verweildauer sein" (Numrich & Pagel, 2011, S. 152).

Aufgrund der begrenzten kognitiven Kapazitäten können Zuschauer außerdem nicht alle wahrgenommenen Sponsoringbotschaften als Information verarbeiten, sodass letztlich nur ein Teil auch erinnert werden kann (vgl. Breuer, Rumpf & Kurz, 2013, S. 75–76). Die Informationsverarbeitung auf Seiten der Zuschauer wird dabei vor allem beeinflusst durch

- ihre (mentale) *Erregung*: Mit höherer Erregungsintensität verbessert sich tendenziell die Informationsverarbeitung – allerdings bezogen auf den jeweiligen Reiz und dessen Auslöser. Das heißt, wenn eine Spielaktion oder ein Spielerverhalten den Zuschauer in Erregung versetzt, reduziert sich seine Verarbeitungskapazität z. B. von Sponsoringbotschaften.
- ihre *Nähe* zum Sponsor und ihre (Vor-)*Erfahrungen* mit dessen Produkten: Umfangreiche und gute Erfahrungen der Zuschauer verbessern tendenziell ihre sponsoringbezogene Informationsverarbeitung.
- ihr (Vor-)*Wissen* über das beworbene Produkt, den Sponsor und das Sportereignis: Die sponsoringbezogene Informationsverarbeitung verbessert sich tendenziell, wenn die Sponsoringbotschaft z. B. bestehendes Wissen der Zuschauer bestätigt.
- ihr *Involvement*, d. h., ihre Bindung an den Sponsor, das Sportereignis oder den gesponserten Bundesligisten: Die Informationsverarbeitung verbessert sich tendenziell bei einem starken Involvement, etwa in Form einer hohen Fanidentifikation. Sponsoringbotschaften erhalten dann eine größere Relevanz (vgl. Gwinner & Swansnon, 2003, S. 283–287; Cornwell, Weeks & Roy, 2005, S. 31–33; Schlesinger, 2010, S. 5–11; Meichelbeck & Mooslechner, 2011, S. 300–305). Vor diesem Hintergrund spielt in der strategischen Sponsoringplanung auch eine Rolle, ob der Sponsor Konsumgüter des täglichen Bedarfs oder langlebige Investitionsgüter bewirbt.

Die Nutzung dieser werblichen Rechte ist mittels umfangreicher Begleitmaßnahmen kommunikativ zu aktivieren, um mit Blick auf die genannten Einflussgrößen Wahrnehmung und Verarbeitung von Sponsoringbotschaften beim Publikum wahrscheinlicher zu machen – beispielsweise in Form von

- *Printmaterialien*, also Anzeigen, Broschüren, Plakaten oder Flyern.
- *audiovisuellen Materialien* für Fernsehen, Internet oder mobile Anwendungen.
- *Ansagen* oder *Einblendungen* im Stadion oder in der Sporthalle.
- *begleitenden Aktivitäten* in sozialen Netzwerken, Blogs etc.
- *Produktvariationen/-differenzierungen*, z. B. unter Bezugnahme auf den gesponserten Klub oder herausragende Sportereignisse.

Erfasst werden sponsoringbezogene *Erinnerungsleistungen* des Sportpublikums über gestützte und ungestützte Bekanntheitsgrade. Als *Sponsor Recall* versteht man dabei z. B. die Fähigkeit eines Sportzuschauers, sich nach einem Stadionbesuch an Sponsoren oder deren Logos erinnern und diese (ungestützt) nennen zu können. Hingegen bezeichnet *Sponsor Recognition* die

Fähigkeit der Befragten, gestützt z. B. auf eine schriftliche Vorlage, Sponsoren oder deren Logos wiederzuerkennen (vgl. Lardinoit & Derbaix, 2001, S. 171). Beide Formen der Sponsoren-/Produktbekanntheit allein sind für das Kaufverhalten nicht ausschlaggebend, stellen aber notwendige Voraussetzungen z. B. für weitere imagerelevante Sponsoringwirkungen dar. Für eine Überprüfung möglicher Veränderung von Bekanntheitsgraden braucht es immer mindestens zwei Messzeitpunkte und jeweils möglichst gleiche Erhebungsbedingungen. Die *Erinnerungsleistung* von Zuschauern hängt wiederum ebenfalls von einigen Einflussgrößen ab, u. a.

- von der jeweiligen *Befragungssituation*, d. h., ob mündlich oder schriftlich befragt wird, ob es sich um eine Face-to-Face-Interaktion oder um telefonischen Kontakt zwischen Befragtem und Fragesteller handelt.
- vom *Befragungszeitpunkt*, d. h., mit welchem zeitlichen Abstand zum Sportereignis befragt wird.
- vom Kontakt des Befragten mit parallelen *Aktivierungsmaßnahmen* der Werbekommunikation und Öffentlichkeitsarbeit des Sponsors.
- vom Kontakt des Befragten mit parallelen Sponsoring-/*Werbeaktivitäten von Wettbewerbern* des Sponsors, z. B. in der gleichen Sportart (vgl. Cornwell, Weeks & Roy, 2005, S. 34–35).

Sponsoring-Zielsetzung „Image"
Eine weitere mit Sportsponsoring verbundene Zielsetzung ist die *Verbesserung von Imagewerten*, insbesondere die Emotionalisierung von Markenimages.

Werbekommunikation ist für Finanzdienstleister F schon immer eine herausfordernde Aufgabe, da seine Finanz- und Vermögensprodukte vergleichsweise komplex und von den Kunden nur schwer zu erfassen sind. Seit Bekanntwerden zahlreicher Banken- und Finanzskandale im Rahmen der europäischen Schuldenkrise leidet F außerdem am schlechten öffentlichen Bild der Finanzbranche. Mit einem Engagement als Hauptsponsor von Bundesligist B verspricht sich F ab der kommenden Spielzeit eine Verbesserung seines Unternehmensimages. Insbesondere will F von B verkörperte Werte wie Leistungsbereitschaft, Motivation, Glaubwürdigkeit und Fairplay in den Mittelpunkt seiner gesamten Unternehmens- und Werbekommunikation rücken.
1. Welche Größen beeinflussen die Zielerreichung „Image"?
2. Welche methodischen Schwierigkeiten sind mit einer Analyse entsprechender Sponsoringeffekte typischerweise verbunden?

In wirtschaftlichen Kontexten treten Marken bei einer Überlastung des Preismechanismus an die Seite von Geld und übernehmen komplementäre Funktionen. Aus diesem Grund bedarf es auf Seiten der Unternehmen einer entsprechenden Markenkonstruktion und -kommunikation (vgl. ausführlich Kap. 4.3.2). Die Markenbildung – Formulierung und symbolisch-zeichenhafte Verdichtung einer unterscheidungsfähigen Organisations- und Produktidentität – ist typischerweise Grundlage und zentraler Anknüpfungspunkt einer umfassenden Unternehmenskommunikation. Ein massenmedial vermittelter Transport von Markenbotschaften zielt vorrangig darauf ab, dass *stereotype Sichtweisen* und *Einstellungen* relevanter Ziel-/Bezugsgruppen dem aus Unternehmenssicht wünschenswerten (Selbst-)Bild von Unternehmen und Marke möglichst nahe kommen.

Sportsponsoring bietet vielfältige Möglichkeiten, Unternehmenskommunikation und insbesondere Markenbotschaften thematisch an den Leistungsversprechen der Sponsoringobjekte – z. B. gesponserten Bundesligisten – auszurichten und mit ihnen verbundene Zuschreibungen kommunikativ aufzugreifen. Auf diese Weise sollen relevante Ziel-/Bezugsgruppen dahingehend beeinflusst werden, ihre mit dem gesponserten Klub und dessen Protagonisten verbundenen (positiven) Assoziationen auf Produkte und Marken des Sponsors – oder den Sponsor selbst – zu übertragen. Es gilt, Distanz abzubauen, Nähe zu suggerieren und potenzielle Kaufentscheidungsprozesse zugunsten des Sponsors zu beeinflussen.

Wesentliche Bedingung für das Gelingen entsprechender Einflussnahmen von Sportsponsoring auf Imagekonstruktionen relevanter Ziel-/Bezugsgruppen ist, dass deren mental repräsentierte Vorstellungen und Einstellungen zum gesponserten Klub dem angestrebten Ideal von Unternehmens-/Produktimage nahe kommen, d. h., dass „die mit einem Objekt assoziierten Image-Attribute mit denen des anderen Meinungsgegenstandes kompatibel sind" (Schneider, Lauer & Damm, 2011, S. 50). Eine solche *strategische Passgenauigkeit* – ein strategischer Fit – lässt sich allerdings nicht per se und abschließend definieren. Relevante Entscheidungsbereiche, die bei „der Gestaltung des Sponsoringportfolios und bei der Auswahl des Sponsoringpartners auf Konsistenz und gegenseitige Anschlussfähigkeit" (Schlesinger, 2010, S. 21) regelmäßig geprüft werden, sind jedoch

- *sachliche Affinitäten* von Produkten/Leistungen des Sponsors zum gesponserten Bundesligisten. Diese können darin bestehen, dass Produkte/Leistungen des Sponsors vom Gesponserten direkt für seine sportliche Leistungserbringung genutzt werden, oder dass die Branche des Sponsors und dessen Produkte eine gewisse sachliche Nähe zum Sport aufweisen, etwa Sportartikel, Uhren, Nahrungsmittel.
- *soziale Affinitäten* zwischen den Zielgruppen des Sponsors und dem Publikum des gesponserten Klubs. Hier können insbesondere soziodemographische Merkmale wie Alter, Geschlecht, Bildung, verfügbares Einkommen oder typische Merkmale der Lebensführung, z. B. Einstellungen/Werthaltungen, persönliche Interessen und Vorlieben herangezogen werden.
- *regionale Affinitäten* zwischen dem Absatzmarkt des Sponsors und dem Spiel- und Einzugsbereich des gesponserten Klubs.

Strategische Passgenauigkeit ist jedoch *nicht* gleichzusetzen mit *Deckungsgleichheit*. Gerade geringe Nähe der Imagekonstruktionen von Klub und Sponsor eröffnen mitunter interessante Entwicklungspotenziale der Konsumentenwahrnehmung, z. B. wenn neue geografische oder soziale Zielgruppen erschlossen werden sollen (vgl. Fahrner, 2006, S. 136; Pappu & Cornwell, 2014, S. 16–19). Dass in Folge von Sportsponsoring *assoziative Verknüpfungen* zwischen Sponsor und Gesponsertem – im Sinne positiver Ausstrahlungseffekte – gelingen, setzt generell voraus, dass

- das Sportpublikum den gesponserten Klub *positiv assoziiert*, z. B. als sympathische und erfolgreiche Mannschaft. Typischerweise geht es dabei weniger um kognitive, als vielmehr um affektive/emotionale Markenbestandteile.
- über bloße Kontakte hinaus auf Seiten des Sportpublikums *Aufmerksamkeit* für die Verbindung von Sponsor und gesponsertem Klub erregt wird und beide im Zeitverlauf ihrer Sponsoringpartnerschaft für das Sportpublikum *häufig* und vor allem *gemeinsam* beobachtbar und erlebbar sind, z. B. durch gemeinsame Aktivitäten, Ereignisse oder Fotos – und dass dabei zentrale, aus Sponsorensicht wünschenswerte Attribuierungen *thematisiert*

werden. Dies erfordert eine umfangreiche begleitende Werbekommunikation zur Aktivierung der eigentlichen werblichen (Namens- und Bild-)Rechte und kann vor allem bei niedrigem *Involvement* des Publikums hinsichtlich des Sponsoringobjekts sowie des Sponsors und dessen Produkten gelingen.
- dass entsprechende kommunikative Verknüpfungen über *langfristige Zeithorizonte* hinweg aufgebaut und gepflegt werden (vgl. Gwinner, 1997, S. 148–155; Cornwell, 2008, S. 47).

Grundsätzlich kann nicht nur der Sponsor von verbesserten Imagewerten profitieren. Auch das Bild des gesponserten Bundesligisten kann aufgewertet werden, etwa wenn Unternehmen mit entsprechend positiven Images – seriös, professionell, international, innovativ – mit ihm zusammenarbeiten. In gleicher Weise besteht allerdings wechselseitig auch das Risiko einer Übertragung *negativer Assoziationen*, z. B. bei Dopingfällen, Spielmanipulationen oder negativen Konsumenteneinstellungen gegenüber Sponsorenprodukten (vgl. Bauer et al., 2012, S. 54–60).

Schwierigkeiten der empirischen Imageanalyse sind ausführlich in Kapitel 4.3.2 beschrieben. Hinzu kommt bei der Analyse etwaiger imagerelevanter Sponsoringeffekte das Fehlen eindeutiger kommunikativer Kausalbeziehungen. Dies liegt insbesondere auch in der umfangreichen massenmedialen Begleitung und Aktivierung im Sinne eines *Kommunikations-Mix* begründet. Damit gehen verschiedene zeitliche und sachliche Ausstrahlungseffekte einher, die eine differenzierte Einschätzung kommunikativer Ursache/Wirkungszusammenhänge deutlich erschweren (vgl. Meenaghan, 2001, S. 99–106; Cornwell, 2008, S. 51; Marwitz, 2008, S. 46).

Nutzung der Persönlichkeitsrechte von Spielern/Trainern
Mit Blick auf die von Sportsponsoren verfolgten Zielsetzungen „Steigerung von Bekanntheitsgraden" und „Verbesserung von Imagewerten" erhält die Einbindung von Protagonisten der gesponserten Bundesligisten in werbliche Maßnahmen der Sponsoren große Relevanz.

Für das nächste Geschäftsjahr plant Hauptsponsor H die Einführung von zwei neuen Produkten, die er mit einer umfangreichen Werbe- und Imagekampagne begleiten will. Als thematischer Anknüpfungspunkt und Vertrauensbrücke soll dabei der von H gesponserte Bundesligist B dienen. Insbesondere den beiden Topstars der Mannschaft ist eine exponierte Rolle zugedacht. Für die Produktion von Film- und Fotoaufnahmen in Paris sollen beide Spieler insgesamt drei Tage zur Verfügung stehen. H geht davon aus, dass er dies als Hauptsponsor erwarten kann und B die Spieler freistellt. B's Sportdirektor will die Spieler vor Ablauf der Saison jedoch nicht freistellen. Und auch die Spieler selbst verlangen für ein solches werbliches Engagement eine gesonderte Vergütung.
1. Inwiefern können Bundesligisten über die Persönlichkeitsrechte ihrer Spieler verfügen und diese z. B. zum Gegenstand von Sponsoringvereinbarungen machen?
2. Inwiefern lassen sich zwischen Sponsoreninteressen und Klub-/Spielerinteressen angelegte Konflikte mittels sog. Abstimmungsklauseln in Sponsoringverträgen entschärfen?

Sponsoren sind typischerweise daran interessiert, die von ihnen geförderten Bundesligisten sowie deren zentrale Protagonisten – Spieler, Trainer, Funktionäre – in werbliche Aktivitäten und unternehmensbezogene Öffentlichkeitsarbeit einzubinden, z. B. in Form von Werbevideos, Plakaten, Anzeigen oder PR-Maßnahmen. Hierfür benötigen die Unternehmen die explizite Berechtigung, Persönlichkeitsrechte des Spitzensportpersonals für solche Zwecke zu nutzen. Aus diesem Grund ist ein Zugriff etwa auf Namens- und Bildrechte der Spieler typischer Gegenstand von Sponsoringverträgen. Um dies gewährleisten zu können, lassen sich die Bundesligisten über die *Arbeitsverträge* der Spieler das Recht einer werblichen Verwertung ihrer Persönlichkeitsrechte übertragen. Dies gilt beispielsweise „für die vom Club veranlasste oder gestattete Verbreitung von Bildnissen des Spielers als Mannschafts- oder Einzelaufnahmen in jeder Abbildungsform ... besonders auch hinsichtlich der Verbreitung solcher Bildnisse in Form von Spielszenen und/oder ganzer Spiele der Lizenzligamannschaft" (§ 6 Nr. 3, DFL-Lizenzordnung Spieler). In der Praxis werden von solchen Regelungen typischerweise Bilder sog. offizieller Anlässe und Fotos von Spielszenen mit drei Spielern erfasst.

Sobald Spieler oder Trainer einzeln und außerhalb offizieller Anlässe oder des Spielbetriebs in werbliche Aktivitäten eingebunden werden sollen, sind hingegen *gesonderte Werbeverträge* zwischen Sponsor und Spielern erforderlich. In der Ausgestaltung dieser Verträge haben die beteiligten Parteien weitgehende Freiheit. Zu regeln ist dabei insbesondere die Reisekostenübernahme für Spieler und etwaige Begleitpersonen, der gewährte Standard bei Bahn- oder Flugreisen (z. B. First oder Business Class) sowie der gewährte Standard bei einer Unterbringung vor Ort (z. B. Fünf oder Vier Sterne-Hotel). Ergänzend wird in der Praxis meist ein Vertragspassus aufgenommen, dass die Einbindung von Spielern in werbliche Maßnahmen des Sponsors in Abstimmung mit ihrem Spiel- und Trainingskalender erfolgt, dem im Zweifel Vorrang einzuräumen ist. Gegenüber dem Sponsor einmal bestätigte Termine können vom Spieler wiederum meist nur aus wichtigem Grund abgesagt werden.

Sponsoring-Zielsetzung Kontaktpflege – Hospitality
Eine weitere von Sportsponsoren verfolgte Zielsetzung ist die *Kontaktpflege* mit wichtigen *Ziel-/Bezugsgruppen*. Das gemeinsame Erleben von Sportereignissen kann Bedingungen schaffen, Kooperation und Verbundenheit über rein geschäftliche Beziehungen hinaus zu entwickeln und zu pflegen (vgl. Deutsche Fußball Liga & Deutscher Fußball-Bund, 2011, S. 1).

Hauptsponsor H stellt vielfältige Vorprodukte für unterschiedliche Industriezweige her und unterhält folglich keine direkten Leistungsbeziehungen zu Endkunden. Für seinen Vertrieb ist hingegen ein umfassendes Netz an (Zwischen-)Händlern und weiterverarbeitenden Unternehmen von großer Bedeutung. Vor diesem Hintergrund will H sein Sponsoring von Bundesligist B dafür nutzen, die Beziehungen zu seinen wichtigsten Abnehmern zu pflegen. Darüber hinaus sollen exklusive Einladungen beispielsweise zu Auswärtsspielen bei internationalen Klubwettbewerben motivationale Anreize setzen und den Konkurrenzkampf zwischen den Händlern stärken.
1. Welche werblichen Rechte nutzen (Klub-)Sponsoren für Hospitality?
2. Welche Größen beeinflussen die Zielerreichung „Hospitality/Kontaktpflege" und wie können entsprechende Sponsoringeffekte empirisch analysiert werden?
3. Welche methodischen Schwierigkeiten sind damit typischerweise verbunden?

Mit dem Sponsorenstatus können vielfältige Hospitality-Möglichkeiten zur Kontaktpflege mit wichtigen Ziel-/Bezugsgruppen verbunden sein. Dabei geht es strategisch insbesondere darum, mittels exklusiver und einzigartiger Erlebnisse die emotionale Verbundenheit von Mitarbeitern und Kunden sowie weiteren Ziel-/Bezugsgruppen zum Sponsor zu stärken sowie Vertrauen in den Sponsor – in die Beziehung zum Sponsor – zu fördern (vgl. Digel & Fahrner, 2008, S. 11–

12, 21–24; Walzel, 2010, S. 50–51; 2011, S. 12–13). Die operative Umsetzung entsprechender Maßnahmen erfordert typischerweise die Berechtigung,

- im Stadion des Gesponserten zu jeder Zeit eine *eigene Loge* zu nutzen. An Spieltagen ermöglicht dies z. B. die Einladung exklusiver Personenkreise wie Geschäftspartnern, Kunden, politischen Meinungsbildnern oder Verantwortlichen von Medienorganisationen. An anderen Tagen können diese Räumlichkeiten für jede Art von internen Sitzungen oder Besprechungen mit Geschäftspartnern dienen, die nicht zwingend in Räumlichkeiten am eigentlichen Sitz des Unternehmens stattfinden müssen.
- an Spieltagen mit einer bestimmten Personenzahl Zugang zu *Businessbereichen* im Stadion des Gesponserten zu erhalten. Dies ermöglicht z. B. die Einladung exklusiver Personenkreise wie Geschäftspartnern, politischen Meinungsbildnern, Verantwortlichen von Medienorganisationen oder eigenen Mitarbeitern in einem zwar besonderen, aber nicht in sich geschlossenen Logenbereich des Stadions – was auch vielfältige Kontaktmöglichkeiten zu anderen Hospitality-Gästen schafft.
- reservierte *Eintrittskarten* bei Heim- und Auswärtsspielen der Mannschaft des Gesponserten zu nutzen. Dies ist gerade für Spiele internationaler Klubwettbewerbe von besonderem Interesse, da hier aufgrund der hohen Ticketnachfrage meist nur geringe Chancen bestehen, überhaupt Zutritt zum Stadion zu erhalten. Beispielsweise können solche Tickets an Mitarbeiter im Rahmen betrieblicher Incentives vergeben oder über Gewinnspiele an Endkunden zugeteilt werden, die dann in Verbindung mit Werbemaßnahmen des Sponsors situativ den Status eines VIP erhalten.
- mit einer bestimmten Personenanzahl an Trainingslagern und Reisen des Gesponserten teilzunehmen und dabei unmittelbar im *Umfeld der Mannschaft* anwesend zu sein. Insbesondere Mitgliedern der Geschäftsführung oder wichtigen Führungskräften des Sponsors bieten sich damit exklusive Anlässe zur Belohnung und Motivation.
- Spieler des gesponserten Bundesligisten im Rahmen von *Betriebsveranstaltungen* des Sponsors einzusetzen, z. B. bei Haupt- und Jahresversammlungen oder Betriebs-/Mitarbeiterfesten (vgl. Digel & Fahrner, 2013, S. 211–218; von Appen, 2012a, S. 168–169).

Vorteile von Hospitality im Vergleich zu anderen Sponsoringaktivitäten liegen insbesondere darin, dass sich während der meist mehrstündigen Anwesenheit von Sponsor/Gastgeber und Gästen eine Vielzahl an Interaktionssituationen ergeben, die auch einen differenzierten, tiefergehenden Austausch über gemeinsame Themen ermöglichen (vgl. Walzel, 2011, S. 40). Das Gelingen von Hospitality hängt generell davon ab, dass die Erwartungen der angesprochenen Personenkreise erfüllt werden und Sponsoren etwaige Maßnahmen entsprechend ausgestalten. Erforderlich sind dabei vor allem

- eine *Stadioninfrastruktur*, die exklusive Räumlichkeiten wie Logen oder Businessbereiche sowie privilegierte Parkmöglichkeiten und Zugänge umfasst. Diese sind je nach Zielsetzung und Zielgruppe auch im „Look and Feel" des Sponsors zu gestalten.
- ein *gastronomisches Angebot*, das je nach Zielsetzungen und Zielgruppen des Sponsors entsprechend hochwertig sein muss.
- Serviceleistungen durch qualifiziertes, zuvorkommendes und freundliches *Personal*.
- eine exklusive Einbindung von *Experten* oder bekannten *Persönlichkeiten* z. B. Helden der Sportart oder aktuelle Spieler, Trainer und Funktionäre des gesponserten Bundesligisten.
- die Verfügbarkeit *exklusiver Information* z. B. über das Sportereignis, die Heim- und Gastmannschaft, den spezifischen Anlass der Einladung oder die generelle Verbindung von

Sponsor und Bundesligist, sowie ein ansprechender Informationszugang zum Informationsangebot, z. B. mittels W-Lan oder Smartphone-App.
- weitere *Unterhaltungsangebote*, z. B. Live-Musik oder künstlerische Darbietungen. Je nach Zielsetzungen und Zielgruppen des Sponsors können diese im Zusammenspiel mit anderen kommunikativen Maßnahmen thematisch gestaltet werden, etwa in Anlehnung an die regionale Herkunft oder Besonderheiten des gegnerischen Teams am jeweiligen Spieltag.

Bei der Evaluation von Hospitality gelten die weiter oben bereits ausgeführten Einschränkungen der Sponsoringevaluation, insbesondere das Fehlen eindeutiger kommunikativer Kausalbeziehungen. Erschwerend kommt bei Hospitality dessen subtile Wirkung hinzu. Die Funktionalität von Hospitality ist vor allem dann gegeben, wenn die angesprochenen Personengruppen diese Anlässe gerade *nicht* als geschäftlich wahrnehmen. Vor diesem Hintergrund ist eine Evaluierung etwa mittels Befragungen oder Beobachtungen vor Ort typischerweise unerwünscht, um das exklusive Ambiente nicht mit einer Datenerhebung zu stören und den Eindruck zu vermeiden, mit der Einladung seien (direkte) ökonomische Interessen des Sponsors verbunden. Hinzu kommt, dass außerdem Verzerrungseffekte in Folge sozial erwünschter Antworten der Eingeladenen sehr wahrscheinlich sind (vgl. Walzel, 2010, S. 52–53; 2011, S. 30).

Sponsorenzufriedenheit
Sportvereine, Spielbetriebsgesellschaften, Sportverbände und Ligaorganisationen des Teamsports stehen in einem intensiven Wettbewerb um Wirtschaftsunternehmen, die sie als Sponsoren für sich gewinnen wollen. Die Akquise neuer Werbepartner erweist sich dabei als sehr aufwändig und ressourcenintensiv. Bestehende Sponsoringpartnerschaften sind deshalb möglichst langfristig fortzusetzen, zumal Langfristigkeit eine wesentliche Bedingung der Möglichkeit ist, mit Sponsoring verbundene kommunikative und wirtschaftliche Ziele erreichen zu können.

> Bundesligist B wird von mehreren Sponsoren unterstützt. Neben seinem langjährigen Hauptsponsor sind weitere Premiumpartner für B's wirtschaftliche Leistungsfähigkeit von besonderer Bedeutung. Da im regionalen Umfeld von B mehrere Bundesligisten anderer Sportarten auch um die Gunst einer begrenzten Anzahl potenzieller Sponsoren konkurrieren, will B seine Wirtschaftspartner möglichst zufrieden stellen und dafür sorgen, dass sie ihre Sponsoringengagements langfristig fortsetzen.
> 1. Unter welchen Bedingungen sind Wirtschaftsunternehmen mit ihren Sponsoringengagements zufrieden?
> 2. Wie kann Sponsorenzufriedenheit erfasst werden und mit welchen Schwierigkeiten ist das Management dabei mitunter konfrontiert?

Wirtschaftsunternehmen verbinden mit Sponsoringengagements jeweils unternehmensspezifische Erwartungen, die sie möglichst erfüllt sehen wollen. Generell stellt sich Zufriedenheit immer dann „ein, wenn die Erwartungen der Kunden … erfüllt oder übertroffen werden" (Nagel, 2005, S. 186). Dabei ist es wahrscheinlich, dass Sponsoren im Detail unterschiedliche Erwartungen und Zielsetzungen mit ihren Engagements verbinden, was entsprechende Sensibilität und differenzierten Umgang auf Seiten der gesponserten Klubs erfordert, d. h., besondere Aufmerksamkeit und Verständnis für Bedürfnisse und Befindlichkeiten ihrer Sponsoren (vgl. Chelladurai & Chang, 2000, S. 16; Byon et al., 2013, S. 235; Lichti, 2014, S. 25). Auf

4.3 Werbliche Verwertung von Teamsport

Seiten der Sponsoren setzt das Eingehen von Sponsoringbeziehungen folglich Vertrauen voraus, dass ihre mit der Zusammenarbeit verbundenen Erwartungen in ihrem Sinne erfüllt werden (können). Mit Blick auf die Kundenbeziehung zwischen Sponsor und gesponsertem Klub sind dabei folgende Aspekte von Bedeutung (vgl. Abb. 20):

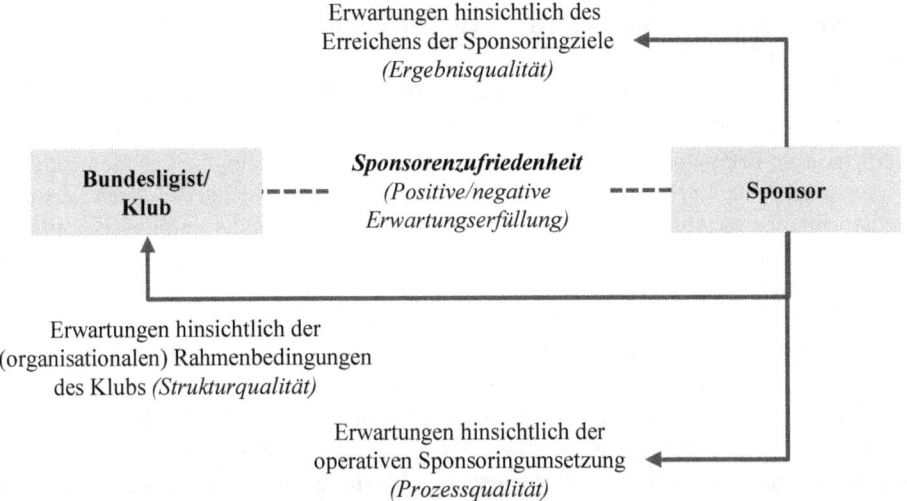

Abb.20: Sponsorenzufriedenheit als Folge positiver wie negativer Erwartungserfüllung durch Leistungen des von ihnen gesponserten Bundesligisten.

- In erster Linie beziehen sich Sponsorenerwartungen auf das Erreichen ihrer originär mit dem Sponsoring verbundenen *Zielsetzungen*, etwa die Steigerung von Bekanntheitsgraden oder die Veränderung von Imagewerten. Aus der Perspektive des Qualitätsmanagements geht es hier um die *Ergebnisqualität* des Sponsorings.
- Damit sich die von Sponsoren verfolgten Ziele erreichen lassen, müssen die gesponserten Klubs bestimmte Rahmenbedingungen erfüllen, unter denen sie ihre Leistungen zugunsten der Sponsoren erbringen. Dabei geht es im Wesentlichen um „die Charakteristika des Leistungserbringers selbst sowie die ihm zur Verfügung stehenden räumlichen, apparativ-technischen und personellen Ressourcen" (Matul & Scharitzer, 2007, S. 549), die im Wesentlichen in der *Klubmarke* abgebildet sind (vgl. Kap. 4.3.2). Spitzensportliche Leistungsfähigkeit der Mannschaft und sportlicher Erfolg sind dabei vorrangig, ferner eine emotionale Inszenierung des „Live-Erlebnisses" für die Zuschauer, z. B. mittels Unterhaltungs- und Rahmenprogrammen, Musik, Lichteffekten und einer attraktiven Stadioninfrastruktur. Hinzu kommen attraktive Persönlichkeitsprofile zentraler Identifikationsobjekte des Klubs, also Sportlern, Trainern oder Managern, die Identifikation und soziale Nähe des – möglichst großen – Publikums fördern. Darüber hinaus spielen klubspezifische Managementprogramme (vgl. Kap. 2.3.1) sowie vor allem die Fach- und Sozialkompetenz des Klubpersonals eine wichtige Rolle. Aus der Perspektive des Qualitätsmanagements geht es hier um die *Strukturqualität* des Sponsorings.

- Mit Blick auf die operative Umsetzung des Sponsorings sind wiederum Erwartungen hinsichtlich der *Durchführung* konkreter sponsoringbezogener Projekte und Einzelmaßnahmen verbunden, die u. a. von der Erreichbarkeit, der Freundlichkeit, der Zuverlässigkeit und dem Entgegenkommen des Servicepersonals im direkten Kundenkontakt beeinflusst werden. Aus der Perspektive des Qualitätsmanagements geht es hier um Fragen, wie eine erwartete Leistung angeboten und konkret umgesetzt wird, d. h., um die *Prozessqualität* des Sponsorings (vgl. Chelladurai & Chang, 2000, S. 6; Robinson, 2006, S. 70; Matul & Scharitzer, 2007, S. 550).

Gesamthaft zeigt sich die Zufriedenheit der Sponsoren in ihrer Einschätzung des Preis/Leistungsverhältnisses ihrer Sponsoringengagements (vgl. Byon et al., 2013, S. 238).

Die empirische Erfassung der Leistungsqualität von Sponsoringmaßnahmen und der Sponsorenzufriedenheit erfordert Kenntnis über die aus Sponsorensicht relevanten Leistungsbestandteile und Erwartungen an die operative Leistungserbringung der gesponserten Bundesligisten. Entsprechende Soll-Größen sowie die tatsächliche Qualität der Implementierung konkreter Sponsoringmaßnahmen (Ist-Größen) werden dabei bevorzugt aus Sponsorensicht ermittelt, etwa über Befragungen. „Qualitätsmessungen aus der originären Kundensicht stellen den Königsweg aller Messverfahren dar" (Daumann & Römmelt, 2012, S. 461). Werden für alle relevanten Qualitätsmerkmale und Erwartungskriterien „Wichtigkeit" und „Zufriedenheit" aus der Sponsorenperspektive ermittelt, lassen sich differenzierte Soll-Ist-Vergleiche anstellen. Diese können Hinweise auf positive wie negative Erwartungserfüllung und damit auf die Zufriedenheit der Sponsoren liefern. Problematische Leistungs-/Qualitätsbereiche lassen sich dann hinsichtlich möglicher Ursachen analysieren. Im Rahmen einer kommunikativen Validierung dieser Erkenntnisse mit den Sponsoren können schließlich Maßnahmen zur Qualitätssteigerung erarbeitet werden (vgl. Chelladurai & Chang, 2000, S. 14; Breuer & Erdtel, 2005, S. 169–170; Robinson, 2006, S. 68; Daumann & Römmelt, 2012, S. 460–461). Zu beachten ist allerdings, dass sich Erwartungshaltungen und Zielsetzungen der Sponsoren im Detail voneinander unterscheiden und deshalb entsprechend differenzierte und aufwändige Zufriedenheitsanalysen notwendig sein können. Gerade bei heiklen Fragen, etwa nach der Einschätzung des Preis/Leistungsverhältnisses, kann außerdem das Problem der sozialen Erwünschtheit von Antworten auftreten. Das heißt, dass Sponsoren in Antizipation möglicher Folgewirkungen der Befragung strategisch – und nicht unbedingt realitätsgetreu – antworten.

Werbung und unternehmensbezogene Öffentlichkeitsarbeit unter Einbindung von Spitzensportpersonal gehören im Profiteamsport mittlerweile zum Alltag. Um das Erreichen der mit Sponsoring verbundenen Zielsetzungen wahrscheinlicher zu machen, wird zwischen den Vertragsparteien regelmäßig Exklusivität vereinbart, d. h., der Gesponserte verpflichtet sich, mit keinem Konkurrenten des Sponsors gleichzeitig vergleichbare Vereinbarungen zu treffen. Während räumliche und zeitliche Exklusivität weitgehend unproblematisch sind, kann insbesondere die Abgrenzung von Branchen- oder Produktkategorien erhebliche Definitions- und Abgrenzungsprobleme mit sich bringen.

Eine typische Zielsetzung von Sportsponsoren ist die Steigerung ihrer Bekanntheitsgrade bei relevanten Ziel-/Bezugsgruppen. Um ihre Verbindung zum Gesponserten kenntlich zu machen, erwerben Sponsoren die Berechtigung, die offizielle Bezeichnung „Hauptsponsor" zu führen und diese werblich zu nutzen. Zur kommunikativen Aktivierung dieser Rechte müssen umfangreiche Begleitmaßnahmen durchgeführt werden, um Wahrnehmung und Ver-

4.3 Werbliche Verwertung von Teamsport

arbeitung der Sponsoringbotschaften beim Publikum wahrscheinlicher zu machen. Zur Verbesserung von Imagewerten, insbesondere der Emotionalisierung von Markenimages, bietet Sportsponsoring ebenfalls vielfältige Möglichkeiten. Wesentliche Bedingung für das Gelingen entsprechender Einflussnahmen auf Imagekonstruktionen relevanter Ziel-/Bezugsgruppen ist eine Annäherung der individuellen, mental repräsentierten Klubimages an das angestrebte Ideal von Unternehmens-/Produktimage der Sponsoren. Hinsichtlich der Kontaktpflege mit wichtigen Ziel-/Bezugsgruppen im Rahmen des gemeinsamen Erlebens von Sportereignissen sind Hospitality-Maßnahmen insofern vorteilhaft, als sich während der meist mehrstündigen Anwesenheit der Gäste eine Vielzahl an Interaktionssituationen ergeben, die einen differenzierten Austausch über gemeinsame Themen ermöglichen. Bei der Evaluation von Hospitality-Maßnahmen erweist sich allerdings insbesondere dessen subtile Wirkung als problematisch.

Letztlich wollen Wirtschaftsunternehmen mit ihren Sponsoringengagements jeweils verbundene Erwartungen erfüllt sehen. Sponsorenzufriedenheit stellt sich folglich ein, wenn diese Erwartungen erfüllt oder übertroffen werden. Zu beachten ist dabei, dass sich Erwartungshaltungen und Zielsetzungen der Sponsoren voneinander unterscheiden und deshalb entsprechend differenzierte und aufwändige Zufriedenheitsanalysen notwendig sein können.

5 Zusammenfassung und Ausblick

Die rasante Entwicklung des Profiteamsports hat ihn längst zum ökonomisch wichtigsten Anwendungsfall des Sportmanagements gemacht. Hunderttausende Zuschauer verfolgen jedes Wochenende in Stadien und Sporthallen das sportliche Geschehen, über Ergebnisse der Teamsportwettbewerbe wird sowohl in eigenständigen Sportsendungen als auch in allgemeinen Nachrichtensendungen im Fernsehen berichtet. Hinzu kommen vielfältige spezifische Medienerzeugnisse im Internet. Nicht zuletzt sind Spieler, Trainer und Organisationen des Teamsports über ihre Einbindung in Werbemaßnahmen zahlreicher Sponsoren in der Gesellschaft omnipräsent.

In diesem Lehrbuch wurden ausgewählte Managementthemen des Profiteamsports, die aus Autorensicht für eine vertiefte Auseinandersetzung dieses spezifischen Anwendungsbereichs relevant sind, differenziert beschrieben. Dabei waren drei große Themenkomplexe für die Systematik des Lehrbuchs ausschlaggebend:

- Zunächst erfolgte eine Auseinandersetzung mit teamsportspezifischen *Organisationsstrukturen*. Neben generellen Bedingungen und Formen der Ausgliederung von Ligaabteilungen aus Sportfachverbänden wurden mögliche Strukturalternativen fokussiert. Ferner ging es um die zwischen Sportfachverbänden und Ligaorganisationen angelegten Spannungsfelder sowie spezifische Möglichkeiten, potenziell divergierende Interessen zwischen den Beteiligten (vertraglich) zu regeln. Daran anschließend wurden Vor- und Nachteile kapitalgesellschaftlicher Rechtsformen von Profispielbetrieben diskutiert und Ausgliederungsprozesse von Profiabteilungen idealtypisch nachgezeichnet. Darüber hinaus kamen zwischen Muttervereinen und Spielbetriebsgesellschaften angelegte Spannungsfelder sowie diesbezügliche Regelungen der Sportligen zur Sprache. Abgerundet wurde dieser Themenkomplex von einer organisationsstrukturellen Auseinandersetzung mit Spielbetriebsgesellschaften des Profiteamsports. Neben organisationalen Gestaltungsmöglichkeiten und -notwendigkeiten wurden dabei strategische Geschäftsmodelle sowie interne Kommunikationswege von Spielbetriebsgesellschaften thematisiert.
- Der zweite große Themenkomplex fokussierte die *Regulierung* sowohl der Teilnahmebedingungen als auch der Durchführungsmodalitäten *von Ligawettbewerben* durch die Ligaorganisationen. Mit Blick auf konstitutionelle Rahmenbedingungen wurden Ausgestaltungsmöglichkeiten von Teilnahmerechten in ihren Effekten für die Ligawettbewerbe skizziert. Auch wurden relevante Kriterien der Lizenzierung sowie typische Zeitabläufe der Lizenzierungsverfahren beschrieben. Ebenso erfolgte eine Kennzeichnung von Entscheidungsspielräumen der Sportligen hinsichtlich Wettbewerbsformaten und Rahmenterminplanungen inklusive ihrer Effekte auf die ökonomischen Verwertungspotenziale der Ligawettbewerbe. Mit Blick auf den Schutz von Integrität und Attraktivität der Ligawettbewerbe wurden schließlich Einflussmöglichkeiten von Anteilseignern und problematische Effekte von Mehrfachbeteiligungen an Spielbetriebsgesellschaften aufgezeigt sowie Regelungsinstrumente der Sportligen reflektiert.
- Der dritte Themenkomplex umfasste Kernfragen der *Eigen- und Fremdvermarktung medialer und werblicher Rechte* im Profiteamsport. Daran anknüpfend wurden Vor- und

Nachteile der Zentralvermarktung medialer Rechte durch die Sportligen diskutiert und Bedingungen sowie Mechanismen der Vermarktung medialer Rechte aufgezeigt. In der Folge standen strategische Überlegungen der Ligaorganisationen bei der Ausschreibung medialer Sportrechte im Mittelpunkt, gefolgt von Möglichkeiten und Grenzen der (Nach-)Verwertung medialer Rechte durch die Bundesligisten. Mit Blick auf die werbliche Rechteverwertung im Teamsport kam die Zentralvermarktung von Werberechten ebenso zur Sprache wie Notwendigkeiten und Anknüpfungspunkte der Markenbildung von Spielbetriebsgesellschaften. Abschließend erfolgte eine Auseinandersetzung mit strategisch-konzeptionellen Bedingungen und Mechanismen von Sponsoring im Profiteamsport, inklusive zentraler Fragen ihrer Umsetzung und Evaluation.

Unter Bezug auf zahlreiche Anwendungsbeispiele und typische Entscheidungssituationen der Managementpraxis wurde den Lesern eine differenzierte, praxisnahe Auseinandersetzung mit den dargestellten Inhalten ermöglicht. Auf diese Weise entstand ein eigenständiges Lehrbuch, das die in den „Grundlagen des Sportmanagements" aufgezeigten Kernthemen des Managements auf den spezifischen Anwendungsfall „Profiteamsport" hin aufbereitet. Richtet man den Blick über dieses ausgewählte Themenspektrum hinaus, zeigen sich gleichwohl bislang nicht ausgeleuchtete Aufgabenfelder des Teamsportmanagements. Nur am Rande thematisiert oder angedeutet sind u. a. Problem- und Fragestellungen des

- *Finanzmanagements*, vor allem Finanzierung, Risikomanagement, Finanzverwaltung, Buchführung und Controlling (vgl. Thieme, 2013, S. 15–22; Wadsack, 2013, S. 84–89).
- *Personalmanagements*, insbesondere Scouting, Nachwuchsförderung/-entwicklung, Transfers, Athleten- und Teammanagement.
- *Facility-/Sportstättenmanagements*, etwa Bau oder Erwerb eines eigenen Stadions oder Fragen zu Verpachtung von Sportstätten.
- *Veranstaltungsmanagements*, vor allem die operative Gestaltung und Umsetzung der Ligawettbewerbe als Stadionevent.

Die aufmerksame Lektüre und kritische Auseinandersetzung mit den in diesem Lehrbuch dargestellten Themen ermöglicht ungeachtet der notwendigen inhaltlich-konzeptionellen Richtungsentscheidungen einen umfassenden Einblick in das „Teamsportmanagement". Allerdings stellen Studium und Fachwissen nur *eine* notwendige Bedingung guter Managementpraxis im Teamsport dar. Eine *weitere* wesentliche Bedingung auf personaler Ebene ist ferner angemessene Sensibilität für situative Gegebenheiten, insbesondere in der direkten Interaktion mit anderen Führungskräften des Sports, mit Geschäftspartnern aus Massenmedien und Wirtschaft, oder mit Vereinsmitgliedern – etwa bei öffentlichen Auftritten, oder bei der Moderation strittiger Sachthemen.

Für den Managementalltag unabdingbare soziale, kommunikative Kompetenzen können über die Auseinandersetzung mit Fachliteratur jedoch nur bedingt erworben werden. Vielmehr braucht es dazu vor allem auch eine reflektierte praktische Erprobung in Berufsfeldern des Teamsportmanagements, am besten unter Anleitung und Beobachtung bereits erfahrener Führungskräfte. Bleibt den Lesern zu wünschen, dass sie in ihrer Berufspraxis in diesem Sinne „gute" Lehrer finden, die Fachwissen schätzen und dessen Umsetzung und Weiterentwicklung fördern.

6 Literatur

Alexa, Frank, Markenpersönlichkeit von Fußballvereinen, in: Preuß, Holger, Frank Huber, Holger Schunk und Thomas Könecke (Hrsg.), Marken und Sport. Aktuelle Aspekte der Markenführung im und mit Sport, Wiesbaden 2014, S. 167–193.

An der Heiden, Iris, Frank Meyrahn und Gert Ahlert, Bedeutung des Spitzen- und Breitensports im Bereich Werbung, Sponsoring und Medienrechte, Mainz 2012.

Anders, Georg, Mannschaft, in: Röthig, Peter und Robert Prohl (Hrsg.), Sportwissenschaftliches Lexikon, 7. Aufl., Schorndorf 2003, S. 354–355.

Appen von, Jörg, Hospitality-Rechte, in: Stopper, Martin und Gregor Lentze (Hrsg.), Handbuch Fußball-Recht. Rechte – Vermarktung – Organisation, Berlin 2012a, S. 167–184.

Appen von, Jörg, Vermarktungsagenturen, in: Stopper, Martin und Gregor Lentze (Hrsg.), Handbuch Fußball-Recht. Rechte – Vermarktung – Organisation, Berlin 2012b, S. 605–627.

Baecker, Dirk, Organisation und Management, Frankfurt 2003.

Baecker, Dirk, Welchen Unterschied macht das Management? Zugriff am 23. Mai 2007 unter http://homepage.mac.com/baecker auf den Beitrag vom September 2004.

Basketball-Bundesliga (BBL), Langfristige Partnerschaft: Deutsche Telekom sichert Medienrechte bis 2018, Zugriff am 16. Juni 2014 unter http://www.beko-bbl.de/hot/news/news/41643.

Battis, Ulrich, Albert Ingold und Kathrin Kuhnert, Zur Vereinbarkeit der „6+5"-Spielregel der FIFA mit dem Unionsrecht, in: Zeitschrift Europarecht 13 (2010) 1, o. S., Zugriff am 18. Februar 2014 unter http://www.europarecht.nomos.de/?id=1268.

Bauer, Hans H., Stefan Hattula, Alexander Grimm und Cornelia Ebertin, „Die dunkle Seite des Sponsoring" – Unliebsame Effekte von Rivalität auf die Sponsorenmarke, in: Marketing Review St. Gallen 29 (2012) 1, S. 54–60.

Becker, Stefan, Dirk Böcker und Ann-Marie Nienaber, Vom Fußballverein zur Kapitalgesellschaft – Ausgliederung von Profisportabteilungen am Beispiel von Fortuna Düsseldorf, in: Schewe, Gerhard und Jörn Littkemann (Hrsg.), Sportmanagement. Der Profi-Fußball aus sportökonomischer Perspektive, 3. Aufl., Schorndorf 2012, S. 85–138.

Biscaia, Rui, Abel Correia, Stephen Ross, Antonio Rosado and Joao Maroco, Spectator-Based Brand Equity in Professional Soccer, in: Sport Marketing Quarterly 22 (2013) 1, pp. 20–32.

Borussia Dortmund GmbH & Co. KG auf Aktien, Geschäftsbericht 2012/2013. Dortmund 2013.

Borussia Dortmund GmbH & Co. KG auf Aktien, Der BVB – Über uns. Zugriff am 05. Juni 2014 unter http://www.bvb.de/ger/Der-BVB/Ueber-uns.

Breuer, Christoph und Mandy Erdtel, Qualitätsmanagement in Sportorganisationen, in: Breuer, Christoph und Ansgar Thiel (Hrsg.), Handbuch Sportmanagement, Schorndorf 2005, S. 164–179.

Breuer, Christoph and Christopher Rumpf, The Viewer's Reception and Processing of Sponsorship Information in Sport Telecasts, in: Journal of Sport Management 26, 2012, pp. 521–531.

Breuer, Christoph, Christopher Rumpf und Stefan Kurz, Ein Bewertungsmodell zur Analyse von Sponsoring-Alternativen, in: Marketing Review St. Gallen 30 (2013), 1, S. 72–81.

Burk Verena, Christoph G. Grimmer und Tim Pawlowski, Stadionzeitung meets Facebook, in: Marketing Review St. Gallen 31 (2014) 2, S. 32–39.

Burkhardt, Gabriel, Die Ausgliederungslösung und die 50+1-Regel: Ein System mit Zukunft? in: SpuRt – Sport und Recht 20 (2013) 4, S. 142–146.

Burmann, Christoph, Anna Maleen Ulbricht und Michael Schade, Identitätsbasierte Markenführung im Sport – Herausforderung Brand Delivery, in: Preuß, Holger, Frank Huber, Holger Schunk und Thomas Könecke (Hrsg.), Marken und Sport. Aktuelle Aspekte der Markenführung im und mit Sport, Wiesbaden 2014, S. 93–105.

Byon, Kevin K., James J. Zhang and Thomas A. Baker, Impact of core and peripheral service quality on consumption behavior of professional team sport spectators as mediated by perceived value, in: European Sport Management Quarterly 13 (2013) 2, pp. 232–263.

Cachay, Klaus und Ansgar Thiel, Global Player – Local Hero. Der Sportverein zwischen Spitzensport, Publikum und Vermarktung. Unveröffentlichter Projektbericht. Bielefeld/Tübingen 2004.

Chelladurai, Packianathan and Kyungro Chang, Targets and Standards of Quality in Sport Services, in: Sport Management Review 9 (2000) 3, pp. 1–22.

Cornwell, Bettina T., State of the Art and Science in Sponsorship-linked Marketing, in: Journal of Advertising 37 (2008) 3, pp. 41–55.

Cornwell, T. Bettina, Clinton S. Weeks and Donald P. Roy, Sponsorship-Linked Marketing: Opening the Black Box, in: Journal of Advertising 34 (2005) 2, pp. 21–42.

Daumann, Frank, Grundlagen der Sportökonomie, Konstanz/München, 2011.

Daumann, Frank, Besonderheiten von Ligen aus ökonomischer Sicht, in: Galli, Albert, Vera-Carina Elter, Rainer Gömmel, Wolfgang Holzhäuser und Wilfried Straub (Hrsg.), Sportmanagement, 2. Aufl., München 2012, S. 5–23.

Daumann, Frank und Benedikt Römmelt, Qualitätsmanagement im Sport, in: Nufer, Gerd und André Bühler (Hrsg.), Management im Sport. Betriebswirtschaftliche Grundlagen und Anwendungen der modernen Sportökonomie, 3. Aufl., Berlin 2012, S. 445–470.

Deloitte Sport Business Gruppe, Finanzreport deutscher Profisportligen 2013. Kreatives Wachstum, Düsseldorf 2013.

Deutscher Fußball-Bund (DFB), Zuschauerzahlen. Zugriff am 5. Mai 2014 unter http://www.dfb.de/?id=82912.

Deutsche Fußball Liga (DFL), Bundesliga Report 2013. Die wirtschaftliche Situation im Lizenzfußball, Frankfurt 2013.

Deutsche Fußball Liga (DFL), Bundesliga Report 2014a. Die wirtschaftliche Situation im Lizenzfußball, Frankfurt 2014.

Deutsche Fußball Liga (DFL), Die Organisation des Profifußballs, Zugriff am 16. April 2014b unter http://www.bundesliga.de/de/dfl/profil/.

Deutsche Fußball Liga (DFL), Ligavorstand beschließt mehr Planungssicherheit bei Verteilung der Medien-Einnahmen, Pressemitteilung vom 28. April 2014, Zugriff am 29. April 2014c unter http://www.bundesliga.de/de/liga/news/2013/ligavorstand-beschlie-t-mehr-planungssicherheit-bei-verteilung-der-medien-einnahmen.php.

Deutsche Fußball Liga (DFL) und Deutscher Fußball-Bund (DFB), Handhabung von Hospitality-Paketen bei Fußballveranstaltungen vor dem Hintergrund gesetzlicher Anforderungen, Frankfurt 2011.

Deutsche Fußball Liga (DFL) und Ligaverband, Angebot von Verpflichtungszusagen des Ligaverbandes und der DFL für die Vergabe von medialen Verwertungsrechten an Fußballspielen der Bundesliga und der 2. Bundesliga für die Spielzeiten von 2013/2014 bis 2016/2017, Frankfurt/Berlin 2011.

Deutscher Olympischer Sportbund (DOSB), DOSB Bestandserhebung 2008, Frankfurt 2009.

Deutscher Olympischer Sportbund (DOSB), DOSB Bestandserhebung 2013, Frankfurt 2013.

Digel, Helmut and Marcel Fahrner, The International Sports Hospitality Market. Unpublished Research Project Conducted on Behalf of the FIFA, Tübingen 2008.

Digel, Helmut und Marcel Fahrner, Hospitality Marketing im Sport, in: Nufer, Gerd und André Bühler (Hrsg.), Marketing im Sport. Grundlagen, Trends und internationale Perspektiven des modernen Sportmarketing, 3. Aufl., Berlin 2013, S. 207–231.

Dinkel, Michael, Neues Marketing und Management von Sportvereinen, Butzbach-Griedel 2002.

Duvinage, Peter, Das Verhältnis von Sport und Medien aus juristischer Sicht, in: Leistungssport 36 (2006) 4, S. 32–37.

Duvinage, Peter, Die Verwertung der fernsehmäßigen Sportrechte von Verbänden, Ligen und Vereinen durch Sportrechteagenturen war gestern – Eigenvermarktung ist heute!, in: Galli, Albert, Vera-Carina Elter, Rainer Gömmel, Wolfgang Holzhäuser und Wilfried Straub (Hrsg.), Sportmanagement, 2. Aufl., München 2012, S. 565–586.

Eilers, Tom, Fußballübertragungsrechte für Internet und Mobilfunktechnik – Abgegrenzte Gebiete oder Doppelvergabe der Fernsehrechte? in: SpuRt. Zeitschrift für Sport und Recht 13 (2006), S. 221–227.

Eisele, Wolfgang, Technik des betrieblichen Rechnungswesens, 5. Aufl., München 1993.

Elter, Vera-Carina, Verwertung medialer Rechte der Fußballunternehmen – Vermarktung und Refinanzierung im Sport, Berlin 2003.

Elter, Vera-Carina, Spielervermögen im Kontext von Transferregelungen, Rechnungslegung, Bewertung und Transferfonds, in: Galli, Albert, Vera-Carina Elter, Rainer Gömmel, Wolfgang Holzhäuser und Wilfried Straub (Hrsg.), Sportmanagement, 2. Aufl., München 2012, S. 693–716.

Esch, Franz-Rudolph, Strategie und Technik der Markenführung, 6. Aufl., München 2010.

EU-Komission, Commission Staff Working Document, the EU and Sport: Background and Context. Accompanying document to the White Paper on Sport, Brüssel 2007.

Fahrner, Marcel, Zur Entwicklung strategischer Sportsponsoring-Konzeptionen – Eine Systematik als methodische Hilfestellung für Lehre und Praxis, in: Sport und Gesellschaft 3 (2006), S. 130–140.

Fahrner, Marcel, Veränderungsmanagement im Sport, in: Nufer, Gerd und André Bühler (Hrsg.), Management im Sport. Betriebswirtschaftliche Grundlagen und Anwendungen der modernen Sportökonomie, 3. Aufl., Berlin 2012, S. 549–574.

Fahrner, Marcel, Grundlagen des Sportmanagements, 2. Aufl., München, 2014.

FC Bayern München AG, Organe der FC Bayern München AG, Zugriff am 10. Juni 2014 unter http://www.fcbayern.de/de/club/fcb-ag/organe/.

Franck, Egon, Financial Fair Play in European Club Football – What is it all about?, UZH Business Working Paper No. 328, February 25, 2014.

Frees, Beate und Birgit van Eimeren, Multioptionales Fernsehen in digitalen Medienumgebungen, in: Media Perspektiven 44 (2013) 7–8, S. 373–385.

Galli, Albert, Finanzielles Fairplay – Die neuen Regelungen der UEFA zur Klub-Lizenzierung und zum Klub-Monitoring, in: SpuRt. Zeitschrift für Sport und Recht 17 (2010), S. 182–187.

Göttsche, Max und Robert Truse, Umwandlung von Sportvereinen, in: Adophlsen, Jens, Martin Nolte, Michael Lehner und Michael Gerlinger (Hrsg.), Sportrecht in der Praxis, Stuttgart 2012, S. 545–550.

Grimmer, Christoph G., Customer-Relationship-Management im Sport: Tricks und Tücken im Umgang mit Social Media, in: Fachjournalist o. J. (2013), Zugriff unter http://www.fachjournalist.de/customer-relationship-management-im-sport/.

Gwinner, Kevin, A model of image creation and image transfer in event sponsorship, in: International Marketing Review 14 (1997) 3, pp. 145–158.

Gwinner, Kevin and Scott R. Swanson, A model of fan identification: antecedents and sponsorship outcomes, in: Journal of Service Marketing 17 (2003) 3, pp. 275–294.

Handball-Bundesliga, Klubrechte zur eigenen Nutzung medialer Rechte, unveröffentlichtes Dokument, Dortmund 2014.

Heermann, Peter W., Mehrheitsbeteiligung an einer deutschen Fussballkapitalgesellschaft im Lichte der sog. „50%+1-Klausel", in: Causa Sport. Die Sport-Zeitschrift für nationales und internationales Rechte sowie für Wirtschaft o. J. (2007), S. 426–436.

Heermann, Peter W., Fast alle Fragen zur rechtlichen Zulässigkeit der 50+1-Regelung bleiben offen, in: Causa Sport. Die Sport-Zeitschrift für nationales und internationales Rechte sowie für Wirtschaft o. J. (2011), S. 339–343.

Heinemann, Klaus, Zum Problem der Einheit des Sports und des Verlusts seiner Autonomie, in: Deutscher Sportbund (Hrsg.), Die Zukunft des Sports. Materialien zum Kongreß Menschen im Sport 2000, Schorndorf 1986, S. 112–128.

Hellmann, Kai-Uwe, Soziologie der Marke, Frankfurt 2003.

Holtmann, Klaus, Pay-TV-Programme – Wachstum und Marktmacht in einer sich fragmentierenden TV-Welt?, in: Kaufmanns, Ralf, Veit Siegenheim und Insa Sjurts (Hrsg.), Auslaufmodell Fernsehen? Perspektiven des TV in der digitalen Medienwelt, Wiesbaden 2008, S. 187–197.

Holzer, Boris, Netzwerke, Bielefeld 2006.

Holzhäuser, Felix, Der strukturelle Aufbau professioneller deutscher Sportligen nach Ausgliederung aus Bundesfachsportverbänden – Teil 1, in: SpuRt. Zeitschrift für Sport und Recht 11 (2004a), S. 144–148.

Holzhäuser, Felix, Der strukturelle Aufbau professioneller deutscher Sportligen nach Ausgliederung aus Bundesfachsportverbänden – Teil 2, in: SpuRt. Zeitschrift für Sport und Recht 11 (2004b), S. 243–247.

Holzhäuser, Felix, Das Lizenzierungsverfahren des Ligaverbandes in: Stopper, Martin und Gregor Lentze (Hrsg.), Handbuch Fußball-Recht. Rechte – Vermarktung – Organisation, Berlin 2012a, S. 665–794.

Holzhäuser, Felix, Die rechtlichen Grundlagen des Lizenzierungsverfahrens des Ligaverbandes, in: Galli, Albert, Vera-Carina Elter, Rainer Gömmel, Wolfgang Holzhäuser und Wilfried Straub (Hrsg.), Sportmanagement, 2. Aufl., München 2012b, S. 165–183.

Holzhäuser, Wolfgang, Organisation der Bayer 04 Leverkusen Fußball GmbH – ein Bericht aus der Praxis, in: Galli, Albert, Vera-Carina Elter, Rainer Gömmel, Wolfgang Holzhäuser und Wilfried Straub (Hrsg.), Sportmanagement, 2. Aufl., München 2012, S. 25–36.

Hüllemann, Niko M.O., Vertrauen ist gut – Marke ist besser. Eine Einführung in die Systemtheorie der Marke, Heidelberg 2007.

Jäck, Simone und Thomas Meffert, Rechnungslegung im Sport, in: Nufer, Gerd und André Bühler (Hrsg.), Management im Sport. Betriebswirtschaftliche Grundlagen und Anwendungen der modernen Sportökonomie, 3. Aufl., Berlin 2012, S. 311–340.

6 Literatur

Kaiser, Sebastian und Christian Müller, Theorie und Praxis der Markenführung im Sport, in: Preuß, Holger, Frank Huber, Holger Schunk und Thomas Könecke (Hrsg.), Marken und Sport. Aktuelle Aspekte der Markenführung im und mit Sport, Wiesbaden 2014, S. 57–72.

Kastrup, Valerie, Der Sportlehrerberuf als Profession. Eine empirische Studie zur Bedeutung des Sportlehrerberufs, Schorndorf 2009.

Keller, Christian, Strategisches Management im Sport, in: Nufer, Gerd und André Bühler (Hrsg.), Management im Sport. Betriebswirtschaftliche Grundlagen und Anwendungen der modernen Sportökonomie, 3. Aufl., Berlin 2012, S. 117–149.

Kieserling, André, Kommunikation unter Anwesenden: Studien über Interaktionssysteme, Frankfurt 1999.

Kim, Daniel H., The Link between Individual and Organizational Learning, in: Sloan Management Review 35 (1993) 1, pp. 37–50.

Klees, Andreas, Die so genannte „50+1"-Regel im deutschen Profifußball im Lichte des europäischen Wettbewerbsrechts, in: Europäische Zeitschrift für Wirtschaftsrecht 19 (2008) 13, S. 391–394.

Koll, Oliver, Sylvia von Wallpach and Maria Kreuzer, Multi-Method Research on Consumer-Brand Associations: Comparing Free Associations, Storytelling, and Collages, in: Psychology & Marketing 27 (2010), pp. 584–602.

König, Stefan, Spiel, Spielen und Sport, in: Güllich, Arne und Michael Krüger (Hrsg.), Sport. Das Lehrbuch für das Sportstudium, Berlin, Heidelberg 2013, S. 550–557.

Körber, Thomas C., Sponsoring, in: Adolphsen, Jens, Martin Nolte, Michael Lehner und Michael Gerlinger (Hrsg.), Sportrecht in der Praxis, Stuttgart 2012, S. 551–591.

Köster, Oliver und Thomas Ehemann, Ausgewählte Probleme der Rechnungslegung bei Kapitalgesellschaften im Sport, in: Galli, Albert, Vera-Carina Elter, Rainer Gömmel, Wolfgang Holzhäuser und Wilfried Straub (Hrsg.), Sportmanagement, 2. Aufl., München 2012, S. 145–163.

Kuhn, Bernd, Medienrechte, in: Stopper, Martin und Gregor Lentze (Hrsg.), Handbuch Fußball-Recht. Rechte – Vermarktung – Organisation, Berlin 2012, S. 107–166.

Lardinoit, Thierry and Christian Derbaix, Sponsorship and Recall of Sponsors, in: Psychology & Marketing 18 (2001), pp. 167–190.

Lentze, Gregor, Marketing-Rechte, in: Stopper, Martin und Gregor Lentze (Hrsg.), Handbuch Fußball-Recht. Rechte – Vermarktung – Organisation, Berlin 2012, S. 71–106.

Lichti, Melina, Zufriedenheit von Sportsponsoren im Profiteamsport. Eine Analyse am Beispiel des Handball-Bundesligisten Rhein-Neckar Löwen, Masterarbeit, Institut für Sportwissenschaft, Tübingen 2014.

Lorz, Rainer, Rechtsformwahl für Clubs, in: Stopper, Martin und Gregor Lentze (Hrsg.), Handbuch Fußball-Recht. Rechte – Vermarktung – Organisation, Berlin 2012, S. 795–832.

Luhmann, Niklas, Das sind Preise. Ein soziologisch-systemtheoretischer Klärungsversuch, in: Soziale Welt 34 (1983), S. 153–170.

Luhmann, Niklas, Organisation, in: Küpper, Willi und Günther Ortmann (Hrsg.), Mikropolitik: Rationalität, Macht und Spiele in Organisationen, 2. Aufl., Opladen 1992, S. 165–185.

Luhmann, Niklas, Organisation und Entscheidung, Opladen/Wiesbaden 2000.

Malik, Fredmund, Systemisches Management, Evolution, Selbstorganisation. Grundprobleme, Funktionsmechanismen und Lösungsansätze für komplexe Systeme, 4. Aufl., Bern 2004.

Malik, Fredmund, Führen. Leisten. Leben. Wirksames Management für eine neue Zeit, 13. Aufl., München 2006.

Manz, Ewald, Wege zur optimalen Personalbesetzung im Sportmanagement, in: Galli, Albert, Vera-Carina Elter, Rainer Gömmel, Wolfgang Holzhäuser und Wilfried Straub (Hrsg.), Sportmanagement, 2. Aufl., München 2012, S. 717–726.

Marwitz, Christian, Wirkungen des Sponsoring, in: Bagusat, Ariane, Christian Marwitz und Maria Vogl (Hrsg.), Handbuch Sponsoring. Erfolgreiche Marketing- und Markenkommunikation, Berlin 2008, S. 39–51.

Matul, Christian und Dieter Scharitzer, Qualität der Leistungen in NPOs, in: Badelt, Christoph, Michael Meyer und Ruth Simsa (Hrsg.), Handbuch der Nonprofit Organisation. Strukturen und Management, 4. Aufl., Stuttgart 2007, S. 532–556.

Meenaghan, Tony, Understanding Sponsorship Effects, in: Psychology & Marketing 18 (2001) 2, pp. 95–122.

Meichelbeck, Lisa und Sarah Mooslechner, Über den Spitzensport zur Siegermarke? Eine Betrachtung der Wirkungspotenziale des Einsatzes von Spitzensport in der werblichen Markenkommunikation, in: Schierl, Thomas und Daniela Schaaf (Hrsg.), Sport und Werbung, Köln 2011, S. 293–308.

Meier, Henk Erik, Der Sportzuschauer aus ökonomischer Sicht, in: Strauß, Bernd (Hrsg.), Sportzuschauer, Göttingen u. a. 2012, S. 72–91.

Mißler-Behr, Magdalena, Methoden der Szenarioanalyse, Wiesbaden 1993.

Nagel, Siegfried, Mitgliederzufriedenheit in Sportvereinen: Methoden und Analysen, in: Horch, Heinz-Dieter, Gregor Hovemann und Sebastian Kaiser (Hrsg.), Perspektiven des Sportmarketing: Besonderheiten, Herausforderungen, Tendenzen, Köln 2005, S. 188–195.

Numrich, Christoph und Sven Pagel, Werbewirkung von Bewegtbild in Fußballarenen: LED- oder Drehbanden als Spielfeldumrandung?, in: Schierl, Thomas und Daniela Schaaf (Hrsg.), Sport und Werbung, Köln 2011, S. 141–159.

Ohne Autor, DEB und DEL einigen sich, Zugriff am 09. Dezember 2013 unter http://www.kicker.de/news/eishockey/startseite/555764/artikel_deb-und-del-einigen-sich.html.

Ohne Autor, „Sportschau" trotzt der Konkurrenz, Sueddeutsche.de, Zugriff am 17. Mai 2014 unter http://sz.de/1.1853656.

Paetow, Kai, Organisationsidentität: eine systemtheoretische Analyse der Konstruktion von Identität in der Organisation und ihrer internen wie externen Kommunikation, Dissertation Universität Hamburg, Hamburg 2004.

Pappu, Ravi and Bettina T. Cornwell, Corporate sponsorship as an image platform: understanding the roles of relationship fit *and* sponsor–sponsee similarity, in: Journal of the Academy of Marketing Science, published online 16 February 2014, DOI 10.1007/s11747-014-0373-x.

Pauli, Rudolf, Ausgliederung des Lizenzspielbetriebs von Fussballvereinen in Kapitalgesellschaften – Gründe, Risiken und haftungsrechtliche Auswirkungen, in: Causa Sport. Die Sport-Zeitschrift für nationales und internationales Rechte sowie für Wirtschaft o. J. (2007) 3, S. 298–316.

Pawlowski, Tim, Sportökonomik, in: Burk, Verena und Marcel Fahrner (Hrsg.), Einführung in die Sportwissenschaft, Konstanz/München 2013a, S. 141–162.

Pawlowski, Tim, Wettbewerbsintensität im Profifußball. Eine empirische Untersuchung zur Bedeutung für die Zuschauer, Wiesbaden 2013b.

Pawlowski, Tim and Christoph Anders, Stadium attendance in German professional football – The (un)importance of uncertainty of outcome reconsidered, in: Applied Economics Letters 19 (2012) 16, pp. 1553–1556.

6 Literatur

Pawlowski, Tim, Christoph Breuer and Arnd Hovemann, Top Clubs' Performance and the Competitive Situation in European Domestic Football Competitions, in: Journal of Sports Economics 11 (2010) 2, pp. 186–202.

Pawlowski, Tim and Marcel Fahrner, Political Economy of Football, in: Konrad-Adenauer-Stiftung Singapore (Ed.), More than a Game. Sports, Society and Politics, Singapore 2014, pp. 53–60.

Peeters, Thomas and Stefan Szymanski, Financial Fair Play in European football. Research Paper 2013-021 from University of Antwerp, Faculty of Applied Economics, September 2013.

Preuß, Holger, Bedeutung und Arten von Marken im Sport, in: Preuß, Holger, Frank Huber, Holger Schunk und Thomas Könecke (Hrsg.), Marken und Sport. Aktuelle Aspekte der Markenführung im und mit Sport, Wiesbaden 2014, S. 3–27.

Riedl, Lars, Spitzensport und Publikum. Überlegungen zu einer Theorie der Publikumsbindung, Schorndorf 2006.

Riedl, Lars, „Und dann jubelte das ganze Stadion!" Zur Entstehung und Steuerung kollektiver Emotionen im Spitzensport, in: Sport und Gesellschaft 5 (2008), S. 221–250.

Riedmüller, Florian, Markenführung im Sportverein, in: Bezold, Thomas, Lutz Thieme, Gerhard Trosien und Ronald Wadsack (Hrsg.), Handwörterbuch des Sportmanagements, 2. Aufl., Frankfurt/Main 2013, S. 158–164.

Riedmüller, Florian, Marken-Management für Vereine als Ansatz zur Sicherung langfristiger sportlich-wirtschaftlicher Erfolge, in: Preuß, Holger, Frank Huber, Holger Schunk und Thomas Könecke (Hrsg.), Marken und Sport. Aktuelle Aspekte der Markenführung im und mit Sport, Wiesbaden 2014, S. 73–92.

Robinson, Leigh, Customer Expectations of Sport Organisations, in: European Sport Management Quarterly 6 (2006) 1, pp. 67–84.

Rühle, Angela, Sportprofile im deutschen Fernsehen 2002 bis 2012, in: Media Perspektiven 44 (2013) 9, S. 423–440.

Rüth, Holger, Tarifvertragliche Gehaltsobergrenze („Salary Cap") bei Gehältern von Lizenzsportlern?, in: SpuRt. Zeitschrift für Sport und Recht 11 (2004) 4, S. 137–141.

Schimank, Uwe, Organisationen: Akteurkonstellationen – korporative Akteure – Sozialsysteme, in: Allmendinger, Jutta und Thomas Hinz (Hrsg.), Organisationssoziologie, Wiesbaden 2002, S. 29–54.

Schimank, Uwe, Das Wechselspiel von Intentionalität und Transintentionalität im Institutionalismus und in der Organisationsforschung, in: Greshoff, Rainer, Georg Kneer und Uwe Schimank (Hrsg.), Die Transintentionalität des Sozialen, Wiesbaden 2003, S. 246–277.

Schlesinger, Torsten, „Wa(h)re Leidenschaft!" Zum Einfluss der Fanidentität auf Einstellung und Kaufabsicht gegenüber Produkten von Sponsoren, in: Sport und Gesellschaft 7 (2010), S. 3–26.

Schlesinger, Torsten, Messung und Wirkung von E-Servicequalität im Profitsport – Eine Analyse am Beispiel der Clubwebsite, in: Trosien, Gerhard (Hrsg.), Ökonomie der Sportspiele. Symposiumsband der Jahrestagung 2011, Schorndorf 2012, S. 131–151.

Schlesinger, Torsten und Siegfried Nagel, Personalmanagement im Sport, in: Nufer, Gerd und André Bühler (Hrsg.), Management im Sport. Betriebswirtschaftliche Grundlagen und Anwendungen der modernen Sportökonomie, 3. Aufl., Berlin 2012, S. 223–257.

Schmidt, Werner, Sportspiel(e), in: Röthig, Peter und Robert Prohl (Hrsg.), Sportwissenschaftliches Lexikon, 7. Aufl., Schorndorf 2003, S. 538–539.

Schneider, Sabrina, Katja Lauer und Thiemo Damm, „Match me if you can!" – Die imagebasierte Passung zwischen Sportart und Produkt, in: Schierl, Thomas und Daniela Schaaf (Hrsg.), Sport und Werbung, Köln 2011, S. 47–67.

Senge, Peter, Die fünfte Disziplin, Stuttgart 2003.

Stolzenberg, Kerstin und Krischan Heberle, Change Management. Veränderungsprozesse erfolgreich gestalten – Mitarbeiter mobilisieren, 2. Aufl., Heidelberg 2009.

Suchy, Günther, Public Relations im Sport, Berlin 2011.

Suchy, Günther, Public Relations und Social Media im Sport, in: Nufer, Gerd und André Bühler (Hrsg.), Marketing im Sport. Grundlagen und Trends des modernen Sportmarketing, 3. Aufl., Berlin 2013, S. 233–261.

Summerer, Thomas, Sport, Vereine und Verbände, in: Fritzweiler, Jochen, Bernhard Pfister und Thomas Summerer, Praxishandbuch Sportrecht, 2. Aufl., München 2007a, S. 93–235.

Summerer, Thomas, Sport und Medien, in: Fritzweiler, Jochen, Bernhard Pfister und Thomas Summerer, Praxishandbuch Sportrecht, 2. Aufl., München 2007b, S. 333–397.

Thiel, Ansgar, Steuerung im organisierten Sport. Ansätze und Perspektiven, Stuttgart 1997.

Thiel, Ansgar und Heiko Meier, Überleben durch Abwehr. Zur Lernfähigkeit des Sportvereins, in: Sport und Gesellschaft 1 (2004), S. 103–122.

Thiel, Ansgar, Heiko Meier und Klaus Cachay, Hauptberuflichkeit im Sportverein: Voraussetzungen und Hindernisse, Schorndorf 2006.

Thiel, Ansgar und Jochen Mayer, Besonderheiten des Managements von Sportvereinen, in: Braun, Sebastian und Stefan Hansen (Hrsg.), Steuerung im organisierten Sport, Hamburg 2008, S. 130–149.

Thieme, Lutz, Controlling im Sport, in: Bezold, Thomas, Lutz Thieme, Gerhard Trosien und Ronald Wadsack (Hrsg.), Handwörterbuch des Sportmanagements, 2. Aufl., Frankfurt/Main 2013, S. 15–24.

Union des Associations Européennes de Football (UEFA), UEFA Champions League: Distribution to Clubs 2012/13. Nyon 2013.

Van Eimeren, Birgit, „Always on" – Smartphone, Tablet & Co. als neue Taktgeber im Netz, in: Media Perspektiven 44 (2013) 7–8, S. 386–390.

Van Eimeren, Birgit und Beate Frees, Rasanter Anstieg des Internetkonsums – Onliner fast drei Stunden täglich im Netz, in: Media Perspektiven 44 (2013) 7–8, S. 358–372.

Wadsack, Roland, Finanzmanagement im Sport, in: Bezold, Thomas, Lutz Thieme, Gerhard Trosien und Ronald Wadsack (Hrsg.), Handwörterbuch des Sportmanagements, 2. Aufl., Frankfurt/Main 2013, S. 84–91.

Walzel, Stefan, Emotionales Kunden-Commitment – Corporate Hospitality im Sport, in: Marketing Review St. Gallen 27 (2010), 3, S. 50–54.

Walzel, Stefan, Corporate Hospitality bei Sportevents. Konzeption eines Wirkungsmodells, Wiesbaden 2011.

Weiler, Simon, Mehrfachbeteiligungen an Sportkapitalgesellschaften. Verbote von „Multi-Club Shareholding" und deren Grenzen aus der Sicht des europäischen Rechts unter besonderer Berücksichtigung des Profifußballs in Deutschland, Berlin 2006.

Wehrheim, Michael und Ingo Fross, Rechnungslegung von Vereinen, in: Adolphsen, Jens, Martin Nolte, Michael Lehner und Michael Gerlinger (Hrsg.), Sportrecht in der Praxis, Stuttgart 2012.

Willke, Helmut, Systemisches Wissensmanagement, 2. Aufl., Stuttgart 2001a.

Willke, Helmut, Systemtheorie III: Steuerungstheorie, 3. Aufl., Stuttgart 2001b.

Wimmer, Rudolf, Organisation und Beratung: Systemtheoretische Perspektiven für die Praxis, Heidelberg 2004.

Woisetschläger, David M., Christof Backhaus, Jan Dreisbach und Marc Schnöring, Fußballstudie 2014. Die Markenlandschaft der Fußball-Bundesliga, Braunschweig 2014.

Wöhe, Günter, Einführung in die Allgemeine Betriebswirtschaftslehre, 19. Aufl., München 1996.

7 Index

50+1-Regel 28, 69

A
Agentur 53, 77, 85, 86
Aktiengesellschaft 25, 26, 29
Ausgliederung 11, 12, 13, 15, 16, 24, 25
Auslandsverwertung 83
Ausschreibung 96
Ausstrahlungsgarantien 94

B
Bekanntheit 94, 122
Bilanz 45, 46
Break-even-Vorschrift 73
Budget 40

E
Eigenvermarktung 81, 95, 104
Exklusivität 121

F
Fans 35, 37
Financial Fairplay 73
Fremdvermarktung 85

G
Gesellschaft mit beschränkter Haftung 25, 26, 28
Gewinn- und Verlustrechnung 40, 43
Grundlagenvertrag 17

H
Hospitality 128

I
Identität 118
Image 118, 119, 125

K
Kapitalgesellschaft 25
Klub-TV 105
Kommanditgesellschaft auf Aktien 25, 26, 31

L
Leitbild 33
Ligaorganisation 4, 9, 13, 15, 16, 23
Ligawettbewerb 56, 58, 91

L
Lizenzierung 57, 58, 60, 82

M
Management 5, 6, 7
Marke 112, 113, 114, 118
Mediale Verwertung 79, 88, 93, 101
Mehrfachbeteiligung 74, 76

N
Nationalmannschaft 18, 19

O
Öffentlichkeitsarbeit 35, 50
Onlinestream 102, 104, 107
Organisationsstruktur 7, 9, 34, 49, 131

P
Passgenauigkeit 126
Person 6
Personal 46, 51

R
Rahmenterminplanung 66, 97
Rechtepakete 99
Rechteumfang 97

S
Soziale Medien 36, 102, 107
Spielbetriebsgesellschaft 9, 23, 27, 32
Spieltechnische Einrichtungen 62
Sponsoring 110, 120, 124
Sportverband 9, 11, 13
Sportverein 9, 23
Stakeholder 35
Stelle 6, 50
Szenario 38, 39

T
Teamsport 3, 4
Ticketing 20, 37, 42, 66

U
Umsatzerlöse 5, 37, 42, 79

V
Verpflichtungsketten 21

W
Werbliche Verwertung 79, 109
Wettbewerbsformat 65
Wettbewerbsintensität 71, 72
Wirtschaftliche Leistungsfähigkeit 59

Y
YouTube 107

Z
Zentralvermarktung 90, 110
Zuschauer 37